BRIGITTE HERBST

Der Aszendent als Wegweiser

Die persönliche Bestimmung
im Horoskop entdecken

CHIRON VERLAG

Horoskopbeispiele für das Zusammenspiel
von Aszendentzeichen und Sonne können bei der Autorin
unter folgender Adresse bezogen werden:

Dr. med. Brigitte Herbst,
Fischnalerstr. 17,
A-6020 Innsbruck,
Tel./Fax 0043 (0)512-291500

© 2001 Chiron Verlag, Tübingen
Druck: Offizin Chr. Scheufele
Umschlag: Walter Schneider, Foto © Bildagentur Mauritius

ISBN 3-925100-54-7

Bienvenido Jolanda

Zu beziehen durch den Buchhandel oder direkt beim
Chiron Verlag, Postfach 1250, D-72002 Tübingen
www.chironverlag.com

Inhalt

Dieses Buch widme ich in großer Dankbarkeit

meiner Lehrerin Dr. Liz Greene, die mich lehrte,

den Tanz der Planeten im kosmischen Gürtel

durch die Bilderwelt der Mythen zu sehen,

diesen göttlichen planetaren Mächten respektvoll zu begegnen,

und mir der hohen Verantwortung als Brückenbauerin

zwischen den Göttern und uns Menschen stets bewusst zu sein.

Danksagung

Herzlichen Dank zunächst all jenen, die mich ermunterten, dieses Buch zu schreiben.

Meinen Freunden Helga Boedecker, Mag. rer. soc. oec. Alexandra Schmidt, Mag. phil. Elisabeth Sorgo und Dipl.-Psych. Hans Christian Schrader danke ich auch besonders herzlich für ihre wertvollen Anregungen bei der Durchsicht des Manuskripts. Letzterem sei ebenfalls gedankt für die Vermittlung eines geeigneten Verlags.

Meinem Schwiegersohn Eric gebührt ein spezieller Dank für die Anfertigung der Abbildungen.

Ein besonderer Dank gilt meinem homöopathischen Arzt, Dr. med. Peter Regehr, der mich mit seiner ganzheitlichen Heilkunst immer wieder unterstützt, meine inneren Spannungen auszubalancieren. Astrologie mit der Jungschen Psychologie und Mythologie im Hintergrund und klassische Homöopathie sind holistische Heilsysteme, die sich wunderbar ergänzen – letztendlich müssen wir vor allem selbst etwas zu unserer Heil- und damit Selbstwerdung beitragen.

Schließlich möchte ich noch meiner Tochter Jacqueline und meinem Sohn Patrick von ganzem Herzen danken, dass sie von Beginn an Verständnis für mein Platonisches Weltbild sowie für meine tiefe Hingabe an die Astrologie und Jungsche Psychologie hatten – ja sich sogar selbst – jeder auf seine eigene Art und Weise – auf den Weg gemacht haben, das Leben von einer ganzheitlicheren Sicht aus zu sehen.

Vorbemerkung

>»In gewisser Weise beinhaltet der Aszendent das
geheimnisvolle persönliche Schicksal, eine Art
Schicksalsgeist – Sokrates nannte ihn *daimon*.«
>
> *Liz Greene, Zürich 1994*

Das vorliegende Buch möchte in erster Linie Klarheit darüber
schaffen, was der Aszendent im Horoskop bedeutet und welcher
Zusammenhang zur Sonnenkonstellation besteht.
Zu Beginn meines Astrologiestudiums hatte ich Schwierigkeiten,
die Bedeutung des Aszendenten von jener der Sonne abzugrenzen
beziehungsweise ein sinnvolles Zusammenspiel zu entdecken. Da
hörte und las ich:» Der Aszendent ist die Persona, die äußere
Persönlichkeit, das oberflächliche Verhalten, das primäre Anlagengefüge, das Grundbedürfnis; er ist die individuelle Anlage, das
Rüstzeug, welches uns für das Leben mitgegeben wurde. Das Aszendententhema ist das unbewusste Anliegen des Menschen an das
Leben, es ist das im Unbewussten angelegte Thema der Persönlichkeit. Die Sonne ist das weitere Anlagengefüge, sie ist ein Symbol
für Vitalität und Kraft, sie ist der Lebensmittelpunkt und der Per-
sönlichkeitskern.«
Als ich im Juni 1994 dem Aszendenten-Seminar von Liz Greene
beiwohnte und ihren Gedankengängen und Erfahrungsberichten
zuhörte, hatte ich das Gefühl, endlich die Bedeutung des Aszendenten zu verstehen. Es wurde mir klar, dass da zwei Ebenen zu
berücksichtigen sind – die äußere, oberflächliche und die innere,
tiefere – und dass das unbewusste Anliegen, das Grundbedürfnis
eigentlich unser geheimnisvolles persönliches Schicksal (Los) ist,
dem wir nicht zu entfliehen vermögen. Wir können das Kernthema
des Aszendenten auch als Wegweiser sehen, der uns zur Sonne –
unserem Wesenskern – führt. Liz Greene führte – unter vielem
anderen mehr – auch aus, dass wir das Kernthema unserer persönlichen Bestimmung im Zusammenspiel mit der Sonne in eine *persönliche* Berufung umwandeln können.

9

Neben all den vielen interessanten Dingen, die Liz Greene uns vermittelte, hat mich die Möglichkeit, aus dem Zusammenspiel von Aszendenten und Sonne eine *persönliche* Berufung zu machen, am meisten beeindruckt und ich begann, eigene Beobachtungen anzustellen. Zunächst überdachte ich mein eigenes Leben und stellte fest, dass mich mein Aszendenten-Kernthema Schütze im Leben stets vorangetrieben hat, und ich letztendlich auch bereit war – trotz großem Unverständnis seitens vieler Freunde und Kollegen -, es im Zusammenspiel mit meiner Sonne im Schützehaus zur *persönlichen* Berufung zu machen. Im Nachhinein stellte ich auch fest, dass ich seit meinem Versuch, das tiefe Schützethema zu integrieren (ich begann damit intuitiv bereits Jahre vor dem Aszendenten-Seminar bei Liz Greene), zunehmend einen besseren und tieferen Bezug zu mir selbst und zur Welt bekommen habe. In einer schulmedizinischen Arztpraxis hätte ich (noch!) nicht den geeigneten Rahmen gefunden, mein Schützethema zu kommunizieren.

In meiner Beratungspraxis habe ich festgestellt, dass Klienten, die ebenfalls ihr Aszendenten-Kernthema im Zusammenspiel mit der Sonnenkonstellation zu ihrer *persönlichen* Berufung machen, mit der Zeit einen besseren und tieferen Bezug zu sich selbst und dem Leben haben. Wenn wir unsere *persönliche* Berufung nicht zu unserem Broterwerb machen, sollten wir sie in unserer Freizeit entfalten, denn diesem persönlichen Ruf können wir nicht entrinnen. Die Einbeziehung des Aszendenten-Kernthemas hat nicht nur eine integrierende Wirkung auf die Sonne, sondern auf die ganze Persönlichkeit, also auch auf die restlichen Horoskopfaktoren. Was das Medium Coeli mit *Berufung* zu tun hat, werde ich an geeigneter Stelle im Buch ausführen.

Ein weiteres wichtiges Anliegen ist mir die Einführung in die Bilderwelt der Symbole und Mythen, denn sie helfen uns, größere Tiefe, inneren Reichtum und Bedeutung im Leben zu entdecken – mit Auswendiglernen der zwölf Prinzipienketten aus einem astrologischen »Kochbuch« können wir das nicht. Mythen sind die ursprüngliche Sprache der Psychologie; dass sie die meisten von uns heute nicht mehr verstehen, heißt nicht, sie seien längst überholt und daher bedeutungslos. Mythen haben immer noch eine immense Bedeutung, das durfte ich vom ersten Seminar an, das ich bei Liz Greene besuchte, erleben; da wurden die Deutungen für mich lebendig, da fing ich an, Dinge zu verstehen, die ich vorher nicht verstanden habe. Die Beschäftigung mit Mythen hat auch eine heilende Funktion und gerade in unserer rationalistischen und hochtechnisierten Zeit wären Mythen eine heilsame Medizin für viele Lebensprobleme anstelle von Analgetika und Psychopharmaka. Da unsere politischen Führer, die eigentlich die Rahmenbedingungen dafür in den Kindergärten und Schulen, an den Universitäten usw. schaffen sollten, von dieser heilenden Möglichkeit noch nichts wissen oder nichts wissen wollen, liegt die Aufgabe wohl bei jedem einzelnen, sich mit Mythen und vielleicht auch mit Astrologie, die auf den Mythen aufbaut, zu beschäftigen. Ich hoffe, von ganzem Herzen, mit diesem Buch dazu einen Beitrag zu leisten.

Ich denke nicht, dass die in letzter Zeit so erfolgreiche Genforschung uns von unseren psychischen Problemen erlösen wird, denn die DNA hat mit der Entwicklung und Funktion des Organismus zu tun, und der ist materieller (körperlicher) und nicht immaterieller Natur wie Seele und Geist. Mythen jedoch wirken heilend auf Körper, Geist und Seele. Und wenn wir den Mythos unseres Aszendenten und unserer Sonne verstanden und einigermaßen integriert haben, können wir zwar nicht alle Sorgen und alles Leid ausschalten, aber wir können mit ihnen besser umgehen und echte Zufriedenheit und wahre Freude empfinden, weil wir in Sorge und Leid dann einen tieferen Sinn sehen.

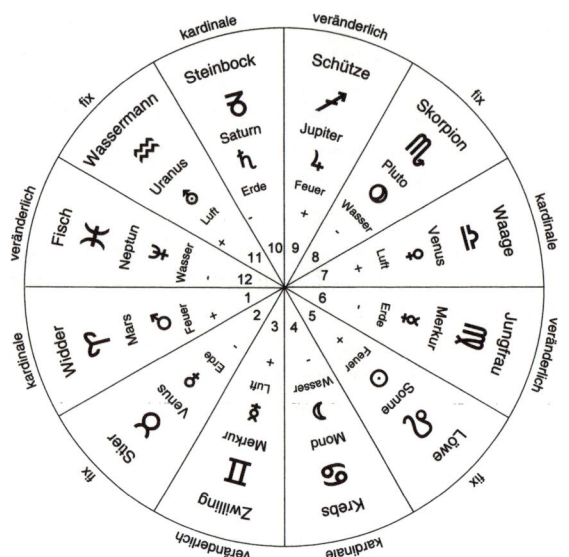

Abb. 1: Archetypisches Horoskop

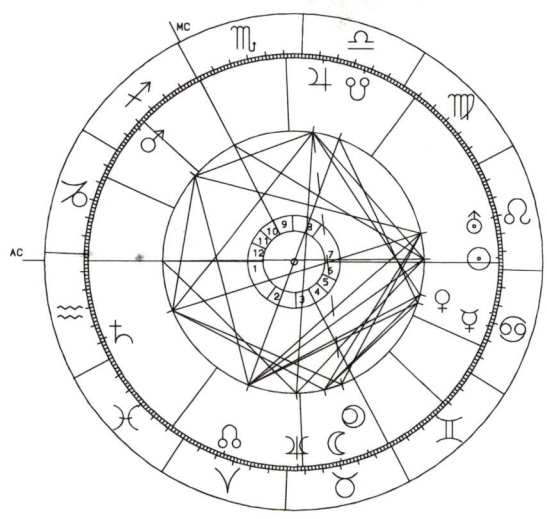

Abb.2: Individuelles Horoskop

12

Kurze Einführung in Tierkreis, Planeten, Häuser, Aspekte

Das *ABC* der astrologischen Deutung besteht aus dem sogenannten *archetypischen* oder *urtypischen* Horoskop (siehe Abb. 1). Es stellt ein archetypisches Bild, ein Idealbild, ein reines Muster dar, das konkret nie vorkommt, denn es ist auf kein Ereignis in Raum und Zeit bezogen. Wir benützen es als Matrix zur Deutung von *individuellen* Horoskopen (siehe Abb. 2), die auf Zeit- und Ortangabe beruhen.

Jedes individuelle Horoskop besteht aus vier Grundbausteinen:

1. Tierkreis mit seinen 12 Tierkreiszeichen
2. 10 Planeten und 2 Mondknoten
3. 12 Häuser von variabler Größe[1]
4. Aspekte

Der Tierkreis

ist ein 16° (Bogengrad) breites Band, das aus zwölf Tierkreiszeichen besteht. Jedes Tierkreiszeichen ist – im Unterschied zum Sternbild[2] – 30° (Bogengrad) lang. Dieses Band (Gürtel), das auch als Zodiak bezeichnet wird, bildet den Hintergrund der scheinbaren Sonnenbahn (Ekliptik)[3]. Zu beiden Seiten der Ekliptik (siehe Abbildung 3) – sie befindet sich in der Mitte des Zodiak (Tierkreises) – wandern die Planeten. Der Tierkreis dient als Messkreis zur Bestimmung der Planetenpositionen und der zwei Hauptachsen (Achsenkreuz)[4]. Die Abbildung 4 zeigt den Tierkreis in ein Horoskop projiziert.

13

Die Tierkreiszeichen sind in folgender Reihenfolge angeordnet:

1. Widder
2. Stier
3. Zwillinge
4. Krebs
5. Löwe
6. Jungfrau
7. Waage
8. Skorpion
9. Schütze
10. Steinbock
11. Wassermann
12. Fische

Die *ungeradzahligen* Zeichen (Widder, Zwillinge Löwe, Waage, Schütze, Wassermann) sind ihrem Charakter nach männlich/aktiv (+), die *geradzahligen* Zeichen (Stier, Krebs, Jungfrau, Skorpion, Steinbock, Fische) sind ihrem Charakter nach weiblich/passiv (-).

Die Tierkreiszeichen werden anhand der Elemente Feuer, Erde, Luft und Wasser wie folgt unterteilt:

Feuerzeichen sind Widder, Löwe, Schütze
Erdzeichen sind Stier, Jungfrau, Steinbock
Luftzeichen sind Zwillinge, Waage, Wassermann
Wasserzeichen sind Krebs, Skorpion, Fische

Außerdem werden die Tierkreiszeichen in die Stadien/Qualitäten/Zustandsformen kardinal, fix und veränderlich beziehungsweise beweglich, fallend, labil unterteilt:

Kardinale Zeichen sind Widder, Krebs, Waage, Steinbock
Fixe Zeichen sind Stier, Löwe, Skorpion, Wassermann
Veränderliche Zeichen sind Zwillinge, Jungfrau, Schütze, Fische

Die Reihenfolge der Tierkreiszeichen bleibt auch im individuellen Horoskop immer gleich; nach dem Widder kommt (im gegenläufigen Uhrzeigersinn) der Stier, dann die Zwillinge usw.; der Aszendent (AC) befindet sich aber nicht immer im Widder (siehe Abbildung 2).

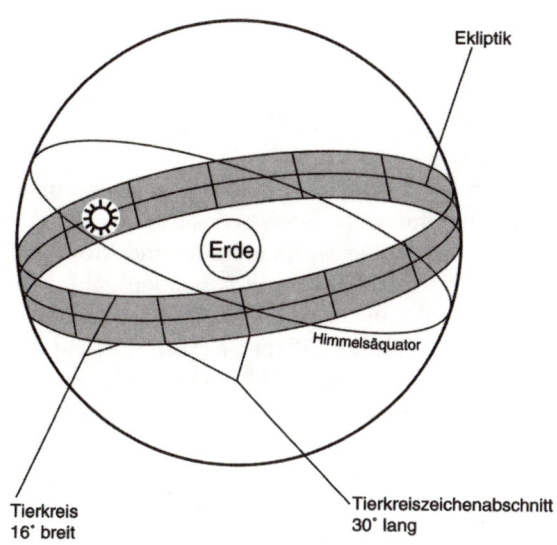

Abb. 3: Ekliptik-Tierkreis

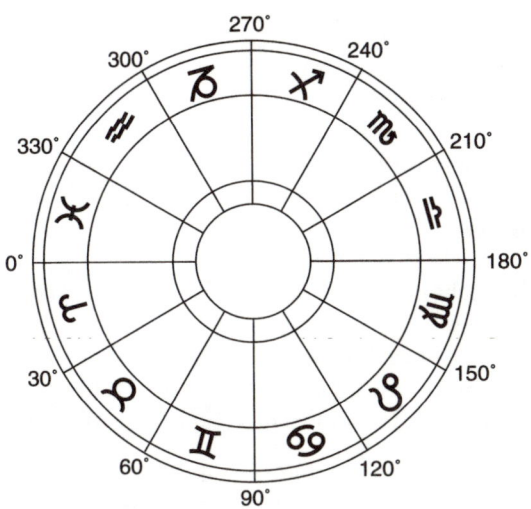

Abb. 4: Tierkreis im Horoskop

15

Planeten

Die Sonne und der Mond werden in der klassischen Astrologie als die zwei Lichter bezeichnet: Die Sonne das große Licht, der Mond das kleine Licht.

Astronomisch streng genommen sind Sonne und Mond keine Planeten: Die Sonne ist ein *Fixstern* und der Mond ein *Trabant*. Der Einfachheit halber werden Sonne und Mond jedoch auch als Planeten bezeichnet. Und somit haben wir zehn Planeten: Sonne, Mond, Merkur, Venus, Mars, Jupiter, Saturn, Uranus, Neptun und Pluto - sieben persönliche Planeten (Sonne, Mond, Merkur, Venus, Mars, Jupiter, Saturn) und drei kollektive Planeten (Uranus, Neptun, Pluto). Die persönlichen Planeten sind noch mit bloßen Augen sichtbar. Die kollektiven Planeten können nur mit technischen Hilfsmitteln gesehen werden; sie wurden im technischen Zeitalter entdeckt. – Der Planetoid (planetenähnlicher Körper) Chiron, der 1977 entdeckt wurde und normalerweise in die Horoskopinterpretation einbezogen werden sollte, wird hier nicht besprochen, da die dazu nötigen Erklärungen den Rahmen dieses Buches sprengen.

In jedem Tierkreiszeichen herrscht bzw. herrschen ein bis zwei Planet(en):

Mars herrscht im Widder
Venus herrscht im Stier
Merkur herrscht in den Zwillingen
Mond herrscht im Krebs
Sonne herrscht im Löwen
Merkur herrscht in der Jungfrau
Venus herrscht in der Waage
Pluto herrscht im Skorpion (Mars ist Mitherrscher)
Jupiter herrscht im Schützen
Saturn herrscht im Steinbock
Uranus herrscht im Wassermann (Saturn ist Mitherrscher)
Neptun herrscht in den Fischen (Jupiter ist Mitherrscher)

Vor der Entdeckung von Uranus, Neptun und Pluto waren sie die ›Alleinherrscher‹; heute werden sie als ›Mitherrscher‹ bezeichnet.

Anhand der Element-Zugehörigkeit der Zeichen über welche die Planeten herrschen unterscheidet man:

Feurige Planeten: Mars, Sonne, Jupiter
Erdige Planeten: Merkur, Venus, Saturn
Luftige Planeten: Merkur, Venus, Uranus
Wässerige Planeten: Mond, Pluto, Neptun

In jedem Tierkreiszeichen herrscht also mindestens ein Planet (Zeichenherrscher), und oft ist es so, dass die Deutung eines Tierkreiszeichens erst durch den/die zugehörigen Zeichenherrscher »verständlich« wird.

Die zehn Planeten (Wandersterne), der Aszendent und das Medium Coeli wandern mit unterschiedlicher Geschwindigkeit durch das Tierkreisband[5]. Der Standort der Planeten im Tierkreis kann in den Ephemeriden (Planetenstandtabellen) zu jeder Zeit entnommen werden. Die Geschwindigkeit, mit der der Aszendent den Tierkreis durchwandert, werde ich im Kapitel »Achsenkreuz und Häusersystem« erläutern.

Da die Planeten – mit unterschiedlicher Geschwindigkeit – durch den Tierkreis wandern, steht im individuellen Horoskop der Zeichenherrscher meist nicht in seinem ihm zugehörigen archetypischen Zeichen. Im Beispielhoroskop (siehe Abb. 2) steht Mars nicht im Widder, sondern hier eben im Schützen; und die Venus steht hier nicht im Stier oder in der Waage, sondern im Krebs.

Die Planeten sind die eigentlichen Energieträger

Astronomisch wird heute angenommen, dass sich die Planeten dereinst explosionsartig von ihrem Muttergestirn, der Sonne, trennten und sie seither als ihre Teilkräfte umkreisen. Diese Hypothese vertreten auch die esoterischen Wissenschaften, von denen die Astrologie wohl die prominenteste ist.

Da der Tierkreis mit seinen zwölf Tierkreiszeichen den Hintergrund der Bewegungen der Planeten bildet, kann er auch als Band von zwölf krafterfüllten Räumen gesehen werden, das durch die Energien von Sonne, Mond und Planeten durchdrungen, durchflutet, gefärbt wird. Jeder Planet färbt (energetisiert) sein ihm zugehöriges Zeichen.

Die eigentlichen Energieträger (Wirkkräfte, Symbolträger) sind die Planeten beziehungsweise die Planetengötter; sie symbolisieren die archetypischen Erfahrungen, die psychischen Funktionen, das heißt, es handelt sich hier um dynamische Energien.

Die zwölf Tierkreiszeichen sind zwar krafterfüllte Räume, die von den Planeten energetisiert werden, ihre Energien sind jedoch geringer als die der Planeten; es ist eine Färbung, ein Erfahrungsniederschlag, der durch den beziehungsweise die jeweiligen Zeichenherrscher bewirkt wurde.

Die Planeten symbolisieren also archetypische Erfahrungen, psychische Funktionen, Lebensenergien, die den Körper beleben. Und die Tierkreiszeichen geben Auskunft über die physischen Komponenten (Temperament, Verhalten, Körpertyp, Färbung). Dabei kann die physische Funktion von der psychischen Funktion nicht absolut getrennt werden, denn sie bedingen einander. Physische Gegebenheiten können auch nur mit Hilfe psychischer Funktionen wahrgenommen werden.

Mondknoten

sind zwei astronomisch ermittelte Schnittpunkte der Umlaufbahn der Sonne und der Umlaufbahn des Mondes. Diese zwei Schnittpunkte liegen im Tierkreis einander gegenüber (Mondknotenachse) und werden als aufsteigender (Nordknoten ☊) und absteigender (Südknoten ☋) bezeichnet.

Die astrologische Bedeutung der Mondknotenachse kann am besten aus der Tatsache abgeleitet werden, wenn wir uns vergegenwärtigen, dass die Sonne die Bewusstseins-, Sinn-, Bedeutungsfunktion symbolisiert und der Mond die Verkörperungs-, Erfahrungsfunktion. Wenn beide Funktionen zusammentreffen, manifestiert (verkörpert) sich ein Sinn, eine Bedeutung des Daseins beziehungsweise kann durch ein konkretes Ereignis etwas ins Bewusstsein gelangen. Dieser Sinn, diese Bedeutung kommt vor allem durch die Häuser, in denen die Mondknoten stehen, zum Ausdruck.

Häuser

Die zwölf Häuser spiegeln keine »göttlichen« Erfahrungen beziehungsweise Gegebenheiten wie die Planeten und Tierkreiszeichen, sondern »*irdische Realitäten*«. Sie stellen zwölf Lebensbereiche dar. Jedes Haus betrifft ein bestimmtes Thema, und dieses Thema steht in Analogie (Entsprechung) zum zugehörigen Tierkreiszeichen beziehungsweise zum zugehörigen Häuserherrscher.

Danach besteht eine Analogie zwischen:

1. Haus und Widder und Mars
2. Haus und Stier und Venus
3. Haus und Zwillinge und Merkur
4. Haus und Krebs und Mond
5. Haus und Löwe und Sonne
6. Haus und Jungfrau und Merkur
7. Haus und Waage und Venus
8. Haus und Skorpion und Pluto/Mars
9. Haus und Schütze und Jupiter
10. Haus und Steinbock und Saturn
11. Haus und Wassermann und Uranus/Saturn
12. Haus und Fische und Neptun/Jupiter

Auch die Häuser werden anhand der Elemente unterteilt in:

Feuerhäuser: 1. Haus, 5. Haus, 9. Haus
Erdhäuser: 2. Haus, 6. Haus, 10. Haus
Lufthäuser: 3. Haus, 7. Haus, 11. Haus
Wasserhäuser: 4. Haus, 8. Haus, 12. Haus

Des weiteren unterscheidet man auch bei den Häusern anhand der Stadien bzw. Qualitäten:

Kardinale Häuser[6]: 1. Haus, 4. Haus, 7. Haus, 10. Haus
Fixe Häuser: 2. Haus, 5. Haus, 8. Haus, 11. Haus
Veränderliche Häuser: 3. Haus, 6. Haus, 9. Haus, 12. Haus

Im individuellen Horoskop steht der Häuserherrscher auch meist nicht in seinem ihm zugehörigen archetypischen Haus. Im Beispielhoroskop (siehe Abb. 2) steht Mars nicht im 1. Haus, sondern im 11. Haus; und Venus steht nicht im 2. oder 7. Haus, sondern im 6. Haus.

19

Bei der Deutung sollte man das archetypische Horoskop immer miteinbeziehen; man sollte zum Beispiel immer wissen, dass das 6. Haus mit Jungfrau und Merkur zu tun hat, auch wenn hier Venus und Krebs stehen, denn das 6. Haus ist archetypisch das Jungfrau-Merkur-Haus. Und wenn wir die Symbolik von Jungfrau und Merkur kennen, dann wissen wir auch, was dieser Lebensbereich (6. Haus) repräsentiert.

Aspekte

Die Aspekte fehlen im archetypischen Horoskop, weil es hier keine *konkreten* Distanzverhältnisse zwischen den Planeten gibt.

Im individuellen Horoskop stellen die Aspekte Winkelverhältnisse (Distanzverhältnisse) dar, welche die Planeten einschließlich Sonne und Mond (von der Erde aus gesehen) zueinander bilden. Sie sind durch kürzere oder längere Geraden (dem jeweiligen Winkel entsprechend) im Horoskop dargestellt (siehe Abb. 2).

Die wichtigsten Aspekte (Hauptaspekte) sind: Konjunktion (0°), Opposition (180°), Quadrat (90°), Trigon (120°), Sextil (60°). Nebenaspekte sind: Halbquardrat (45°), Halbsextil (30°), Anderhalbquadrat (135°), Quincunx (150°). Der Kreis kann natürlich auch noch weiter unterteilt werden; aber je kleiner die Einheiten sind, desto größer ist die Gefahr, sich in Details zu verlieren und das Wesentliche zu übersehen.

Aspekte haben eine Abweichungstoleranz (Orbis, Wirkungsbereich), das heißt, der Aspekt muss nicht exakt sein. Je nach Art des Aspektes (Haupt- oder Nebenaspekt) und nach astrologischer Schule liegt der Orbis (Abweichungstoleranz, Wirkungsbereich) zwischen 1° und 10°.

Die Aspekte besitzen unterschiedliche Qualitäten: Oppositionen und Quadrate sind Spannungsaspekte, sie erzeugen eine Reibung und wirken herausfordernd. Trigone und Sextile wirken meist fließend; der Umgang mit ihnen ist leichter. Konjunktionen können von herausfordernder oder fließender Natur sein. Bei allen Aspekten sollte vor allem berücksichtigt werden, welche Planeten zueinander in Beziehung stehen. Wenn Venus im Quadrat zu Uranus steht, wird die Spannung geringer sein, als wenn Mond im Sextil oder gar im Quadrat zu Uranus steht. Um solche Dinge jedoch herausfiltern zu können, müssen wir auf die Mythologie zurückgreifen.

Aspekte weisen also auf das dynamische Spiel der Psyche hin. Sie lassen vermuten, welche Erfahrungsmuster leichter bewusst werden können und welche sich der Bewusstmachung mehr entziehen werden.

Die Bedeutungsebenen eines Horoskops

In der Renaissance wurde das Horoskop mit einem Theater verglichen:

- **Die Planeten sind die Darsteller:**
  Jeder Planet stellt eine Person mit eigenen Grundmotiven, -trieben, -bedürfnissen und -fähigkeiten dar.
  Man kann die Planeten auch als Teilpersönlichkeiten sehen: Mars, der durchsetzt, Venus, die harmonisiert, Merkur, der vermittelt, Jupiter, der erweitert, Saturn, der einschränkt, der Mond, der gefühlsmäßig reagiert und die Sonne, die den Regisseur spielt.

- **Die Zeichen sind die Kostüme, die die Planeten tragen:**
  Wenn man den Planet in ein Zeichen stellt, ist es, als ob man ihm ein Kostüm überzieht, so dass er eine bestimmte Art von Auftreten, Stil, Färbung hat.
  Mars kann sich beispielsweise auf eine widderhafte oder stierhafte Weise durchsetzen; Venus kann beispielsweise zwillingshaft oder krebshaft harmonisieren usw.

- **Die Häuser sind die verschiedenen Bühnen (Lebensbereiche):**
  D.h., wenn ein Planet in einem bestimmten Haus steht, dann ist es, als ob eine kostümierte Person auf einer bestimmten Bühne des Lebens steht, wo sie gemäß ihrer Natur agiert oder auf die Ereignisse beziehungsweise Umstände reagiert.
  Der Stiermars im 2. Haus wird mit Nachdruck und Ausdauer seinen Besitz verteidigen; die Fischevenus im 7. Haus sehnt sich in der Partnerschaft nach himmlischer Harmonie.

- **Die Aspekte sagen uns, wie die Akteure miteinander umgehen.**

Die astrologische Deutung

Das individuelle Horoskop eines Menschen können wir auch als Seelenlandkarte bezeichnen. Und wir sollten immer im Auge haben, dass zwischen Himmel (Makrokosmos) und dem Menschen (Mikrokosmos)[7] eine Analogie, eine Synchronizität[8] besteht: wie oben, so unten und wie innen, so außen und umgekehrt.

Vor dem Hintergrund solcher Zusammenhänge formulierte Jung: »*Man kann mit einem ziemlich hohen Wahrscheinlichkeitsgrad erwarten, dass eine bestimmte psychische Situation von einer analogen astrologischen Konfiguration begleitet ist. Die Astrologie [das Horoskop] besteht aus symbolischen Konfigurationen, ebenso wie das kollektive Unbewusste, mit welchem sich die [Jungsche!] Psychologie befasst: Die Planeten sind die »Götter«, Symbole der Mächte des Unbewussten.*«[9]

Jung sagt auch: »*Die spezifische Wirkung der ersten Lebenserfahrungen beruht einerseits auf Umwelteinflüssen und andererseits auf der psychischen Anlage, d.h. der Vererbung, welche sich im Horoskop anscheinend nachweisen lässt. Es scheint, als entspräche das [individuelle] Horoskop einem bestimmten Augenblick im Gespräch der Götter, d.h. der psychischen Archetypen.*«[10] Der Inhalt des Gesprächs umfasst jedoch keine festgelegten, konkret biographischen Angaben, sondern ein spezifisches Seelenmuster, eine individuelle psychische Anlage. Und dieses individuelle Seelenmuster steht in Analogie zur Konstellation der Himmelskörper zum Zeitpunkt des (Geburts-) Ereignisses.

Wir können das persönliche Horoskop also als individuelles Symbol ansehen, das jedoch mehr Informationen über eine Person enthält, als wir auf einmal – oder je – erfassen können. Das Horoskop spiegelt das angeborene Potential (psychische Anlage) des Individuums wider, das sich im Laufe des Lebens schrittweise entfaltet. Die Entfaltung des angeborenen Potentials wird vor allem in der Kindheit stark vom Umfeld – auf eher fördernde oder eher hemmende Art und Weise – beeinflusst. Früher oder später wird jedoch jedes Individuum die Wahlmöglichkeit haben, mit seinem Potential bewusst und kreativ umzugehen oder eben unbewusst und destruktiv. Ob es sich für einen eher bewussten und kreativen oder unbewussten und destruktiven Weg entscheidet, ist immer auch abhängig von den Erfahrungen in der Kindheit und den momentanen Umwelteinflüssen. Umwelteinflüsse und die Bewusstseinsebene des Horoskopeigners können im Horoskop jedoch nicht festgemacht werden; sie müssen im Gespräch mit der Horoskopeignerin beziehungsweise mit dem Horoskopeigner vom Astrologen erspürt und in die Deutung eingebunden werden.

Im Horoskop steht auch nicht, was das Individuum bereits aus seiner Anlage gemacht hat und was es in Zukunft daraus machen wird. Der erfahrene Astrologe kann die zukünftige Entwicklung vielleicht erahnen, aber nicht mit Sicherheit wissen, denn das Horoskop besteht einerseits nur aus graphischen Symbolen, die keine festgelegten, konkreten Angaben machen, und andererseits hat unser zukünftiges »Schicksal« auch damit zu tun, wie wir unser angeborenes Potential nutzen – eher bewusst und kreativ oder eher unbewusst und destruktiv.

Das Geburtshoroskop (die Radix), das angeborene Potential können wir auch als Samen ansehen, der zur Entfaltung zur Furcht Zeit braucht. Die jeweiligen Entfaltungsthemen werden durch prognostische Methoden wie Transite und Progressionen angezeigt; sie deuten symbolisch an, was in einer bestimmten Phase bewusst gemacht und entwickelt werden sollte. Oft machen sich die Entfaltungsthemen gleichzeitig durch bestimmte Ereignisse in der Außenwelt bemerkbar.

Der Astrologe kann also keine absoluten und konkreten Zukunftsprognosen erstellen. Ein Schuss ins Schwarze kommt schon ab und zu vor; von solchen Schüssen sollten wir uns jedoch nicht beeindrucken lassen.

Konkrete Prognosen würden uns auch nur zu sehr auf die Zukunft fixieren und die Weiterentwicklung hemmen. Wir aber müssen lernen – der psychischen Anlage und den Möglichkeiten entsprechend – im Hier und Jetzt zu leben. Wir können unseren Aufgaben, – die sehr wohl mit Hilfe des Horoskops zu erkennen sind – nicht entfliehen, wir müssen uns unsere inneren Bedürfnisse und Konflikte bewusstmachen und uns mit ihnen konfrontieren, wir müssen unsere Projektionen zu uns zurücknehmen, und in dem Maße, in dem wir bereit sind, dies zu tun, in dem Maße werden wir innere Sicherheit, innere Zufriedenheit und innere Freiheit finden, und das Innere wird sich im Außen spiegeln.

Wenn wir die Astrologie verantwortungsvoll nutzen, kann sie uns bei der Selbstentfaltung eine sehr wertvolle Hilfestellung geben.

Das archetypische (urtypische) Horoskop benützen wir – wie bereits erwähnt – als Matrix zur Deutung der individuellen Horoskope. Im archetypischen wie im individuellen Horoskop finden wir jedoch nur graphische Symbole vor, die jeweils für einen Planeten, ein Tierkreiszeichen, ein Haus und einen Aspekt stehen. Und der Symbolgehalt der Horoskopbausteine bedarf einer Übersetzung.

C.G. Jung sagt dazu: »*Man darf sich keinen Augenblick der Illusion hingeben, ein Archetypus[11] könne schließlich [ganz] erklärt und damit erledigt werden. Auch der beste Erklärungsversuch ist nichts anderes als eine mehr oder weniger geglückte Übersetzung in eine andere Bildersprache.*«[12]

Je weiter wir also das Übersetzungsbild halten, das heißt, je mehr vom funktionalen Sinn des Archetypus beziehungsweise vom ursprünglichen archetypischen Bild als Grundmuster erhalten bleibt, um so eher kann der einzelne sich und seine ihm eigenen Erfahrungsmuster darin erkennen. Und das gibt ihm die Möglichkeit zu fragen: Wer bin ich? Warum werde ich immer wieder mit diesem und jenem Problem konfrontiert? Wie kann ich mit meiner psychischen Anlage kreativer umgehen und mein Leben (und damit auch das Leben meiner Mitmenschen) sinnvoller gestalten?

Bedauerlicherweise werden die astrologischen Symbole von einigen oder mehreren Astrologen ziemlich konkret übersetzt; da wird etwas »festgelegt«. Und dieses Konkretisieren und Festlegen kann dem Horoskopeigner letztendlich mehr schaden als nützen.

Die Deutung sollte sich also immer auf einer Ebene bewegen, auf der das ursprüngliche archetypische Bild als Grundmuster erhalten bleibt. Und um die Deutung bildhaft gestalten zu können, bedarf es einigermaßen fundierter mythologischer Kenntnisse. Je besser wir uns in den Mythen der Planetengötter und in den Mythen, die um die mit den Tierkreiszeichen assoziierten Sternbilder[2] gewoben sind, auskennen, desto fruchtvoller wird die Deutung sein.

Im Grunde ist es immer der Mensch selbst, der sich im Horoskop »liest« oder »widerspiegelt«. Der Kopf muss es nicht vollständig verstehen, sondern die Seele, und ihre Sprache sind Sinnbilder, archetypische Bilder, Symbole.

Die heute verwendeten Planetenbezeichnungen sind immer noch die lateinischen Namen der griechischen Götter: Merkur ist Hermes, Venus ist Aphrodite, Mars ist Ares, Jupiter ist Zeus, Uranus ist Ouranos, Neptun ist Poseidon, Pluto ist Hades. Die psychischen Funktionen der astrologischen Sonne lassen sich am vollständigsten durch Apollon schildern; um die psychischen Funktionen des Mondes bildhaft schildern zu können, müssen wir auf mehrere Göttinnen zurückgreifen (z.B. Hekate/Circe, Kore-Persephone, Artemis/Kybele, Hera, Gaia/Demeter), weil in keiner Göttin, die wir mit dem Mond assoziieren, alle psychischen Funktionen enthalten sind.

Die griechischen Götter sind also zumindest ihrem Namen nach in der Astrologie noch lebendig. Da das Wissen um die Symbole und Mythen im rationalen und aufklärerischen Zeitalter – auch bei vielen astrologieinteressierten Menschen – jedoch ziemlich ins Hintertreffen gelangte, ja vielerorts als Unfug, dumme Fantasien und primitives Denken abgetan wird, werde ich im folgenden Kapitel versuchen, aufzuzeigen, was Symbole und Mythen sind, beziehungsweise was sie nicht sind.

In der psychologischen Astrologie (welche die Jungsche Psychologie einbindet!) verwenden wir zur Betrachtung der Planeten die *Mythen der Götter* (und nicht nur die Namen, die sie tragen), denn die Göttergeschichten stehen in Analogie zu den Archetypen in uns. Die Geschichten der Planetengötter symbolisieren unsere psychischen Funktionen, unsere psychische Dynamik.

Zur Betrachtung der Tierkreiszeichen eignen sich die *Mythen der Helden*, die nicht im Olymp, sondern auf der Erde leben. Zusätzlich können wir die Tierkreiszeichen, die in (akausalen!) Zusammenhang[13] mit der Sonnenqualität und den jahreszeitlichen Rhythmen (auf der nördlichen Halbkugel) stehen, auch vom jeweiligen jahreszeitlichen Bild her betrachten, denn zwischen der Bedingtheit des organischen Lebens auf der Erde und unserer eigenen physischen Bedingtheit (Temperament, Körpertyp, ..) besteht eine Analogie. Und da die physische Funktion von der psychischen Funktion nie ganz abgetrennt werden kann – sie bedingen einander –, so sollten wir bei der mythischen Betrachtung der Tierkreiszeichen auch den zugehörigen Planetengott einbeziehen.

Bei Tierkreiszeichen, die einen »Tiernamen« tragen, lohnt es sich, das Verhalten des jeweiligen Tieres in freier Natur zu betrachten, denn auch hier finden wir eine Entsprechung zu bestimmten Charakteristika der Tierkreiszeichen.

Auch in den graphischen Symbolen der Tierkreiszeichen (♈ ♉ ♊ ♋ ♌ ♍ ♎ ♏ ♐ ♑ ♒ ♓) wird ein gemeinter Inhalt in knapper Form bildlich ausgedrückt. Bei der Betrachtung der einzelnen Tierkreiszeichen werde ich das jeweilige graphische Symbol bildhaft beschreiben.

Symbole, Mythologie, Mythen[14]

Symbole sind ausdrucksvolle Sinnbilder, lebhafte archetypische Bilder und keine Zeichen. Das Zeichen hat eine festgesetzte, eindeutige Bedeutung, weil es eine (konventionelle) Abkürzung für oder ein allgemein gebrauchter Hinweis auf eine bekannte Sache ist; es ruft keine schwer definierbare Reaktion hervor.[15] Beispiele für Zeichen sind: Verkehrszeichen, Buchstaben, Abkürzungen in der Mathematik, Physik und so weiter. In der Astrologie bezeichnen wir die symbolischen Tierkreiszeichen oft kurz nur als Zeichen.

Die Grundlage der Symbole sind die unbewussten, nicht-wahrnehmbaren Archetypen (Urmuster) des Unbewussten. Der aktualisierte Archetypus tritt in Form eines anschaubaren Sinnbildes ins Bewusstseinsfeld des Menschen. Jedes Symbol weist jedoch auf einen vieldeutigen Ausdruck hin, der schwer definierbar beziehungsweise nicht völlig »erkennbar, erfassbar« ist. Symbole lassen sich nicht erschöpfend deuten, sie lassen sich nur umkreisen. Dies gilt sowohl für die Symbole, die im Tag- oder Nachttraum auftauchen, als auch für die astrologischen Symbole (Planeten, Tierkreiszeichen, ...) und andere.

Symbole – wie Mythen – sind nicht willkürlich erfunden worden. Sie stellen Tatsachen (Verhaltensweisen und Erfahrungen) dar, die überall auf der Erde erlebt werden können, wenn sie aus demselben und überall verbreiteten menschlichen Unbewussten (kollektiven Unbewussten) hervorgehen; und sie kehren immer wieder, sie werden immer wieder neu erlebt; sie sind zeitlos, sie ändern sich nie, nur Theorien ändern sich.[16]

Jung formulierte die Begriffe *kollektives Unbewusstes* und *Ar-*

chetypen. Diese beiden Begriffsformulierungen entstanden, als er in den Träumen und Mythen verschiedenster Rassen und Völker immer wieder auf die gleichen Grundstrukturen (Archetypen) stieß. In dieser allertiefsten Schicht sind alle Menschen gleich; alle haben die gleichen unbewussten Instinkte (Sex, Aggression, Hunger, religiöse Visionen, ...) und Verhaltensweisen. Es gibt auch Symbole und Mythen, die nicht aus der untersten Schicht des Unbewussten hervorgehen und dann eben innerhalb von Rassen- oder Volkskollektiven beziehungsweise in verschiedenen Kultur- oder Religionskreisen Unterschiede aufweisen. Letztlich finden sich in den Mythen und Symbolen aller Kulturkreise immer die gleichen Strukturen, die sich nur in der Ausprägung voneinander unterscheiden. Unsere »differenzierten« Wurzeln liegen vor allem in der griechisch-römischen Kultur und in der jüdisch-christlichen Religion. Ein Japaner kann (fast!) das gleiche Horoskop haben wie ein Europäer, aber seine Religionssymbole/-mythen und Kulturwerte bewirken, dass er das Horoskop anders auslebt.[17]

Symbole – wie Mythen – haben eine *starke Wirkkraft*, weil sie von entsprechenden (spezifischen) archetypischen Energiestrukturen (Archetypen), die im kollektiven Unbewussten der Menschheit verankert sind, ausgehen. Wir können diesen unbewussten, nicht-wahrnehmbaren archetypischen Energiestrukturen aber erst in Projektionen[18] auf äußere Objekte (Projektionsträger, Symbolträger) begegnen. Der unbewusste seelische (also immaterielle) Inhalt wird also auf einen Projektionsträger hinausverlegt, damit er vom Bewusstsein – das nicht in den unbewussten Innenraum hineinzuschauen vermag – allmählich als Symbol (Mythos) des Eigenanteils erkannt werden kann. Projektionsträger (Symbolträger) sind unsere Mitmenschen, Lebenssituationen, Lebensereignisse, aber auch astrologische Symbole im Horoskop beziehungsweise die Planeten und Tierkreiszeichen am Himmel. Wir können auch sagen, die Planeten und Tierkreiszeichen am Himmel stellen ein Abbildungssystem unserer inneren Wirklichkeit dar; in den (astrologischen) Symbolen – wie in den Mythen – begegnen wir Projektionen der Archetypen des kollektiven Unbewussten.

Und in jedem astrologischen Symbol beziehungsweise mythischen Bild finden wir eine kreative, aufbauende *und* eine destruktive, zerstörerische Kraft. Im allgemeinen identifizieren wir uns nur mit der lichten Kraft, die dunkle Kraft projizieren wir auf unsere Mitmenschen und das Leben selbst. Wir müssen uns jedoch bemühen, auch die dunkle, die weniger schöne Seite mit der Zeit als Eigenanteil anzuerkennen, das heißt, die Projektionen zu uns zurückzunehmen, und uns mit diesen Energien, als Teil von uns selbst, auseinander zusetzen. Durch die Auseinandersetzung mit unseren dunkleren Anteilen, können wir sie auf eine kreative Ebene überleiten.

Die Mythologie hilft uns, die astrologischen Symbole beziehungsweise die Archetypen, von denen sie ausgehen, besser zu erspüren, besser zu verstehen.

Mythologie setzt sich zusammen aus den griechischen Wörtern »mythos« und »logos«. Mythos meint Erzählung und Logos kann man mit Gott, Geist, Wissen, Sinn oder sinnvolles Wort übersetzen. Ziehen wir beide Begriffe zusammen, dann meint Mythologie die »Erzählung von Gott, Geist, Wissen bzw. dem sinnvollen Wort«.

Wenn wir das nun etwas psychologischer formulieren, dann meint Mythologie ›Erzählung von menschlichen Daseinserfahrungen‹. *»Die Gestaltung der Mythologie ist bildhaft. Es strömt ein Fluss mythologischer Bilder hervor.«*[19]

Die Mythen sind (Planeten-) Götter- und Heldengeschichten, in denen eine Reihe von Symbolen miteinander verknüpft sind. Homer und Hesiod waren die ältesten Dichter (ca. 700 v. Chr.), die die griechischen Götter- und Heldengeschichten in eine geschlossene Form gebracht haben. Sie wurden unter Anrufung der Götter (Archetypen) aufgeschrieben. Diese Geschichten versinnbildlichen Urmuster menschlichen Verhaltens und menschlicher Erfahrungen, die vielerorts und in vielen Schattierungen von der Urzeit an gemacht wurden; sie versinnbildlichen innerseelische Kräfte. Auch Märchen, Sagen und Träume sind Ausdruck der Archetypen.

Mythen erzählen von Ursprüngen. Der Ort der Erzählung ist in uns; die mythenbildenden Strukturelemente (Archetypen) wachsen förmlich aus der tiefsten Schichte der Psyche, dem »kollektiven Unbewussten« – in dem der Erfahrungsschatz der gesamten Menschheit von der Urzeit an ruht – hervor.

In den Eigenschaften und Taten mythischer Figuren (Göttern und Helden) spiegeln sich Urbilder (Archetypen) menschlicher

Verhaltens- und Erfahrungsmuster; folglich sind Mythen – wie die Symbole – nicht erfunden, sondern erlebt worden.[20] Die mythischen Gestalten sind zeitlos. Die Zeit der Handlung ist »damals« wie »heute«. Was sich wandelt, sind äußere Formen, Namen und die Bewusstseinsebene; die Funktion bleibt jedoch immer die gleiche.

Beispiele für die Form- bzw. Namensänderung wären: die babylonische Ishtar, die sumerische Inanna, die ägyptische Hathor, die griechische Aphrodite und die römische Venus. Sie alle sind Lust- und Kampfgöttinnen.

Die Änderung der Bewusstseinsebene reicht – wenn wir beim Beispiel des Venusprinzips bleiben – von Rachelust, Eifersucht, Kampflust, Eitelkeit und Geziertheit bis hin zu Liebeslust, Ästhetik und innerer Balance (Selbstwert).

In Wirklichkeit kommen wir von der archetypischen Grundlage nie los; aber wir können den jeweiligen Archetypus auf eine differenziertere (bewusstere und kreativere) Ebene bringen.

Jung sieht die mythischen bzw. astrologischen Götter parallel zu den Konfigurationen im kollektiven Unbewussten: »*Die Planeten sind die ›Götter‹, Symbole der Mächte des Unbewussten.*«[21] Aus heutiger Sicht könnten wir auch sagen, die astrologischen bzw. mythischen Götter und Helden sind das Resultat von Projektionen aus der Seele des Menschen.

Gemäß der Tiefenpsychologie wurden die Mythen also nicht aus den Sternen abgelesen und dann auf die Erddimension übertragen, sondern sie sind in der Seele des Menschen durch wiederholte Erfahrungen entstanden und wurden dann auf den Himmel als Abbildungssystem projiziert: wie unten so oben, wie innen so außen.

Die Tierkreiszeichen aus symbolischer, mythologischer und psychologischer Sicht[22]

Bei der Betrachtung der einzelnen Tierkreiszeichen werden wir zuerst auf das jahreszeitliche Bild eingehen. Danach wird das jeweilige graphische Symbol des Tierkreiszeichens bildhaft beschrieben. Dem schließen wir den jeweiligen mythologischen Gehalt an – mitunter unter Einbindung der zugehörigen Planetengötter. Bei den Tierkreiszeichen, die einen »Tiernamen« tragen, werden wir auch das Verhalten des jeweiligen Tieres in freier Natur kurz reflektieren. Dann wird eine Brücke zum jeweiligen psychologischen Gehalt gebaut und schließlich werden wir die Bilder in Schlüsselworte zusammenfassen. Hinweise in bezug auf das äußere Erscheinungsbild und die zugeordnete Körperregion werden im Kapitel »Der Aszendent in den einzelnen Tierkreiszeichen« gegeben, da es vor allem die Zeichen des Aszendenten und des Medium Coeli sind, die das äußere Erscheinungsbild reflektieren, und es oft bei transitären oder progressiven Aspekten[23] zum Aszendenten zur Somatisierung (Verkörperlichung) im zugeordneten Körperbereich kommt, wenn wir uns nicht um das tiefe Aszendententhema bemühen.

In bezug auf meine folgenden Ausführungen möchte ich noch erwähnen, dass ich keine vollständige Deutung anbieten kann, denn kein Planet und kein Tierkreiszeichen lässt sich jemals erschöpfend deuten, so sehr wir uns das auch wünschen würden.

Von einer Vielzahl von Mythen, die um die Tierkreiszeichen gewoben sind, habe ich einige ausgewählt, was nicht meinen soll, dass sich um das jeweilige Tierkreiszeichen nur jene Geschichten ranken, von denen ich berichten werde; sie sind mir nur selbst am vertrautesten. Diese Geschichten fußen vor allem in der griechi-

31

schen Mythologie, die in unseren Breiten auch am bekanntesten ist. Wir könnten auch germanische, ägyptische, sumerische, indische oder andere Mythen heranziehen; auch sie könnten uns viel vermitteln, denn sie alle sind Projektionen der Archetypen des kollektiven Unbewussten. Auch die Bibel ist voll von tiefsinnigen Mythen. Mythologie ist ein so umfassendes Gebiet, dass wir unser ganzes Leben lang daraus lernen können. Wenn wir uns mit dieser Bilderwelt einlassen, werden wir zu den verschiedenen astrologischen Prinzipien einen tiefen Zugang bekommen.

Die blinde und listenhafte Zuordnung: »Die Jungfrau ist ordentlich« bringt für die psychologische Interpretation nichts, weil wir auch wissen müssen, *warum* sie dem Ordentlichsein ausgeliefert ist. Und wenn wir dann einmal begreifen, warum das ihr größtes Problem ist, dann beginnt Astrologie spannend und fruchtbar zu werden.

Die Bilder von den einzelnen Tierkreiszeichen haben sowohl Gültigkeit für das Sonnenzeichen wie auch für das Aszendentenzeichen und letztlich auch für alle Konstellationen im Horoskop. Wir müssen sie nur in eine richtige Beziehung setzen, denn Widdersonne ist nicht gleich Widderaszendent. Das Sonnenzeichen bezieht sich auf das Temperament unseres Wesenskerns, das Aszendentenzeichen beschreibt, wie wir die Umwelt erleben und wie uns die Umwelt erlebt. Und auf einer tiefen Ebene beschreibt es das persönliche Schicksal (Bestimmung), das wir mit der Sonne als Vermittler verbinden und entwickeln sollten. Mit anderen Worten – der Aszendent weist bzw. führt uns zur Sonne.

Es ist hier nicht der Ort, auf weitere Konstellationen einzugehen. Ich hoffe aber, mit meinem Hinweis so viel vermittelt zu haben, dass die Leserin und der Leser weiß, wie man mit den Tierkreiszeichen astrologisch umgehen kann.

Wir sollten nie vergessen, dass jedes Prinzip auf einer unbewussten und destruktiven oder auf einer eher bewussteren und kreativeren Ebene gelebt werden kann. Diese Unterschiede in den Ebenen erleben wir auch in den Geschichten der Götter und Helden; auch Götter und Helden sind nicht vollkommen. Wir sollten nur nicht werten zwischen »Gut« und »Böse«, sondern uns bemühen, das uns weniger gut erscheinende, in uns selbst zu erkennen und auf eine bewusstere und kreativere Ebene zu bringen.

Hinsichtlich der angegebenen Zeiten in bezug auf den Stand der Sonne im jeweiligen Zeichen möchte ich erwähnen, dass diese um plus oder minus einen Tag schwanken können. Die genauen Zeiten sind für das entsprechende Jahr den Ephemeriden (Planetenstandstabellen) zu entnehmen.

♈ Widder – Planet Mars ♂
21. März – 20. April

Wenn die Sonne in das Tierkreiszeichen Widder tritt, ist Frühlingsbeginn, es herrscht Tag-Nacht-Gleichheit. Die Sonnenkraft nimmt nun täglich zu. Der beginnende Sieg des Lichtes zeigt sich im Sprießen, Sprossen und Wachsen; die ganze Natur ist in Aufbruchstimmung. Ein neuer Zyklus der Natur hat begonnen.

Der freilebende Widder ist ein lebhaftes Tier. Er springt und klettert in Gebirgsgegenden schnell, gewandt und wagemutig herum. Der Widder ist jedoch kein Langstreckenläufer, dazu fehlt ihm die Ausdauer; er setzt alles in den Anfang. Wird der Widder herausgefordert, erwacht sein Kampfgeist und dann kämpft er bis zu einem eindeutigen Ausgang: Sieg oder Untergang. Der Widder ist ein Leittier und kein Gefolgstier. Widder sind insgesamt sehr vitale und zeugungsfreudige Tiere.

Im graphischen Symbol des Widders ♈ können wir einen Menschen mit erhobenen Armen sehen: sie streben dem Licht entgegen, neues Leben kann beginnen; ein Arm greift nach weltlichem Erfolg, der andere nach geistiger Reife.

Um das Tierkreiszeichen Widder ranken sich viele Mythen und Sagen. Der ganze Kreis der Arthus-Legenden hat eine widderhafte Symbolik. Hier zeigt sich der Widder als Ritter stets mutig und ritterlich, nie niederträchtig oder kleinmütig. Tollkühn riskiert er sein Leben, um die hilflose Angebetete vom »schrecklichen Vater« zu retten. Bei allen diesen Widdergeschichten scheint es darum zu gehen, dass ein weiblicher Wert, etwas Unterschätztes, Unterdrücktes, Schwaches, Hilfloses und Kleines gerettet werden soll, indem es den Fängen eines Tyrannen entrissen wird – es geht um Wettkampf, Errettung und einen Siegespreis.

Ein bekannter griechischer Widdermythos ist der des Argonauten Jason. Er war der rechtmäßige Erbe des Thrones von Iolkos in Thessalien. Als sein Vater starb, riß sein Onkel Pelias die Macht widerrechtlich an sich und brachte das Leben des Kindes in Gefahr. Seine Mutter brachte ihn heimlich zum weisen Kentauren Chiron, der ihn großzog und ihn die Kriegskunst lehrte. Als in Jason die Triebkraft, der männliche Mut und der Drang nach Unabhängigkeit erwachte, kehrte er nach Iolkos zurück und forderte seinen Onkel auf, ihm seinen Thron zu geben. Pelias gab vor, ihm den Thron zurückzugeben, wenn er das Goldene Vlies, das sein Vorfahre Phrixus nach Kolchis gebracht hatte, wieder in die Heimat brächte. Der »schreckliche Vater« (Pelias ist als Vertreter des persönlichen Vaters zu sehen) schickte also seinen Sohn in die Gefahr hinaus, in der Hoffnung, er werde scheitern. Bevor Jason sich nach Kolchis aufmachte, befragte er das Delphische Orakel, und dieses verkündete, dass Iolkos, auch Jasons Heimat, so lange unfruchtbar bliebe, bis das Goldene Vlies zurückgebrachte würde.

Jason suchte nun die besten und mutigsten Krieger seines Landes und rüstete das »Argo-Schiff« auf, das sie nach Kolchis brachte. Sodann begab sich Jason zum König Aietes von Kolchis und verlangte von ihm das Goldene Vlies. König Aietes (Sohn des Sonnengottes Helios), der zweite »schreckliche Vater«(Aietes ist als archetypischer Vater zu sehen), stellte ihm jedoch zuerst schwierige Mutproben als Bedingung zur Freigabe des mythischen Schatzes. Medea, die Tochter des Königs, die eine Zauberpriesterin war, hatte sich leidenschaftlich in Jason verliebt; sie bot ihm ihre Hilfe an, wenn er ihr verspreche, sie mit nach Griechenland zu nehmen und zu ehelichen. Jason ging auf diese Bedingungen ein, und erschlug dann mit Hilfe der Medea den Drachen, der das Goldene Vlies bewacht hatte, nahm das Vlies und verließ mit Medea und den anderen Argonauten Kolchis. Die Flotte des Vaters von Medea hat sie noch eine Zeitlang verfolgt. Nach Iolkos zurückgekehrt, tötete er Pelios, den schrecklichen Vater, und wurde König. Nun bot man Jason die Möglichkeit an, König von Korinth zu werden, unter der Bedingung, dass er die Tochter des herrschenden Regenten heiratet – und er wird schwach. Jason vergaß nun sein ritterliches Ehrgefühl, obwohl er durch Medeas Hilfe das Goldene Vlies zurückerobern konnte, sie zusammen große Abenteuer bestanden und miteinander Kinder gezeugt hatten. Jason, der junge Held, der mit dem alten schrecklichen Vater kämpfte, um eine Neuordnung zu erringen, hat die Verbindung zu seinem inneren (unbewussten) hilfreichen Seelenanteil (Anima[24]) aufgegeben, denn er begehrte nun eine Frau, die ihm zu noch mehr Macht und Ansehen verhelfen konnte; er war nicht zufrieden mit dem, was er erobert hatte – sein großer Ehrgeiz und *Eigen*-Sinn wollte mehr. Jason ist ein in die Irre gehender Widder; er fiel ins Kollektiv zurück, er wollte nun selbst kollektive Macht, die er früher verachtet hatte.

Medea rächte sich, indem sie die junge Verlobte von Jason ermordete und dann ihre eigenen Kinder, die sie mit Jason hatte, tötete. Alsdann verfluchte sie Jason und entschwand in einem von Drachen gezogenen Wagen. Von da an ging es mit Jason bergab; er alterte machtlos und starb durch ein Stück Holz, das von seinem eigenen Schiff auf seinen Kopf fiel und ihn tötete.

Jason kam es nicht in den Sinn, dass er immer wieder den gleichen Kampf auf immer wieder neuen Ebenen führen muß. Die Weissagung des Orakels zu Delphi meinte wohl: Der Held wird nicht als Held geboren, sondern muss es erst durch Prüfungen und Leiden werden. Der Held muss die alten väterlich-kollektiven Maßstäbe durchbrechen; er ist aufgefordert seine eigene wachsende Männlichkeit zu erproben, er muss das Alte töten, damit er eine Neuordnung nach *seinen* Maßstäben schaffen kann, um seine Heimat (und damit auch sich selbst) wieder fruchtbar zu machen. Das Hinaustreiben des Sohnes in die Gefahr durch den alten Vater-König, der Heldenkampf und die Vatertötung stehen so in einem sinnvollen Zusammenhang. Und es geht hier nicht nur um physische Auseinandersetzung, sondern vielmehr auch um eine individuelle Geburt, um eine geistige Reifung, um eine individuelle geistige Identität.

Das Goldene Vlies war dem feurigen Göttervater Zeus heilig; es scheint die theriomorphe (tiergestaltige) Verkörperung von Zeus zu sein. Das Vlies symbolisiert somit individuelle und geistig-spirituelle Werte. Und so war Jason auch auf der Suche nach dem »wahren« schöpferischen Vater im Inneren, auf der Suche nach seinem eigenen inneren Geist; sein enormer Kampfgeist, sein *Eigen*-Sinn, seine Selbstüberhebung hielten ihn von der individuellen geistigen Reifung fern.

Mit diesem Mythos sei nun nicht gesagt, dass Jasons tragisches

Ende ein notwendiges Widderschicksal sei, aber die erzählten Gegebenheiten sind gewiß Widderprobleme, die in subtileren Nuancen auftreten können.

Widderbetonte Menschen (und dazu gehören Männer wie Frauen mit Widder am Aszendent, der Sonne und/oder dem Mond im Widder etc.) leiden sehr oft an einem dominierenden, einschränkenden, tyrannischen oder destruktiven Vater, der ihre Abenteuerlust, ihren Eroberungsdrang, ihren schöpferischen Ausdruck unterdrückt. Der »schreckliche Vater« manifestiert sich in der Form des persönlichen Vaters oder eines Vertreters, aber auch in Form von Ehemann, Vorgesetzten bei der Arbeit oder Institutionen; und gegen diese »schrecklichen Väter« wird gekämpft. Es mag aber auch ein ehrgeiziger Kampf um einen begehrten Geliebten oder um eine begehrte Geliebte sein oder um ein unbelebtes Objekt als Siegespreis. Dieses Erfahrungs- und Verhaltensmuster ist mythisch und nicht »krankhaft«, denn es steht hier immer der Vater für Widerstand *und* für Wachstumsanstoß.

Der Anreiz, sich in gefährliche Situationen zu begeben und die eigene »Männlichkeit« zu erproben, ist für Widdermänner und Widderfrauen charakteristisch. Das Ringen um die männliche Herrschaft und Potenz verleitet den Widderbetonten jedoch oft zur Selbstüberhebung und zur Zurückweisung seines inneren weiblichen Seelenanteils (Anima). Der Widdermensch ist sicherlich aufgerufen, seinen eigenen Willen durchzusetzen, sich selbst zu behaupten, doch sollte er seinen kämpferischen Ehrgeiz nicht überspannen und der Hybris (Selbstüberhebung, anmaßender Hochmut, extremer Eigensinn) unterliegen, denn Hybris unterbricht den Kontakt zur inneren hilfreichen Anima, die Lösungen findet, die vom Ich nicht gefunden werden können. Wenn die Verbindung zur Anima unterbrochen wird, wird man selbst zum »schrecklichen Vater« – auch dies gilt für den Mann wie auch für die Frau.

Ein typisches Widderproblem sind auch Dreiecksverhältnisse. Hier geht es – im Gegensatz zur Waage – weniger um das Objekt selbst als um den Wettbewerb. Der oder die zu rettende Geliebte ist weniger wichtig als der Kampf selbst. Das geläufigste Beispiel ist ein Kampf zwischen zwei Männern um die Liebste oder ein Kampf zwischen zwei Frauen um den Liebhaber. Das Liebesobjekt kann aber auch ein Kind, eine Idee, eine Philosophie oder sonst etwas sein, um das sich zwei Menschen streiten; am Kampf sind also drei Figuren beteiligt.

Widdermenschen zeichnen sich durch intuitive Intelligenz aus, und neben ihrem Drang nach physischer Erprobung und Eroberung, widmen sie sich auch geistig-spirituellen Werten. Diese Gegebenheit wird in der traditionellen Deutung oft vernachlässigt.

Schlüsselworte, die sich aus den betrachteten Bildern ergeben: Neubeginn, Aufbruchstimmung, Triebkraft, Durchstoßen, Offensichtlichkeit, Willensentfaltung, Durchsetzungsvermögen, Gewandtheit, Initiative, Anführer, Abenteuer, Kühnheit, Wage-Mut, Siegeswille, Ritterlichkeit, Helden-Taten, Kampfgeist, Eroberung, Handlungsdrang, Wettbewerb, Dreiecksverhältnisse, Eigensinn, Selbstüberhebung, Rücksichtslosigkeit, der »schreckliche« Vater, der »wahre« schöpferische Vater, intuitive Intelligenz, individuelle und geistig-spirituelle Werte.

♉ Stier – Planet Venus ♀
21. April – 21. Mai

Zur Jahreszeit des Stiers steigt die Sonne weiter am Himmel auf und die Tage werden deutlich länger und wärmer. Die Pflanzen schlagen Wurzeln in die fruchtbare Erde, sie ergreifen Besitz von ihr und nehmen Nahrung aus ihr auf. Die Natur entfaltet sich in üppiger Blütenpracht und weckt die sinnlichen Gelüste.

Das Tierkreiszeichen Stier trägt ebenfalls einen Tiernamen und wieder geht es um ein gehörntes Tier, aber von ganz anderen Qualitäten. Ist der Widder schnell und gewandt, so erscheint der Stier plump, schwerfällig und unbeholfen. Gewöhnlich bewegt er sich sehr langsam, ist aber doch imstande, sich rasch zu bewegen, denken wir doch an die galoppierenden Rinderherden. Liebt der Widder die Aktivität und die gebirgige Höhe, so zieht der Stier friedliche Passivität und weiche, satte Wiesen im Flachland vor. Rinder sind sehr gesellige Tiere und schließen sich herdenweise zusammen. Rinder haben einen ausgeprägten Geruchs-, Geschmacks- und Gehörsinn. Sie fressen nur Pflanzen, suchen sich aber wählerisch die schmackhaftesten aus (saftige Gräser, Blüten, Knospen, Blätter, Rinden) und genießen ihre Nahrung, indem sie sie wiederkauen.

Der friedliche Stier kann auch sehr jähzornig werden, wenn er gereizt wird oder wenn er seinen Raum und Vorrat, sein Eigentum, seine Werte, verteidigen muss. Sein Angriff kann dann tödlich sein, denn sein großes Gewicht (600 – 1000 Kilo) verleiht seiner gehörnten Attacke die nötige Wucht. Auch während der Brunftzeit führt er prachtvolle und dabei höchst gefährliche Kämpfe. Sein Zeugungsfeuer, das ihn in Griechenland zum heiligen Tier des Zeugungsgottes Dionysos machte, symbolisiert die im Blütenmonat beziehungsweise Wonnemonat Mai voll aktivierten Zeugungskräfte der Natur.

Im allgemeinen führt der Stier jedoch ein eher passives Dasein und genießt oder arbeitet geduldig, wenn ein stärkerer Wille ihn antreibt.

Das graphische Symbol des Stier ♉ zeigt einen Kreis, der einen Halbkreis trägt. Der Kreis kann einen Vollmond und der Halbkreis einen Halbmond repräsentieren. Im Vollmond können wir das Wachstum und die Fruchtbarkeit der Mutter Erde sehen; der nach oben offene Halbmond kann auf das Sammeln materieller und immaterieller Besitztümer hinweisen.

Der Halbkreis kann auch für das mondhaft-seelische Element stehen, der das sonnenhaft-geistige Element – dargestellt im Kreis – niederdrückt und beherrscht.

Die Signatur des Stierzeichens erinnert ebenfalls an einen stilisierten Rinderkopf. Das deutsche Wort *Kuh* kommt von derselben indogermanischen Wortwurzel, die im Griechischen *gea* und *genos*, im Sankrit *ge* lautet und die ursprüngliche Bedeutung »Kuh« und »Erde« hat (vgl. Geographie = Erdkunde). Die »Mutter Erde« wurde unter dem Bild der »nährenden Mutterkuh« geschaut.

Das Geschlecht des Rindes ist anhand von Zeichnungen und Ikonographien der Antike nicht leicht zu unterscheiden. In den Mythologien tritt es als heiliges Lebens- und Ernährungssymbol auf und steht mal mit weiblichen und mal mit männlichen Gottheiten in Verbindung. In der ägyptischen Mythologie ist Isis mit dem Hörnerdiadem die gekrönte Kuh. Auch der gehörnte Osiris wurde als Stiergottheit verehrt.

In der griechischen Mythologie können mit dem Tierkreiszeichen Stier vor allem drei Mythologeme in Beziehung gesetzt werden. Die eine Geschichte ist die von Zeus, der in der Gestalt eines schönen weißen Stieres das Mädchen Europa, in das er sich verliebt hatte, auf seinem Rücken nach Kreta brachte, wo er sich als Zeus zu erkennen gab. Sie liebten sich dann und Europa gebar ihm drei Söhne, darunter Minos, der später König von Kreta wurde. Zeus verheiratete Europa dann mit König Asterios von Kreta, der die drei Knaben adoptierte. Die zweite Geschichte ist die von Hera, die die schöne Io aus Eifersucht in eine Kuh verwandelte, weil sie die Aufmerksamkeit ihres Gatten Zeus erregte. Eifersucht hat mit Besitzanspruch zu tun. Die dritte und berühmteste ist die von König Minos und dem kretischen Stier.

König Minos war – wie bereits erwähnt – der Sohn von Zeus und Europa und wurde vom kretischen König Asterios adoptiert. Er herrschte über alle ägäischen Inseln und über Teile des Festlands, war unermesslich reich und mächtig. Er hatte seinen Vater Zeus und Gott Poseidon, den Erderschütterer und Herrn der Stiere und des Meeres, auf seiner Seite.

In seiner Jugend stritt er sich mit seinen beiden Brüdern Rhadamanthys und Sarpedon um den Thron, und bat Gott Poseidon als Zeichen seines Herrschaftsrechtes ein würdiges Opfertier aus dem Meer steigen zu lassen. Poseidon erfüllte ihm diesen Wunsch und ließ einen herrlichen schneeweißen Stier aus dem Meer aufsteigen. Minos bestieg nun den Thron, opferte aber den Stier nicht, weil er von der Schönheit des Tieres so eingenommen war, und den Stier in seiner eigenen Herde haben wollte; er konnte den prächtigen und kostbaren Besitz nicht hergeben, er wollte sich mit dem göttlichen Stier selbst schmücken. Und so betrog er Poseidon, indem er einen anderen schönen weißen Stier opferte.

Poseidon bemerkte den Betrug, war erzürnt und sann nach Rache. Er überredete Aphrodite, in Pasiphae, der Gemahlin des Minos, eine heftige Liebeslust für den weißen Stier zu erwecken. Aphrodite erfüllte ihm den Wunsch. In Pasiphae brach eine überwältigende Leidenschaft für den Stier aus dem Meer aus und es gelang ihr, sich mit dem Stier zu vereinigen, indem sie in eine von Daidalos naturgetreu gezimmerte, hölzerne hohle Kuh kroch, in der sie sich verbarg und die der Stier dann bestieg. Aus dieser Vereinigung ging der Minotaurus hervor, ein erschreckendes Ungeheuer mit dem Körper eines Menschen, dem Kopf eines Stieres und einem Stierschwanz, das sich von Menschenfleisch ernährte. Minos wagte es nicht, den Minotaurus zu töten, da er die göttliche Strafe erkannte. Die Mißgeburt, deren Minos sich schämte, mußte jedoch verborgen werden, und so trug Minos dem erfinderischen Baumeister Daidalos auf, ein unterirdisches Labyrinth zu erbauen, in dem das Ungeheuer versteckt werden konnte und wo ihm Jungfrauen und Jünglinge, die Minos von den tributpflichtigen Athenern angefordert hatte, als Opfer zum Fraß vorgeworfen wurden. Minos kann den Minotaurus nicht vernichten, denn der Minotaurus ist die lebende Verkörperung des Fluches des Poseidons und das Symbol seiner Schuld. Durch seine Besitzgier beschwörte er diese traurige Geschichte herauf, die seine Gemahlin und die unschuldigen Jünglinge und Mädchen ausleben mussten.

Zuletzt musste Theseus, der Sohn des Poseidons und größter Held Athens, kommen und den Minotaurus überwinden. Theseus hatte bei seiner schwierigen Aufgabe auf Kreta Apollon und Aphrodite um ihre Gunst gebeten. Unter Aphrodites Einfluss verliebte sich Ariadne, die Tochter des Minos und Halbschwester des Minotaurus, in ihn und übergab ihm das berühmte Garnknäuel, und zeigte ihm, wie er damit im Labyrinth ein- und ausgehen könne. Er befestigte das eine Ende des Faden an der Eingangstür und rollte das Knäuel beim Eindringen in das Labyrinth langsam ab, bis er an der innersten Kammer des Labyrinths, wo sich der Minotaurus befand, angekommen war. Er tötete dann das schlafende Ungeheuer und fand, dank Ariadnes Faden, wieder aus dem Labyrinth. So findet die Geschichte schließlich ein erlösendes Ende.

Das eigentliche Vergehen, liegt also nicht bei Pasiphae, sondern bei Minos selbst, denn er hatte seine Ernennung zum König in einen persönlichen Besitz- und Machtgewinn geschlagen. Die Rückgabe des Stiers an den Gott wäre das Symbol seiner unbedingten Unterwerfung unter die Notwendigkeiten seiner königlichen, aber menschlichen Rolle gewesen. Die Verweigerung, den Stier aus der göttlichen Herde zu opfern, versinnbildlicht die menschliche Hybris.

Minos war vor der Thronbesteigung ein ehrbarer Mann. Er hat sich die Herrschaft nicht durch verräterische Machenschaften oder Gewalt angeeignet, sondern Gott Poseidon um seine Entscheidung gebeten; für diese Demut wurde er belohnt. Nachdem sein Herrschaftsrecht durch Poseidon bestätigt wurde, gewinnen Gier, Neid und Eitelkeit in Minos jedoch die Oberhand; er beging den Fehler, zu glauben, den Gott betrügen zu können, was eine Kette von Opfern auslöste.

Und dennoch war der Fehler des Minos ein notwendiger Fehler; es ist etwas, das durchlebt werden mußte. Ohne die Gier, den Neid und die Eitelkeit des Minos hätte Theseus nicht zum Helden werden können. Minos und Theseus sind im gewissen Sinne Doppelgänger, denn der eine beging die Hybris gegen den Gott, während der andere sie sühnen musste; dadurch geschieht Entwicklung.

Eine weitere und sehr tiefe Einsicht in die Symbolik des Tierkreiszeichens Stier können uns die Eigenschaften der Herrscherin dieses Zeichens, die kuhäugige Aphrodite-Venus, geben.

Über die Abstammung von Aphrodite-Venus gibt es zwei Versionen. Nach Hesiod war sie die Tochter von Uranos: Chronos hatte das abgeschnittene Genitale seines Vaters ins Meer geworfen. An der Stelle, wo das Genitale samt Sperma ins Meer fiel, sammelte sich weißer Schaum und aus ihm entstieg Aphrodite. Von einer Muschel getragen und fliegenden Windgöttern begleitet, landet sie unter einem Schauer von Rosen an Land. Als Tochter von Uranos ist sie Aphrodite *Urania*, die mehr dem luftigen Tierkreiszeichen Waage zuzuordnen ist.

Nach Homer ist sie Tochter von Zeus und der Meeresjungfrau Dione. Diese Version ist sehr viel konventioneller, da sie hier einfach aus der Vereinigung eines Gottes mit einer Frau hervorging. Die alten Griechen und Römer benannten sie Aphrodite *Pandemos* – die Aphrodite *aus dem Volke*, die mehr dem Erdzeichen Stier zuzuordnen ist.

Aphrodite Urania hat die elitäre Haltung ihres Vaters geerbt: Uranos drängte seine unschönen Kinder in den Leib der Mutter Erde zurück und Aphrodite lehnte die ehelichen Pflichten gegenüber ihrem unschönen, lahmen Mann Hephaistos ab. Aphrodite gebar Hephaistos nie ein Kind. Aphrodite Urania war definitiv ein Kind ihres Vaters. Sie war vollkommen ideal, durch und durch eine freie Göttin. Sie trägt mehr Maskulines in sich als Aphrodite Pandemos, die Kinder austrägt.

Aphrodite Urania's erotisches Charisma erfreut durch das Denken und ist der Stimulus für den Liebhaber nach Wissen, Schönheit, vollkommenen Idealen und persönlicher Ethik.[25]

Aphrodite hat also auch mit *persönlicher* Ethik zu tun, selbst wenn Aphrodite Pandemos nach konventionellen Maßstäben eine ›unmoralische‹ Göttin ist.

Aphrodite Pandemos erfreut vor allem durch Beziehungen zum Körper mit Sehnsucht nach sinnlicher Lust und Schönheit in *greifbarer* Gestalt.

Aphrodite vereinigt in sich also einen himmlischen, sakralen, mentalen und einen irdischen, profanen, physischen Aspekt.

Aphrodite ist die einzige Göttin im griechischen Pantheon (Tempel der Götter), die sich ohne jegliche Scham nackt zeigt – auch den Sterblichen. Alle anderen Göttinnen zeigen sich nur bekleidet oder halb-bekleidet. Und das soll ausdrücken, dass sie sich ihrer eigenen Werte absolut sicher ist. Aphrodite braucht keine äußeren Verzierungen, sie benötigt keine Bewertung auf äußerer Ebene, denn sie weiß, dass sie der Liebe, der Schönheit und aller guten Dinge, die sie begehrt, würdig ist. Dieses absolute Wertempfinden beginnt bei der Wertschätzung des eigenen Körpers.

Aphrodite kann nicht gekauft werden, sie geht keine Kompromisse ein. Aphrodite wurde zwar nach Willen des Zeus mit Hephaistos vermählt, sie schenkte dieser Vermählung jedoch keine Aufmerksamkeit; sie wählte ihre Liebespartner gemäß ihren eigenen Wünschen.

Als einzige Göttin im griechischen Pantheon vereinigte sich Aphrodite auch mit Sterblichen, wenn sie sie begehrte – beispielsweise Anchisis von Troja und Adonis. Dem Anchisis erschien sie am helllichten Tag – total nackt – auf einem Hügel und sie liebten sich. Aus dieser Vereinigung ging Aeneas, der trojanische Held, hervor. Alle Annährungsversuche, die sie selbst nicht wünschte, schlugen fehl: Aphrodite geht in bezug auf ihren Körper keine Kompromisse ein.

Aus psychologischer Sicht ist die grundlegendste Bedeutung von Aphrodite-Venus Selbstliebe und Selbstwert – und zwar für beide Geschlechter. Und dieser innere Wert ist auch in der Bedeutung des Tierkreiszeichens Stier verankert, in dem diese sinnliche, erotische Göttin, diese Lustgöttin herrscht.

Aphrodites Attribute haben jedoch auch ihre Kehrseite; sie können enorme Leidenschaften, Rivalitäten, Eifersucht und sogar Krieg hervorrufen: Denken wir doch an die triebhafte Leidenschaft der Königin Pasiphae für den göttlichen weißen Stier und an die von Aphrodite gestiftete heftige Liebe zwischen Paris und Helena, der wunderschönen Frau des spartanischen Königs Menelaos, die die Ursache für die Auslösung des trojanischen Krieges war, weil Paris sich der Schätze Menelaos bemächtigte und Helena nach Troja entführte.

Schlüsselworte, die sich aus den betrachteten Bildern ergeben: Nähe zur Natur, Wachstum und Fruchtbarkeit der Mutter Erde, Nahrung, Verwurzelung mit dem sicheren Boden, Substanz, Stabilität, Sicherheitsstreben, Sammeln von materiellen und immateriellen Besitztümern, Pragmatik, Realismus, Geduld, Beharrungsvermögen, Treue, Friedsamkeit, Geselligkeit, Gemütlichkeit bis Trägheit, Erfahrungen durch die Sinne, Geschmack, Genuß, Sinnlichkeit, Körperlichkeit, irdische Schönheit, Triebhaftigkeit, Jähzorn, Sturheit, Schwerfälligkeit, Gier, Neid, Eifersucht, Besitzanspruch, Rivalität, Selbstwert.

♊ *Zwillinge – Planet Merkur* ☿ *22. Mai – 21. Juni*

Wenn die Sonne im Tierkreiszeichen der Zwillinge steht, ist das Jahr schon weit vorgerückt. Die längsten Tage werden bald erreicht sein. Es ist die Zeit zwischen Frühling und Sommer; Zwillingszeit ist eine Zwischenzeit, ein Dazwischensein. Die Vegetation erreicht und demonstriert ihre Fülle nach außen. Die Stimmen der Vögel durchtönen die Luft im Zwillingsmonat am stärksten. Emsige Bienen schwirren umher und bestäuben ein Meer von Blüten. Pflanzen und Bäume verzweigen und verästeln sich; alles jauchzt und jubelt. Menschen, Tiere und Pflanzen stehen in vielfältiger Beziehung (Kontakt), in regem Austausch miteinander. Es erwacht Reise- und Wanderlust; beschwingt und wissbegierig wird die Umgebung erkundet.

Das graphische Symbol der Zwillinge ♊, das an die römische Zahl II erinnert, steht für Zweiheit, für Dualität, für Polarität. Es steht für den grundlegenden Konflikt zwischen der männlichen und weiblichen Seite; es steht für den Konflikt zwischen der intellektuellen und der gefühlsmäßigen Seite, für den Konflikt zwischen der spirituellen und körperlichen Seite, für den Wechsel zwischen Licht- und Schattenwelt. Es steht für Gegensatzpaare wie Kain und Abel, Jakob und Esau, Jesus und Judas, Christus und Satan, Ahura Mazdra (Ormuzd) und Angra Mainyu (Ahriman), Gilgamesch und Enkidu, Inanna und Ereschkigal, Osiris und Seth, Isis und Nephtys, Amphion und Zethus, Pollux (Polydeuces) und Kastor, Romulus und Remus, Parzival und Feirefis, Siegfried und Hagen, Baldur und Loge, Wotan und Alberich, selbst, wenn das Ideogramm sich sehr ebenmäßig darstellt. All diese Figuren – auch wenn sie teilweise keine Zwillinge im biologischen Sinne sind – symbolisieren die Verbindung einer hellen mit einer dunklen Kraft; diese gegensätzlichen Kräfte müssen sich letztendlich in der Mitte treffen. Auch das chinesische kosmogonische Prinzip des Yin und Yang findet hier seine beste Entsprechung.

Die Signatur des Zwillingszeichens wird gelegentlich auch als zwei Tempelsäulen gesehen, die eine lichte und eine dunkle Seite darstellen und auf die Polarisierung des Lebensstromes in der irdischen Welt hinweisen: Die Aufspaltung in Männlich und Weiblich, in Bewusstsein und Unbewusstheit, in Licht und Schatten, in Himmel und Erde, in Gott und Mensch.

Viele Mythen und biblische Geschichten können im Zusammenhang mit dem Tierkreiszeichen Zwillinge erwähnt werden. Das Mythologem von den Zwillingsbrüdern Kastor und Pollux bietet sich besonders an, da das Sternbild der Zwillinge nach den beiden Brüder benannt wurde; die beiden am kräftigsten leuchtenden Fixsterne in diesem Sternbild heißen Kastor und Pollux. Nach spätgriechischen Autoren setzte Zeus die Zwillinge als Sternbild an den Himmel.

Die Mutter von Kastor und Pollux (im Griechischen Polydeuces) war Leda, die Gemahlin des Königs Tyndareos von Sparta. Die schöne Leda wurde auch von Zeus begehrt. In der Gestalt eines Schwans verführte Zeus seine Begehrte. Als Frucht der Vereinigung gebar sie zwei Eier. Aus dem einen Ei schlüpften Pollux und Helena, die göttliche Kinder des Zeus und deshalb unsterblich. Aus dem anderen Ei schlüpften Kastor und Klytaemnestra, die Nachkommen des Königs Tyndareus und damit sterblich.

Kastor und Pollux hatten die Idee, Hilaeira und Phoibe, die Töchter ihres Onkels Leukippos, zu heiraten. Die beiden Mädchen waren jedoch bereits mit einem anderen Zwillingspaar – Idas und Lynkeus – verlobt. Und so entführten Kastor und Pollux ihre Angebeteten nach Sparta. Das führte zu einer Fehde zwischen den vier Jünglingen, bei der drei von ihnen den Tod fanden. Idas durchbohrte Kastor mit einem Speer; daraufhin stach Pollux Lynkeus mit einem Speer durch die Brust, während Zeus den Idas mit einem Donnerkeil niederstreckte.

Der Kummer des Pollux über den Verlust seines geliebten Zwillingsbruders war so groß, dass er seinen Vater Zeus bat, seine Unsterblichkeit mit seinem Bruder teilen zu dürfen. Zeus erhörte die Bitte des Pollux und erlaubte ihm, einen Tag mit Kastor im Hades (in der Unterwelt) zu verbringen und ihn am anderen Tag mit sich auf den Olymp zu nehmen. Seither wechseln die beiden zwischen Licht- und Schattenwelt – sie haben Anteil an beiden Welten, sie spiegeln die zyklische Erfahrung der Gegensätzlichkeit wider.

Psychologisch gesehen will dieser Mythos uns sagen, dass die helle Seite zur Ganzheit auch die dunkle Seite braucht, und dass auf freudige Erregung immer wieder mal Depression folgt.

Zethus und Amphion, die Söhne des Zeus und der Antiope, sind ein weniger bekanntes Zwillingspaar. Aber auch sie verkörpern die dem Tierkreiszeichen Zwillinge innewohnende Gegensätzlichkeit. Zethus – stark und vital – wendet sich dem Kriegshandwerkzeug zu; Amphion – zart und besinnlich – ist der Musik zugetan und spielt meisterhaft auf der Leier, die ihm von Hermes geschenkt worden war. Zethus verachtete die Vorliebe seines Bruders für die weibische Kunst, während Amphion den Wert der Kunst heftig verteidigte.

Aus psychologischer Sicht bringt uns dieser Mythos den grundlegenden Konflikt zwischen den männlichen Wesenszügen des Zethus und den weiblichen Wesenszügen des Amphion näher. Letztlich müssen beide von einander lernen.

In diesen beiden Mythen finden wir nicht nur das Motiv der harmonierenden geschwisterlichen Zwillingsseelen, sondern auch das Motiv der feindlichen Brüder (oder Schwestern) beziehungsweise das Motiv der geschwisterlichen Rivalität.

Wie bereits erwähnt, finden wir in der Bibel, in allen anderen Heiligen Schriften und in den Mythologien verschiedenster Kulturkreise Gegensatzpaare; sie versinnbildlichen ein großes archetypisches Motiv: »Gut« und »Böse«, »Licht« und »Schatten«.

Im Zwillings-Individuum bewirkt dieses grundlegende Prinzip der *Ambivalenz* zunächst einen unvermeidlichen Konflikt, und so spaltet es zunächst entweder den »guten« oder den »schlechten« Zwilling ab und projiziert ihn nach außen auf jemand anderen oder auf etwas in der Umgebung. Erst allmählich beginnt das Individuum zu entdecken, dass es selbst das Problem ist, indem es mit dem Gegensatz (über Geschwister, Freunde, Partner, Kinder, ...) in Konflikt gerät. Das geschieht meist erst – und hoffentlich dann doch – in der zweiten Lebenshälfte; da muss dann die helle Seite von der dunklen etwas lernen.

Auch das Wesen des Hermes-Merkur, dem Herrscher dieses Zeichens, ist geprägt von Zweideutigkeit und dem Wechsel von Licht und Schatten. Hermes ist der klügste Sohn des Zeus. Seine Mutter ist die Nymphe Maia, die eine weissagende und mächtige Göttin ist. Hermes geht also aus der Vereinigung des lichten Geistes mit den dunklen, unergründlichen Tiefen des Unbewussten und der Natur selbst hervor.

Hermes wurde bei Morgengrauen in einer Berghöhle in der Gegend von Arkadien geboren. Gleich nach seiner Geburt fühlt er sich gelangweilt und ruhelos. Gegen Mittag entledigt er sich bereits der beengenden Windeln, steigt aus der Wiege heraus und schreitet zur Höhle hinaus; er musste sich bewegen. Er weiß zwar nicht genau, wo er hingehen möchte, aber er macht sich auf den Weg und nimmt die Dinge, wie sie kommen. Vom Unerwarteten schreckt er nicht zurück, er lässt dem »scheinbaren Zufall« seinen Lauf, er hat ein Gespür für »Synchronizität«.

Bei dieser Gelegenheit trifft er *unerwarteterweise* auf eine Schildkröte. Er bewundert ihren schönen Panzer und sagt: »Du bist sehr nett, wie du bist, aber ich kann mir bessere Sachen denken, die ich mit dir tun könnte, als dich nur anzuschauen!« Hermes zeigt also schon jetzt seinen großen Erfindungsgeist und sein Bedürfnis, seine Hände zu beschäftigen. Einer plötzlichen Eingebung folgend, schneidet er die Schildkröte aus dem Panzer heraus, überzieht diesen mit einer Ochsenhaut, spannt (vier oder sieben) Saiten darauf und erfand auf diese Weise die Leier. Hermes tat dies einem Impuls heraus, ohne zu wissen, dass sich dieses Musikinstrument noch als sehr nützlich erweisen würde, wenn er sich später mit Apollon auseinandersetzen muss. In dieser Episode erweist sich

Hermes ziemlich skrupellos, obwohl er andererseits frohsinnig auf seiner Leier spielen und dazu singen konnte.

Nach kurzer Zeit langweilte sich Hermes doch schon wieder. Er wirft die Leier in seine Wiege und macht sich auf die Suche nach etwas anderem, mit dem er sich beschäftigen konnte. Den kleinen Hermes gelüstete nach Fleisch. Erneut wagt er sich aus der Höhle; diesmal, um seinem Halbbruder Apollon die Rinderherde zu stehlen. Und dies tut er auf eine ganz listige Art und Weise. Er führt die Rinder rückwärts von der Wiese, auf der sie grasten, weg. Mit anderen Worten, ihre Hufspuren zeigen somit in die entgegengesetzte Richtung. Er fabriziert für sich auch Sandalen aus Zweigen, damit er keine Fußspuren hinterlässt. Als er die fünfzig Rinder an einen verborgenen Ort getrieben hat, zündet er ein mächtiges Feuer an, indem er zwei Stöcke mit Zunder gegeneinander rieb. Viele Quellen behaupten, dass die Technik des Feuermachens von Hermes stamme. Dann wählt er zwei Kühe aus, teilte sie in zwölf Portionen und opfert sie den Göttern im Olymp — natürlich einschließlich sich selbst. Dieses Ritual weist darauf hin, dass Hermes bereit ist, mit jedem einzelnen olympischen Gott gut auszukommen. Obwohl er allen Göttern des Olymps seine Loyalität zeigt, bestiehlt er auch jeden: Dem Apollon hat er bereits seine Rinder gestohlen, dem Zeus wird er noch den Donnerkeil stehlen, der Aphrodite den Gürtel, der Athene den Helm und so weiter.

Nachdem Hermes sein Rinderopfer beendet und seinen Hunger gestillt und alle Spuren verwischt hat, kehrt er geräuschlos in die Höhle seiner Mutter zurück, kriecht in seine Wiege, klemmt sich die Leier unter seinen Arm und schläft wie ein unschuldiges Baby ein. Als seine Mutter nach Hause kommt, findet sie ihn unschuldig schlafend vor. Sie ist jedoch sehr klug und lässt sich nichts vormachen. Seine Mutter lässt ihn auch wissen, dass seine Tat eine Zumutung sei. Hermes hat aber gleich eine Antwort parat: »Warum versuchst du mir Angst zu machen, als wäre ich nur ein dummes Kind? Ich werde die Laufbahn einschlagen, die mir die besten Möglichkeiten bietet, denn ich muss mich um meine eigenen und um deine Interessen kümmern. Wir können es nicht hinnehmen, dass wir als einzige der Unsterblichen in dieser schmutzigen Höhle leben sollen, ohne Opfergaben entgegenzunehmen. Ich werde den gleichen Kultstatus erringen wie Apollon. Wenn ihn mir mein Vater nicht gibt, werde ich zum Fürsten der Diebe werden. Wenn mich Apollon jagt, werde ich seinen Schrein in Delphi plündern. Da gibt es eine Menge Gold – du wirst sehen!«[26]

Als Apollon bemerkt, dass seine Rinder gestohlen worden waren, – von den in die entgegengesetzte Richtung weisenden Spuren ließ er sich nicht täuschen, – erscheint er wütend in der Höhle von Maia – Zeus selbst war auch gerade da – und verlangt Auskunft über den Verbleib seiner Rinderherde. Der kleine Hermes leugnet, irgend etwas damit zu tun zu haben und fragt unschuldig: »Was ist los, Apollon, was haben deine herben Worte und deine Bedrohung zu bedeuten? Ich habe deine Rinder noch nicht mal gesehen. Sehe ich denn aus wie ein Viehdieb? Ich bin erst einen Tag alt, und alles, was mich interessiert, sind Schlaf, warme Bäder und die Milch meiner Mutter. Du sollst dich besser vergewissern, dass dich niemand hört, wie du mich auf diese Weise ausschimpfst. Niemand würde glauben, dass ein neugeborenes Kind Kühe stehlen würde. Ich bin erst gestern geboren worden. Meine Füße sind weich und der Boden ist hart. Aber wenn du willst, werde ich dir auf den Kopf meines Vaters schwören, dass ich nicht schuldig bin und nichts über den Verbleib der Rinder sagen kann!« Nachdem Hermes seinen Sack von Lügen abgeliefert hat, blinzelt er und stößt einen langen Pfiff aus, so, als ob er seine Lügen wegwischen wolle.

Apollon lässt sich aber durch nichts beeindrucken und von niemanden hinters Licht führen. Zeus zwingt dann aus Hermes die Wahrheit heraus und verlangt von Hermes, die Rinder seinem Bruder zurückzugeben. Im Grunde findet Zeus die ganze Angelegenheit jedoch höchst amüsant. Apollon ist der Lieblingssohn von Zeus. Apollon ist sehr vernünftig und das schätzt Zeus sehr. Zeus mag aber auch Hermes sehr. Zeus schätzt an ihm besonders seine Cleverneß, seine Fähigkeit, sich zu drehen und zu wenden, und die Art, sich herauszuwinden, wenn er in die Enge getrieben ist. Hermes zerbricht sich nicht den Kopf darüber, ob etwas illegal oder moralisch verwerflich ist. Solche Spitzfindigkeiten bereiten ihm keine schlaflosen Nächte. Seine einzige Sorge besteht darin, ob sein Trick oder Plan funktionieren wird; und da er rasch und kreativ denkt, ist er ein erstklassiger Berater, ein erstklassiger Problemlöser.

Hermes gibt also Apollon dann seine Rinder zurück. Als Apol-

lon Hermes auf der Leier spielen hört, ist er von den wunderschönen, süßen Klängen so fasziniert, dass er sagt: »Was du da hast, ist
fünfzig Rinder wert! Gib mir deine Leier und ich werde zusehen,
dass du eine Position des Reichtums und der Ehre unter den Göttern erhältst!« Nun wird ein Handel abgeschlossen. Hermes gibt
Apollon seine Leier und Apollon überträgt das Patronatsrecht der
Rinder an Hermes.

Für Hermes ist es natürlich auch sehr wichtig, mit Hera in guter
Beziehung zu stehen, denn Hera war für ihre unrühmliche Be-
handlung der Kinder des Zeus bekannt. Und so wickelt er sich
wieder in Windeln ein und gibt vor, Heras Sohn Ares zu sein, so
dass sie ihn an ihrer Brust saugen läßt. Auf diese Weise wird sie
seine Ziehmutter und muss ihn wie ihr eigenes Kind behandeln.

Hermes, dessen Name »*der vom Steinhaufen*« bedeutet, ist auch
Gott der Reisenden. Die Steinhaufen an den Wegen und Wegkreu-
zungen dienten dem Reisenden als Markierung. Jeder Wanderer,
der vorbeikam, warf einen neuen Stein darauf.

Später wurde Hermes von Zeus zum Botschafter und Kundschafter der Götter initiiert. Zeus übergibt Hermes eine *geflügelte
Kappe* und *geflügelte Sandalen*, die ihn mit der Geschwindigkeit
des Windes umhertragen. Außerdem gibt er ihm den *Caduceus*,
den Heroldstab, der von zwei Schlangen oder zwei Bändern um-
wunden ist und den jeder auf Befehl des Zeus zu respektieren hat.
Dieser Stab wurde zum bekanntesten Hermes-Symbol.[27] Der Caduceus ist auch ein Symbol für die Vereinigung der Gegensätze. In
neuerer Zeit entdeckte man darin auch ein Symbol für die DNS-
Kette (Doppelhelix), mit deren Hilfe kodierte genetische Information übertragen wird. [~Bolen/181]

In seiner Funktion als Botschafter und Kundschafter der Götter
hat Hermes freien Zugang zu allen drei Reichen: Dem *Olymp* – das
Reich des Geistes, der *Erde* – das Reich des menschlichen Lebens,
wo das Ego entscheidet und handelt, der *Unterwelt* — das Reich
der Seele, des Unbewussten.

Als Botschafter der Götter vermittelt Hermes zwischen den
Göttern untereinander – zum Beispiel auf Geheiß des Zeus mit
Hades über die Rückkehr der Persephone. Er vermittelt aber auch
zwischen den Göttern und den gewöhnlichen, sterblichen Menschen. Hermes überbringt den Menschen den Willen der Götter.

Umgekehrt verschafft er den Menschen auch Gehör im Himmel. Bei dieser schwierigen Vermittlerrolle kann er natürlich nicht immer ganz bei der Wahrheit bleiben, sondern muss geschickt taktieren.

Da Hermes auch freien Zugang in die Unterwelt hat, bekleidet er auch die Funktion eines Psychopompos, eines Seelenführers, eines Traumführers. Er begleitet sowohl die Toten als auch die Lebenden in die Unterwelt.

Einige Quellen berichten, Hermes hätte neben der Leier und der Technik des Feuermachens auch die Zahlen und das Alphabet erfunden.

Im alten Ägypten symbolisierte der Pavian (Hundskopfaffe) Thot, den Gott des Wissens und der Weisheit. Thot ist der Hermes der Griechen und der Merkur der Römer. In manchen Gemälden wird der Pavian mit einem Globus in der Hand dargestellt, den er mit einem Zirkel abmißt und repräsentiert somit den ausschließlich rationalen Wissenschafter, den Wissenschafter, der nur rationale Fakten sammelt.

In der Alchemie war Hermes – hier tritt er als Mercurius auf – »Quecksilber«, der in Materie verborgene Geist. Er war das Symbol, das alle Gegensätze vereinigte: Ein Metall und dennoch flüssig; Materie und dennoch Geist; kalt und dennoch feurig; giftig und dennoch heilbringend.

Schlüsselworte, die sich aus den betrachteten Bildern ergeben: Zweiheit, Dualität, Polarität, Gegensätzlichkeit, Spaltung, Licht- und Schattenseite, Ambivalenz, Interesse, Dazwischensein, Demonstration nach außen, Oberflächlichkeit, Ruhelosigkeit, Wandern, Reisen, Beweglichkeit, Gedanken, Verstand, Intellekt, funktionales Wissen, Sprache, Schrift, Kontakt, Kommunikation, Austausch, Information, Vermittlung, Lehre, Vielseitigkeit, sprachliche und praktische Geschicklichkeit, Wißbegierde, Neugierde, Verzweigung, Verästelung, Geschwister (-Rivalität), Konflikt mit anderen Rivalen, Schläue, Neutralität, Taktik, List, Schwindeleien, Lüge, Gaunereien, Betrug, Diebstahl, Stimmungsschwankungen zwischen Fröhlichkeit und Depression, künstlerische Fähigkeiten, Seelenführer, Vermittlung des höheren Verständnisses von Zeus, Weisheit.

♋ Krebs – Planet Mond ☽
22. Juni – 22. Juli

Zur Jahreszeit nimmt die Sonne ihren höchsten Stand ein – es ist Sommersonnenwende. In diesem Abschnitt der Ekliptik tritt die Sonne ihre langsame Rückwärtsbewegung an. Die Erde hat voll ausgeatmet und beginnt ihren Atemstrom wieder aus den Höhen der Lichtwelt ins bergende Innere einzuziehen. Der Vogelgesang wird leiser. Die Pflanzenwelt hat ihre höchste Entfaltung nach außen hin erreicht. Die Blüten fallen ab und die jungen Früchte schwellen. Die Wachstumskräfte wenden sich nun nach innen. Es kommt zum Fruchtansatz, zur Verinnerlichung. Es ist die Zeit der Empfängnis, Befruchtung, Schwangerschaft.

Das Tierkreiszeichen Krebs trägt einen Tiernamen. Dieses kleinste und unauffälligste Tier im ganzen Zodiak war jedoch nicht immer ein Krebs. Die alten Ägypter sahen ihn als einen Käfer (»Chepri« oder »Skarabäus«), der sein Ei in Mist einrollte und es dann in einem Erdloch verbarg. Aus der Mistkugel entwickelte sich über mehrere Wandlungsstufen ein neuer Käfer. Da die alten Ägypter noch nichts von der Eiablage wußten, meinten sie, dass sich ein Käfer selbst aus der faulenden und stinkenden Materie erschaffe – Chepri bedeutet »der aus der Erde Gekommene«. Im Altertum war der Glaube sehr verbreitet, dass aus totem Material ohne vorherige Befruchtung neues Leben entstehen könnte. Der Mistkäfer wurde als Abbild Gottes gesehen, der sich immer wieder neu erschuf (Symbol der Unsterblichkeit). Die Mistkugel war die Sonne, die der Käfer täglich neu vom Osten nach Westen am Himmel entlang rollte.

Viele charakterliche Eigenschaften der krebsbetonten Menschen (Frauen wie Männer) werden in einer übertragenen Bedeutung durch den kleinen Einsiedlerkrebs versinnbildlicht. Der Einsiedlerkrebs beschützt seinen ungepanzerten, weichen Hinterleib zunächst in einem verlassenen Schneckenhaus. Wächst er heran, muss er in eine größere Muschel umziehen. So geschützt lauert der Krebs seiner Beute auf, die er dann blitzschnell mit seinen Scheren ergreift und zu sich heranzieht, um sie in aller Ruhe in seiner Wohnung zu verspeisen.

Bezeichnend für das Tierkreiszeichen Krebs ist auch, dass es sich

51

in seiner Tarnfarbe der Umgebung anpaßt und sich trotz der vielen Beine sehr langsam und nicht gerade voraus – wie beispielsweise der Widder -, sondern seitwärts oder schräg rückwärts bewegt. Die Rückwärtsbewegung bezieht sich auch auf die Krebseigenschaft, sich gerne in der Vergangenheit zu verlieren. Und seine Scheren symbolisieren zupackende und festhaltende Eigenschaften.

Der Krebs ist ein Sammler auf jedem Niveau: Im Materiellen sammelt er schöne antike Gegenstände. Im gefühlsmäßigen Bereich erwartet er viel Nähe und Geborgenheit und macht tiefe, leidvolle Erfahrungen, die letztendlich tiefes Einfühlungsvermögen und echte Hingabefähigkeit zur Folge haben. Mental sammelt er als Historiker oder Archäologe Wissen aus der Vergangenheit. Geistig versucht er Einsicht in den Urgrund der Dinge, d.h. Zugang zum Unbewussten zu erlangen; aus dieser ozeanischen Quelle schöpft er auch seine künstlerische Kraft.

Sein Stützpunkt ist sein Heim, seine Burg, seine Wohnung, in die er sich nach jedem Erkundungsgang mit seinen gesammelten Schätzen immer wieder zurückzieht. Hier umgibt er sich mit allem, was er in seinem Leben gesammelt hat. Seiner Art entsprechend ist er häuslich, und er liebt die Geborgenheit in der Familie. Wenn Gefahr droht, zieht er sich sofort in seine beschützende Schale zurück.

Auch die Schildkröte zieht sich bei Gefahr in ihren schützenden Panzer zurück. Wegen dieser Eigenschaft wählten die Babylonier die Schildkröte als Symbol für unseren Krebs.

Das graphische Symbol des Krebs ♋, das heute gewöhnlich als Darstellung der beiden Scheren des Krebses gedeutet wird, war ursprünglich eine Darstellung der beiden Spiralen der aufsteigenden und absteigenden Sonnenbahn. Es ist aus dem Sommersonnenwendezeichen ⊕ durch Trennung der beiden Hälften des Jahreskreises entstanden.

Das Symbolzeichen des Krebs drückt aber auch die beiden Lebenspotenzen – den männlich, geistigen Samen und das weibliche, empfangende Ei – aus, die neues Leben entstehen lassen. Der Kreis versinnbildlicht den Geist, die schöpferische Kraft nach außen; er ist die Sonne, er ist der Vater. Die Schale ist die Materie, die aufnimmt; sie ist die Mutter, sie ist der Mond, der das Licht der Sonne reflektiert oder schöpferische Kräfte nach innen. Und wenn wir diese Gedanken weiterspinnen, repräsentiert die Signatur des

Krebs, die aus einer Ureinheit entsprungenen ewig einswerdenden Welteneltern, die die Antwort geben auf die Fragen: »Woher komme ich?«, »Wo sind meine Wurzeln?« Der Krebs repräsentiert also nicht nur die Mutter, sondern auch die Umarmung der Welteneltern und damit eine enorm starke schöpferische Kraft. Viele Maler, Komponisten, Musiker, Dichter und Schriftsteller haben aus dieser Quelle der ungeformten Bilder und Töne geschöpft. Lang ist die Liste der Künstler, bei denen das Symbolzeichen Krebs betont ist – van Gogh, Chagall, Dali, Schubert, Richard Strauß, Hermann Hesse, Tolstoi, Cocteau sind nur einige Vertreter.

Mehrere Mythen ranken um das Tierkreiszeichen Krebs. Der wohl bekannteste griechische Krebs-Mythos erzählt vom Seekrebs der Hera und Herakles (im Lateinischen Hercules). Hera, die Gattin und Schwester von Zeus ist die Königin der olympischen Götter und die Schutzherrin der Familie, des Heimes, der Heimat und der Ehe. Im Mythos ist sie vor allem wegen ihrer heftigen Eifersucht auf die Geliebten des Zeus bekannt, dessen illegitimen Kinder sie unaufhörlich verfolgt.

Herakles ist der berühmteste aller griechischen Helden. Er ist der illegitime Sohn des Zeus und der Alkmene. Alkmene setzte den kleinen Herakles, aus Furcht vor der Eifersucht der Hera, gleich nach der Geburt aus. Nach einer Version wurde das Kind von Hermes in den Olymp gebracht und Zeus selbst legte ihn an die Brust der schlafenden Hera; er saugte die Milch der Götterkönigin und so wurde Hera ungewollterweise zur Ziehmutter des Herakles. Herakles heißt wörtlich »Ruhm der Hera« und bedeutet wahrscheinlich »das ruhmreiche Geschenk Heras«. Als Erwachsener bekam Herakles – zur Prüfung seiner Stärke – zwölf Aufgaben. Bei der Erfüllung dieser Aufgaben war Hera ihm jedoch immer wieder hinderlich. Eine dieser zwölf Aufgaben war die Tötung der Lernäischen Hydra.

Als Herakles im Sumpf von Lerna die neunköpfige Hydra (Wasserschlange) bekämpfte, erschwerte Hera diesen Kampf, indem sie einen Seekrebs (Krabbe) aus dem Sumpf kriechen ließ, der ihn in die Ferse biß. Herakles gelang es jedoch den Krebs zu zertreten. Hera belohnte das zertretene Tier für seinen Gehorsam, indem sie es ans Himmelszelt hob, wo es uns als unscheinbarer Sternhaufen erscheint.

Dieser Mythos will uns sagen, dass es hier nicht nur um die Eifersucht Heras gegenüber dem Sohn einer Geliebten des Zeus geht, sondern noch viel mehr ist es der Zorn der Großen Mutter gegen den siegreichen Helden, der ihr die matriarchale Herrschaft streitig macht. Die archetypische, schreckliche Mutter bekämpft oder zerstört lieber ihren Sohn beziehungsweise den Helden, als ihm die Befreiung aus ihrem Herrschaftsbereich zu erlauben. Und der Held wird dabei von hinten angegriffen, anstatt direkt und offen von vorne – das ist die dunkle Seite des Krebszeichens. Der Krebs ist hier das Urtier, für das die Mutterschaft alles ist, und das den Vater nur als Samenspender betrachtet. Dieses dunkle Element im Krebs, diese überwältigende Mutterbindung (bei Mann und Frau), erhebt sich gegen den Anspruch des Ichs auf Bewusstsein und freie Entscheidung. Dieses negative Krebsmuster ist im menschlichen Leben in vielen Beziehungen am Werk, in denen die Mutter (oder der Vater) oder die Partnerin (oder der Partner) nach außen hin Zuneigung und Unterstützung gibt, insgeheim aber das Kind oder den Partner in seiner Ichentfaltung und freien Entscheidung unterminiert. Letztlich ist es jedoch die Macht der eigenen Gefühle und Instinkte, die manchmal lebensspendend sind und einen dann wieder zu zerstören drohen.

Die lebensspendende, fördernde Kraft, die hinter dem Krebsprinzip steht, bringt vor allem die imaginären Bilder und Töne aus dem ozeanischen Bereich hervor. Die ozeanische Tiefe, das Reich der Urmutter, ist aber immer gefährlich und fordert ihren Preis. Und vielleicht ist dies der Grund, warum manche Krebsbetonte sich dieser schöpferischen Quelle nicht nähern möchten. Sie opfern lieber ihr schöpferisches Potential und bleiben ihr Leben lang in mütterlicher Geborgenheit oder versuchen, durch eigene Kinder, sich selbst zu werden. Das Motiv der Abnabelung von der Mutter ist ein bedeutsamer Entwicklungsritus im Leben von Krebsmenschen, der viele Male auf verschiedenen Ebenen durchlebt werden muß.

Im Krebszeichen herrscht der Mond (Luna) und hebt somit den weiblichen Aspekt dieses Tierkreiszeichens hervor. Der Mond ist der Formgeber und herrscht über Wachstum und Fortpflanzung. Er steht für ein Paradoxon: Einerseits ist sein Zyklus völlig berechenbar, doch andererseits ist er unberechenbar. Manchmal spendet (reflektiert) er Licht – aber nicht genug, um etwas deutlich zu erkennen; ein andermal verschwindet das Licht ganz, und die Nacht ist schwarz. So kam der Mond zu seinem Namen »Luna« oder »launenhaft« oder »verrückt« (im Englischen *lunatic*). Und Launenhaftigkeit ist eine weitere Eigenschaft dieses Zeichens.

Schlüsselworte, die sich aus den betrachteten Bildern ergeben: Ur-Grund, Ur-Ozean, Quelle des Lebens, Samen-Ei, Empfängnis, Befruchtung, Schwangerschaft, Fruchtbarkeit, Wachstum, Wurzeln, Herkunft, Eltern, Familie, Heim, Heimat, Herrschaftsbereich der Großen Mutter, Gebären und Verschlingen, gefühlsmäßige Nähe, Geborgenheit und Sicherheit, Sammeln auf jedem Niveau, Festhalten, Vergangenheit, Laune, Stimmung, Instinkte, Unbewusstes, Reich der ungeformten Bilder und Töne, außergewöhnliche Vorstellungskraft und Einfühlsvermögen, künstlerische Fähigkeiten, Anpassung, Sensibilität, Verletzbarkeit, Leidensfähigkeit, Hingabefähigkeit, Indirektheit.

♌ Löwe – Planet Sonne ☉
23. Juli – 22. August

Zur Jahreszeit des Löwen ist es, als brauche die Natur noch eine Weile, um die volle Fülle auszukosten. Die Früchte gelangen zur Reife und demonstrieren ihre Pracht. Die Sonne durchglüht mit ihrer Feuerkraft in dieser Zeit alles Irdische. Golden glänzt das reife Korn sommerlicher Fülle und Glut. Es sind die heißesten Tage des Jahres. Die brennende Sonnenhitze lässt manchmal die Ernte verdorren. Im Zeichen des Löwen herrscht die Sonne, das Zentrum des Lebens.

Der in der Natur lebende Löwe wurde von jeher von allen Völkern als königliches Tier erkannt. Seine Hauptkennzeichen liegen im gut gebauten, kräftigen Leib mit kurzer, glatt anliegender Behaarung, im breiten Gesicht aus dem kleine, lebhafte Augen funkeln und in seiner mächtigen Mähne, die wie eine Königskrone und ein Herrschermantel imponiert. Diese eindrucksvolle Gestalt strahlt wahrlich königliche Würde aus; seine Stärke und sein lautes Gebrüll beeindruckt Menschen und Tiere.

Der Löwe lebt – außerhalb der Brunstzeit – für sich alleine und beansprucht für sich ein bestimmtes Revier. Mehrere Löwen können nicht zusammenleben, weil sie zuviel Nahrung brauchen. Der Löwe verlässt nachts sein Lager, um in der Umgebung auf die Jagd zu gehen; er ist bequem und liebt keine größeren Streifzüge. Dreimal – so sagen die Araber – zeigt er durch Brüllen seinen Aufbruch an und warnt hierdurch alle Tiere, ihm aus dem Weg zu gehen (oder besser: er fordert auf, Spalier zu stehen). Tagsüber liegt er friedlich in der Sonne. Kommen ihm andere Tiere zu nahe, vertreibt er sie mit seinem respekterregenden Gebrüll.

In Brehms Tierleben ist zu lesen: Und selbst ein Mensch, an dessen Ohr zum erstenmal dieses Gebrüll schlägt, wird sich fragen, ob er auch Held genug ist, dem Löwen gegenüberzutreten. Andererseits fürchtet sich der Löwe vor der hohen Gestalt des Menschen – falls er den leichten Kampf mit ihm nicht schon versucht hat. Ein ruhig dastehender Mensch mit einem mutigen Blick treibt den Löwen in die Flucht.

Der Löwe wurde zum symbolischen Wächter von Tempeln und Palästen und zum Inbegriff von Herrschertum überhaupt. Regulus, der größte Fixstern im Sternbild Löwe, ist »der Königliche«.

Das graphische Symbol des Löwen ♌ beginnt mit einem Kreis, der das sonnenhafte, geistige, schöpferische Prinzip darstellt. Dem Kreis schließt sich eine Schlangenspirale an. Die Schlange, die ihre alte Haut abstreifen kann, um sich im neuen Kleid weiterzubewegen, ist ein Symbol des sich immer wieder erneuernden, allen Tod überwindenden Sonnenlebens.

Gelegentlich wird der kuppelförmige Hauptteil als Kuppel stolzer Bauten gesehen; der auslaufende Rechtszug symbolisiert Ausstrahlung und Extravertiertheit.

Die Signatur des Löwezeichens erinnert ebenfalls an eine stilisierte Katze; der Löwe ist der König der Wildkatzen.

Die Gestalt und das Verhalten des freilebenden Löwen reflektiert die Deutungen dieses Tierkreiszeichens auf oberflächlicher, populärer Weise, die die tiefe Bedeutung jedoch nicht erfaßt.

Die Gestalt des Königs führt uns in Mythen, Sagen und Märchen weit weg von der traditionellen Deutung in einen sehr viel tieferen Bereich. Liz Greene ist seit langem davon überzeugt, dass die Symbolik des Löwen wie die des Widders und Steinbocks um das Thema des Königs und seines Sohnes oder des Helden und seines Vaters kreist.

Die alten Griechen haben um das Sternzeichen Löwe die erste Aufgabe Herakles gewoben, seinen Kampf mit dem nemeischen Löwen. Dieses Tier wurde nach einer Version von der Mondgöttin Selene – auf Wunsch von Hera – aus Meeresschaum erschaffen. Hera hat dieses riesige Tier mit Fell, das gegen Waffen aller Art gefeit war, nach Nemea in der Argolis entsandt, um den Helden Herakles in Gefahr zu bringen beziehungsweise ihn der ersten Prüfung zu unterziehen. Die erste Aufgabe Herakles forderte, das Tier ohne Waffen zu überwinden. Als der Held gegen den Löwen (der im tieferen Sinne seine »tierische« Form symbolisiert) auszog, übernachtete er am Rand der Wälder von Nemea bei einem alten Mann, dessen Sohn der Löwe getötet hatte. Dieser Mann führte Herakles tagsdarauf zur Höhle des Löwens und von ihm erfuhr er auch, wie er das Tier zu bekämpfen habe: ein Ringkampf mußte es sein. Als Herakles das Untier sah, vergaß er die Kampfbedingung, und beschoß es mit einem Pfeil, der jedoch am Fell abprallte. Daraufhin versuchte Herakles es mit seiner Keule, aber auch die zerbrach und der Löwe zog sich in die Höhle zurück. Nun näherte er sich dem Tier in der Dunkelheit der Höhle. Nach einem schrecklichen Kampf gelang es ihm, den Löwen mit bloßen Händen zu erwürgen. Herakles zog ihm dann das unverwundbare Fell ab, nachdem er es mit den Krallen des Tieres aufgeschnitten hatte, und trug es seitdem um seine Schultern. Zeus aber versetzte den Löwen, um seinen Sohn zu ehren, als Denkmal an den Himmel, wo er immer noch als Sternbild Löwe imponiert.

Die Erzählung vom Kampf zwischen Tier und Mensch ist das älteste archetypische Motiv. Im weitesten Sinne ist es ein Kampf zwischen dem sich entwickelten Ich und seinen instinkthaft-animalischen Wurzeln, die »gezähmt« werden müssen, bevor das Individuum seine Eigenheit, seine Individualität wirklich entdecken kann – bevor der Sohn sich selbst ein Vater wird.

Auch der mitteralterlichen Sage von Parzival, in der Wolfram von Eschenbach in 24 812 Versen alle Einzelheiten das Entwicklungsmuster des Sternzeichens Löwe portraitiert, liegt das Sohn-Vater-Thema beziehungsweise das Held-König-Thema zugrunde.

Parzival war der Sohn des Prinzen Gahmuret und der Fürstin Herzeloide. Gahmuret gehörte dem Artusgeschlecht an, Hereloide dem Gralsgeschlecht. Parzivals Vater starb vor seiner Geburt in einem Kampf. Herzeloide zog nun, aus Sorge um ihr Kind, das sie nicht verlieren wollte, in den Wald und sie enthielt ihm den Names seines Vaters und damit das Geburtsrecht als Ritter der Tafelrunde von König Artus vor. Sie erzählte ihm aber viel von der Liebe Gottes. Als dem Jüngling Parzival eines Tages im tiefen Wald ein schöner Ritter begegnete, erwachte in ihm der Drang nach Ritterschaft. Und so bat er seine Mutter, ihn in die Welt hinaus ziehen zu lassen. Schweren Herzens gab sie ihre Einwilligung und Parzival zog mit einem erbärmlichen Gaul, in einem Narrenkleid und mit für ihn noch nicht begreifbaren, daher oberflächlich bleibenden Ratschlägen[28] betraut, von dannen. Die wörtliche Befolgung dieser Ratschläge brachte anderen noch viel Leid. Parzivals Aufbruch kostete seiner Mutter das Leben.

Auf seiner Reise begegnete er zuerst der schlafenden schönen Jeschute, der er Kuß, Ring und Brosche abtrotzte (Rat der Mutter: Edle Frauen darfst du mit einem Kuß begrüßen; wenn dir eine Frau ein Ringlein schenkt, so ist dies eine große Gunst) und die dann von ihrem eifersüchtigen Gemahl verstoßen wurde. Parzivals Weg führte ihn dann zu der ersten Begegnung mit seiner Base Sigune, die um ihren toten Geliebten trauerte. Zum erstenmal wurde Parzival mit unsagbarem Leid konfrontiert, das er jedoch noch nicht wirklich verstehen, geschweige damit angemessen umgehen konnte, und so zog er weiter. Seine Base hatte ihm auch von seiner Herkunft erzählt und steigerte damit seinen Geltungsdrang.

Die nächste Begegnung, auf seiner Reise zu König Artus, war die mit dem Roten Ritter, den er ob seiner Weltfremdheit auf unritterliche Art tötete und dessen Rüstung und Pferd an sich nahm. Auf seiner Weiterreise begegnete Parzival nun dem alten, weisen Edelmann Gurnemanz, der ihn freundlich auf seiner Burg aufnahm und sein Lehrmeister wurde. Er legte sein Narrenkleid ab und auch sein törichtes Gehabe. Gurnemanz lehrte ihm die Waffenkunst, ritterlichen Gesetze und höfischen Sitten; er wies ihn auch an: »Verliere nie dein Schamgefühl, stelle keine Fragen, wenn du etwas siehst, was du nicht begreifst, und bringe denen, die Leid erfahren, Mitgefühl entgegen«. Obwohl Parzival sich diese edlen Worte sehr zu Herzen nahm, so hatte er ihre tiefere Bedeutung dennoch nicht wirklich verstanden und es mußte vieles geschehen, ehe er sie erfassen konnte. Nach dreijähriger Ausbildung erhielt Parzival den Ritterschlag und zog abermals in die Welt, rettete die schöne Königin Condwiramurs (Blancheflur nach der Version von Chrétien de Troyes) vor feindlicher Übermacht, heiratete sie und meinte nun am Ziel seiner Wünsche zu sein. Aber als wieder ein paar Monde verflossen waren, trieben ihn die Abenteuerlust und der Wunsch, die noch lebend geglaubte Mutter wiederzusehen, von seiner Gattin fort.

Auf seiner Reise gelangte Parzival nun zur Gralsburg – das Schicksal hatte ihn ans Ende seines Weges geführt; hier sollte er die erste Prüfung seines wahren Mannestums bestehen. In der Burg lebt der lahme, zeugungsunfähige, an einer geheimnisvollen Wunde dahinsiechende Gralskönig Anfortas, der nur genesen kann, wenn ein vortrefflicher Ritter sofort eine bestimmte (mitfühlende!) Frage stellt. Parzival aber stellte die Frage nicht; er erwies sich als ein noch nicht Würdiger. Und so verschwand die Gralsburg unter Donnergeröll und Parzival mußte sich von neuem auf die Suche machen.

Er durchlebte nun viele weitere Abenteuer und mußte viel erleiden. Aus diesen Erfahrungen erwuchsen Bewusstheit und Mitgefühl. Schließlich war er fähig, noch einmal zur Gralsburg zurückzukehren, den Gral – ein geheimnisvolles, lebenserhaltendes Gefäß – zu schauen und die schicksalshafte Frage zu stellen: »Was fehlt dir?« Nachdem er diese mitfühlende Frage gestellt hatte, erhob sich der König geheilt und der junge Ritter wurde nun zum Hüter der Burg und des Grals. Parzival findet nun auch seine Gattin Condwiramurs wieder, die ihm in seiner Abwesenheit Zwillingssöhne geboren hatte.

Parzival, der vaterlose Knabe, beginnt sein Leben in der Obhut der geliebten Mutter in einem einsamen Wald, weil die Mutter ihn nicht verlieren und ihm das Schicksal des Vaters ersparen wollte. In Parzival erwachte jedoch der natürliche Instinkt, sein eigenes Ziel zu verfolgen. Und so zog er hinaus in die Welt, um – wenn vorerst auch noch unbewusst – die tiefere Bedeutung seines Lebens zu erfahren.

Parzival verhielt sich am Beginn seiner Abenteuer, zu denen auch erotische Begegnungen gehörten, ziemlich naiv, ungeschickt und grob. Durch seine Unsensibilität seiner Mutter, der Jeschute, seiner Base Sigune, dem Roten Ritter und seiner Gattin Condwiramurs (die ihn in die Erotik initierte) gegenüber, verliert Parzival seine Intuition (die dem Feuerelement angeboren ist), und so konnte er im gewünschten Moment nicht die richtige Frage stellen, um den Gralskönig zu heilen.

Nachdem er viel erlitten hatte, seinen Geltungsdrang einbremsen konnte, sein Ich die Erfolge nicht mehr nur für sich selbst beanspruchte, erwuchs ihn ihm Weisheit und Mitgefühl. Und dieses echte Mitgefühl befähigte ihn, die richtige Frage zu stellen, wodurch die Heilung des Königs und die Reifung der eigenen Individualität geschehen konnte: Der Sohn ist sich selbst ein Vater geworden, der Sohn wurde König.

Im Tierkreiszeichen Löwe herrscht die Sonne. In der griechischen Mythologie ist Apollon der wichtigste Sonnengott. An seinem Heiligtum in Delphi war die in Stein gemeißelte Inschrift: »Erkenne dich selbst!« zu finden. Apollon ist ein Bild für die Erhabenheit des Geistes, er ist selbst eine Art Gral; er ist der Glänzendste im griechischen Pantheon (Tempel der Götter). Das älteste Symbol der Sonne, des unsterblichen Geistes, ist das »göttliche Kind«, das den intelligenten Plan in sich trägt, der zu seiner Entfaltung jedoch Lebenszeit braucht. Dieses Kind gibt uns auch das Gefühl, dass wir einen sinnvolle Zukunft haben. Und die Hoffnung auf eine sinnvolle Zukunft erlaubt uns ein schöpferisches Spielen mit dem Unbekannten.

Schlüsselworte, die sich aus den betrachteten Bildern ergeben: Ausstrahlung, Extravertiertheit, Feuerkraft, Vitalität, Optimismus, Wärme, Hitze, feurige Emotionalität, Dramatik, Repräsentation, Prunk, Imponiergehabe, Geltungsdrang, Selbstdarstellung, Egozentrik, Dominanz, unverbindliche Autorität, Autonomie, Macht, Risikofreude, Intuition, Erotik, schöpferisches Spielen, Zeugung, (göttliches) Kind, Kreativität, individuelle Reifung, Individualität, Selbsterkenntnis, Selbstausdruck, echtes Mitgefühl, Heldentum, Königtum.

♍ Jungfrau – Planet Merkur ☿
23. August – 22. September

Wenn die Sonne im Zeichen der Jungfrau steht, endet der Sommerrhythmus. Die Hitze lässt nach, die Tage werden immer kürzer, und die Natur immer trockener. Die Mutter Erde gibt ihre reifen Früchte her und die Scheunen füllen sich. Die Jungfrau mit der

Ähre ist das Erntezeichen! In der Ähre ist jedoch nicht nur die Frucht, sondern auch der Samen enthalten.

Der Hauptstern im Sternbild Jungfrau ist die Spica, die Ähre; um dieses Sternbild rankt sich der griechische Mythos der Göttin Astraea.

Mit dem Zeichen der Jungfrau endet der erste Halbbogen des Tierkreises, der mit dem Widder beginnt. Im Rückblick auf diesen ersten Halbbogen, der Frühling und Sommer umfaßt, erinnern wir uns, dass der Widder die Zeit des beginnenden Wachsens, der Energie-Entfaltung, des Sprießens war. Im Stier erlebten wir die Blütezeit. Die Zwillinge brachten die Ent-Deckung der Zweiheit, das Aufspalten und Sich-Verbinden der Kräfte. Der Krebs, das erste Sommerzeichen, war die Zeit des Fruchtansatzes. Im Löwen reiften die Früchte. In der Jungfrau werden die Früchte geerntet, sorgfältig sortiert und bis ins Detail analysiert. Mit den leichten Herbstwinden fallen die ersten Blätter von den Bäumen. Das abgeerntete Getreidefeld wartet darauf, den neuen Samen aufzunehmen, um ihn von neuem zu gebären – es ist Jungfrau und Mutter zugleich.

Die Jungfrau ist also das letzte der ersten sechs Tierkreiszeichen, in denen das Ich des sich entwickelnden Menschen im Mittelpunkt steht. Von diesem Tierkreiszeichen aus wird die Brücke zum Du hin gebaut.

Das graphische Symbol der Jungfrau ♍ hat Ähnlichkeit mit dem Zeichensymbol des Skorpions ♏; gemeinsam ist beiden das »m«. In sehr alten Zeiten bestand der Zodiak aus zehn Sternbildern. Die heutigen Sternbilder Jungfrau, Waage und Skorpion haben sich aus dem großen »Herbststernbild« herausentwickelt; zunächst die Jungfrau und der Skorpion und später die Waage aus den Scheren des Skorpions. Dieses Herbststernbild wurde durch das »m« dargestellt, das mit seiner Dreistrichsymbolik eine Abwandlung der steinzeitlichen Sterbe-Rune (⋏) darstellt, welche auf das schwindende Leben im Herbst hindeutet. Auch die germanische Rune ti oder Yr (⋏) bedeutet »Materie, Mater, Weib, Nacht, Tod«; sie wurde ebenfalls der Herbstzeit zugeordnet und stellt die Urform des »m« dar.

Dem Zeichensymbol Jungfrau wurde ein Kreis zugefügt (♍), der ewig unvergängliches Leben symbolisiert; der Skorpion aber erhielt als Anhängsel den Todesstachel des giftigen Tieres (♏).

Einer anderen Quelle nach steht das Symbolzeichen m für eine Abkürzung des griechischen Wortes »Parthenos«, was Jungfrau beziehungsweise unverheiratetes Mädchen meint, und zwar ohne Bezug zur vorehelichen Keuschheit. Das Wort Parthenos wurde früher auch für unverheiratete (freie!) Frauen und Mütter gebraucht. Die Betonung liegt auf »unverheiratet«(und frei!), ob keusch oder nicht. Heute verwenden wir das Wort Jungfrau synonym für Keuschheit, für sexuelle Unberührtheit.

Die Psychologie der Jungfrau ist sehr komplex und nicht leicht zu erfassen, denn sie ist von einer starken Ambivalenz geprägt. Die tiefe Bedeutung der Jungfrau geht über die populäre Beschreibung (fanatische Sauberkeit, Ordnung, Pünktlichkeit, Zweckmäßigkeit, Wirtschaftlichkeit, Sicherheitsstreben, Nörgelei, Kritik usw.) hinaus, und ich denke, dass uns der Mythos von der Göttin Astraea (oder Dike) und der Persephone-Mythos die tiefere Bedeutung dieses Tierkreiszeichens versinnbildlichen können.

Astraea ist die Göttin der Geordnetheit und Gesetzmäßigkeit der Natur; sie wird immer mit einer Ähre abgebildet. Nach Hesiod war Astraea die Tochter des Zeus und der Themis. Astraea lebte früher mit den Menschen auf der Erde, um diese zur Achtung der Naturgesetze zu bewegen. Die Menschen wurden – in ihren Augen – jedoch immer schlechter, und deshalb begann sie diese wegen ihrer Niedrigkeit zu verachten; zuerst zog sie sich in die Berge zurück. Als es dann noch schlimmer wurde, verließ sie die Erde und ist nun am Himmel als »Sternbild Jungfrau« sichtbar.

Astraea ist ein Bild für die der Natur innewohnende Geordnetheit, und ihre Abscheu gegenüber der Menschheit ist ein Bild für die traditionelle Abscheu des Jungfrau-Menschen gegenüber Unordnung, Chaos und Verschwendung von Zeit und Substanz. Astraea hat den erdhaften, mondhaften, orgiastisch-lüsternen Anteil, der allen alten Mond- und Fruchtbarkeitsgöttinnen innewohnt, und zum Fluß des Lebens gehört, verdrängt – sie wollte nur die Heilige und Himmlische sein.

Die alten, jungfräulichen Mond- und Fruchtbarkeitsgöttinnen – beispielsweise Atargatis und Artemis von Ephesus – waren selbst »Huren«, und in ihren Tempeln dienten Prostituierte, die die Gottheit verkörperten und den Gläubigen ihre göttliche Gunst zuteil werden ließen, wodurch sie diese in einen halbgöttlichen Status erhoben. In diesem Sinne repräsentiert die Prostituierte das gleiche wie die mythologische Jungfrau, denn sie ist das archetypische Bild der *unverheirateten Frau*, der *freien Frau*, die zunächst mit ihrem inneren Selbst vermählt wird und erst in zweiter Linie mit einem Mann – eine Frau oder ein Mann, die ihre eigene Identität haben. Die sogenannte »Hurerei« der jungfräulichen Göttinnen bedeutet nicht »sexuelle Verfügbarkeit« für alle, denn sie geben sich nur jenen hin, die sie erregen – sie sind »Huren« und »Jungfrauen« zugleich, sie sind Liebesgöttinnen; ihr Wesen ist »eins-mit-sich-selbst-sein«.[29]

Diese beiden Gestalten – wie auch Aphrodite-Venus – verkörpern die dunkle, verdrängte Seite der Göttin Astraea. Astraea verkörpert die konventionellen Moralbegriffe; Atargatis, Artemis von Ephesus und Aphrodite-Venus das innere Moralgefühl.

Viele jungfrau-betonte Menschen (Sonne, Aszendent, Mond und/oder Venus in Jungfrau) beider Geschlechter leben oft nur das strenge und gouvernantenhafte Muster der Göttin Astraea; sie richten ihr Moralgefühl fast ausschließlich nach dem konventionellen Sittenkodex aus und erstarren förmlich in zwanghaften, begrenzenden Ritualen, die die Lebensfreude überlagern. Selbstverständlich hat das nicht nur mit sexuellen Gegebenheiten zu tun. Es geht hier um die ganze Lebenseinstellung. »Jungfräulichkeit« meint Offenheit für den Fluß des Lebens, meint Bereitschaft, sich der natürlichen Ordnung anzuvertrauen, meint ein Annehmen des sich Verändernden.

Eine jungfräuliche Göttin ist auch Persephone-Kore; sie ist die Tochter des Zeus und der Demeter, der Göttin der Ernte. Als Kore verkörpert sie das unschuldige Mädchen, den fruchtbaren Boden, auf den noch kein Samen gefallen ist; sie ist an die Mutter gebunden und spiegelt die helle Oberfläche des Lebens wider.

Zeus hat Kore »in weiser Voraussicht« seinem Bruder Hades-Pluto, dem Herrn der Unterwelt und des Todes, versprochen. Doch Demeter widersetzt sich diesem Plan. Sie will Kore bei sich behalten. Kore wird auch die »Keusche« genannt, denn Demeter wacht über sie, behält sie ständig in ihrer Nähe und will sie auf keinen Fall Hades-Pluto, dem Herrn des Todes, überlassen. Demeter will ihre Tochter festhalten und die Reifung zur Frau nicht zulassen.

Kore, das Mädchen das Blumen pflückt, hat sich entschieden, die unverheiratete Keusche zu bleiben und nicht eine lüsterne »Hure« zu werden – »Hure« ist hier als Gegensatz von »Keusche« zu verstehen, als die vom Leben Unberührte.

Und weil sie ihre andere Seite, die Lüsternheit, nicht lebt – diese Seite wird im Mythos beispielsweise durch Aphrodite-Venus oder Atargatis verkörpert — führt die Verleugnung dieser anderen Seite unvermeidlich dazu, dass sie geraubt und zur Ehe mit Hades-Pluto gezwungen wird.

Begonnen hat der ganze Prozeß wohl mit dem Pflücken der seltsamen Todesblume – eine Narzisse mit 100 Häuptern -, vor der ihr vor Wonne graute, weil es die Öffnung der Erde unter ihr ankündigt. Im Moment, wo sie die duftende und eigenartig gewachsene Blume pflückt – die Hades hat wachsen lassen, um sie in seinen Bann zu ziehen – öffnet sich die Erde, und der dunkle Herr entführt Kore gewaltsam auf seinem von schwarzen Pferden gezogenen Wagen in sein Reich. Dieser Prozeß setzt sich dann fort, als sie den honigsüßen Granatapfel – die Frucht der Unterwelt – ißt. Der Granatapfel symbolisiert mit seinen vielen Samen große Fruchtbarkeit und eine enorme innere Kraftquelle. In dem Moment, wo Kore den Granatapfel ißt, wird sie zur Persephone, zur Königin der Unterwelt – hoch geachtet von den Unsterblichen. Merkwürdigerweise bedeutet ihr Name *Zerstörerin*.

Inzwischen durchwandert Demeter die ganze Erde und sucht nach ihrer Tochter. Der Sonnengott Helios enthüllt ihr die Geschehnisse und Demeter forderte unter der Drohung, die ganze Erde zu verwüsten, ihre Tochter zurück. Schließlich einigen sich Demeter, Hades und Zeus darauf, dass Persephone die Hälfte des Jahres mit Hades in der Unterwelt und die andere Hälfte mit ihrer Mutter verbringen solle.

Nach den orphischen Mysterien gebiert Persephone ihrem Gatten dann ein Kind – Dionysos. Er ist das Gegenstück zum hellen Erlöser vom Himmel, dem das Christentum die Gestalt Jesus verliehen hat. Beide sind Jungfrauensöhne und beide haben göttliche Väter, beide werden getötet und erleben eine Auferstehung. Christus erlöst durch den Geist. Dionysos aber erlöst durch die Sinne; er ist ein viel weltlicheres Kind – und Persephone ist seine Mutter.

Die Ekstase (auf erotischer und spiritueller Ebene) gehört zum

Jungfrauprinzip; sie vermittelt ein bereicherndes Empfinden von Vitalität und Sinnlichkeit des Körpers, aber auch spirituelle Erfahrungen. Leider wird dieser lüsterne, ekstatische Anteil der Jungfrau – wie bereits erwähnt – von vielen Jungfrau-Menschen wegen der herrschenden konventionellen Moralbegriffe meist nicht gelebt. Im Zustand der Ekstase verliert man die Kontrolle, und davor haben Jungfrau-Menschen eine schreckliche Angst.

Dieser Mythos verdeutlicht uns auch das starke Band zwischen Mutter und Kind, das abgetrennt beziehungsweise gelockert werden muß, damit sich ein individuelles Leben entfalten kann. Obwohl Persephone immer wieder zu ihrer Mutter zurückkehrt, wird sie nie wieder dieselbe sein, denn nun ist sie Mutter und Gemahlin – sie wird jedoch immer noch als Jungfrau verehrt.

Am Beginn ihrer Reise leben die meisten Jungfrau-Geborenen (Frauen wie Männer) fast ausschließlich die klassische Jungfrau: Unschuld, Reinheit, Sauberkeit, Ordnung, Rationalität, Angst, Fehler zu machen – bis sie dann von einem kritischen Transit und/oder einer Progression unsanft aufgerüttelt und aufgefordert werden, von der hellen Oberfläche in die Tiefe zu steigen beziehungsweise auch ihrem ekstatischen Anteil Raum zu geben, das sogenannte Unmoralische – das dennoch sehr licht sein kann – zuzulassen und ein eigenes inneres Moralgefühl zu entwickeln.

Die mythologische Jungfrau ist eine einsame Gestalt; in erster Linie gehört sie sich selbst und das lässt sie im wesentlichen allein sein. Jungfrau-Menschen wird manchmal Einsamkeit aufgezwungen, damit in der Stille die eigene Stimme hörbar wird.

Im astrologischen Zeichen der Jungfrau herrscht Hermes-Merkur, der geflügelte Götterbote und Seelenführer. Die Jungfrau wird ebenfalls oft mit den Flügeln des Hermes-Merkur dargestellt, die hier den höheren, analytischen Verstand symbolisieren. Auch viele seiner anderen Eigenschaften gehören zur Jungfrau.

Schlüsselworte, die sich aus den betrachteten Bildern ergeben: Naturgesetze, Ernte, Ernährung, Gesundheit, Detail, Analyse, Sicherheitsstreben, Überprüfung, Kontrolle, Nörgelei, Kritik, Unschuld, Reinheit, Sauberkeit, Ordnung, Pünktlichkeit, pedantische Perfektion, Zweckmäßigkeit, Wirtschaftlichkeit, Vorsicht, Anpassung an Umweltbedingungen (einschließlich an die konventionellen Moralbegriffe), Abscheu gegenüber Unordnung, Chaos und

Verschwendung, Errichtung von Grenzen, (zwanghafte) Rituale, (gouvernantenhafte) Belehrung, Pädagogik, Lehre, Vernunft, Klugheit, orgiastische Lüsternheit, erotische und spirituelle Ekstase, inneres Moralgefühl, persönliche Integrität, Eins-mit-sich-selbst-sein.

♎ Waage – Planet Venus ♀
23. September – 22. Oktober

Wenn die Sonne in das Tierkreiszeichen Waage tritt, ist Herbst-Tagundnachtgleiche, mit der die zweite Hälfte des Sonnenjahres beginnt. Es herrschen nun wieder die gleichen Lichtverhältnisse wie am 21. März, aber wie anders ist die Stimmung zur Zeit des Herbstpunktes. Sommerwärme und Winterkühle durchdringen einander in wunderbarer Harmonie. Ein blauer, wolkenloser Himmel steht über der bunten Blumenpracht im Garten. Sommer- und Herbstblumen begegnen einander. Bald prangen auch die Wälder in gelben, roten und goldenen Farben. Bunte Blätter lösen sich und tanzen zur Erde. Die Tage werden immer kürzer, die Nächte länger – die Natur kehrt sich immer mehr nach innen.

Das Zeichen Waage bildet den Gegenpol zum Zeichen Widder. Auch die Waage ist ein kardinales Zeichen. Aber vertrat der Widder das feurige Element, so vertritt die Waage das luftige Element. Der Widder macht den Sprung dem Licht entgegen, den Sprung ins Leben hinein. Mit der Waage als Luftzeichen antwortet die Seele in verstandesmäßiger, denkerischer Weise: sie erwägt. Die Waage ist im archetypischen Horoskop das erste Zeichen über dem Horizont; sie steht an der Spitze des dritten Quadranten – Du und Gemeinschaft stehen jetzt im Vordergrund.

Das graphische Symbol der Waage ♎ kann als stilisierte Waage gedeutet werden; es kann aber auch die am Horizont versinkende Sonne darstellen, die auf die Herbst-Tagundnachtgleiche hinweist.

Das Sternbild der Waage hat sich – wie bereits erwähnt – aus den Scheren des Skorpions herausentwickelt. Und da die Scheren dieses Tieres Waagschalen gleichen, bekam dieses Sternbild etwa im zweiten Jahrhundert vor Christus den Namen Waage. Das lateinische Wort für Waage ist »libra« und heißt auch Maß, Gleichgewicht.

Die Ägypter benutzten das Bild der Waage als Symbol für die Bewertung der Seelen der Verstorbenen, die von Hermes-Merkur-Thot-Anubis vor Osiris, dem göttlichen Richter, gebracht wurden. In der Mitte des Gerichtssaales befand sich eine große Waage. In die eine Schale wurde Maat, die Göttin der Gerechtigkeit, oder ihre Feder gelegt, in die andere kam das Herz als Symbol für die Seele. War das Herz schwerer als die Feder der Maat, wurde es einem Ungeheuer zum Fraß vorgeworfen, wodurch der Seele das ewige Leben verweigert wurde. Waren die Waagschalen im Gleichgewicht, dann fällte der göttliche Richter ein günstiges Urteil.

Im Gegensatz zu Astraea, die die Geordnetheit und Gesetzmäßigkeit der Natur repräsentiert, ist Maat, die Göttin der Gerechtigkeit, eine etwas differenziertere Göttin; sie richtet nach zivilisierten, menschlichen Gesetzen.

In der Gestalt des Osiris und in den Waagschalen der Maat kann man ein Bild ganz nach dem Herzen der Waage-Menschen sehen: »Der Kosmos fällt letztendlich ein gerechtes Urteil: Das Gute wird belohnt und das Böse bestraft!« Diese Gerechtigkeitsvorstellung ist die Grundlage der perfekten Idealvorstellung und des Glaubens an die Gerechtigkeit der Götter und des Lebens, die den Waage-Betonten innewohnt.

Die ägyptische Maat hat sehr große Ähnlichkeit mit der griechischen Göttin Athene; auch sie personifiziert zivilisierte Gesetze. Athene richtete in Athen den Areopag (Ältestengericht) ein; hier wurde nach zivilisierten menschlichen Gesetzen geurteilt. Die Göttin Astraea besitzt ebenfalls Urteilsfähigkeit, aber sie urteilt instinktbetont ohne sorgfältiges Abwägen und Überlegen von Recht und Unrecht. Waage wie Jungfrau haben jedoch eine ähnlich starke Abneigung gegen die Mißachtung von Regeln und Gesetzen. Die Waage-Menschen scheinen aber die Gerechtigkeitsvorstellung mehr ins Leben hinauszuprojizieren, und wenn sich diese nicht erfüllen, wenn andere den perfekten Idealvorstellungen nicht absolute Folge leisten, dann können sie sehr kritisch werden.

Das Waage-Zeichen hat also sehr viel zu tun mit Gesetzen, Glauben an die Gerechtigkeit, Idealen, Fragen der Ethik, Urteilen und Entscheidungen treffen, und die Definition dieser Werte erfolgt von einem *persönlichen* Standpunkt aus.

Es gibt eine Reihe von mythologischen Gestalten, die in diesem

Zusammenhang wichtig sind. Zwei Beispiele habe ich ausgewählt: Eine davon ist Paris, eine andere ist Teiresias; Paris scheint eher den jugendlichen, Teiresias eher den reiferen Waage-Menschen zu verkörpern.

Der Mythos von Paris, dem Königssohn von Troja, beginnt mit einem Orakelspruch, der den Königssohn als Ursache für den Untergang des Reiches ausweist. Daraufhin wird Paris auf den Berg Ida ausgesetzt, wo ihn eine Bärin säugt und ein Hirte aufzieht. Der Prinz wächst zu einem unvergleichlich schönen, intelligenten und urteilssicheren Jüngling heran. Und so erwählt ihn Zeus zum Schiedsrichter. Hermes überbrachte Paris die Botschaft, er solle entscheiden, welche von den drei sich streitenden Göttinnen – Hera, Athene und Aphrodite – die Schönste sei. Hera ist die Göttin der Ehe und Familie, Athene die Göttin der Weisheit und der Kriegskunst, Aphrodite, die Göttin der Schönheit und Liebeslust.

Paris, der sehr intelligent ist, weiß natürlich, welche Entscheidung er auch immer trifft, sie würde den Zorn der anderen beiden Göttinnen hervorrufen, und so greift er nach Ausflüchten. Diese Ausflüchte duldet Zeus jedoch nicht; er fordert den Jüngling auf, eine Wahl zu treffen. Paris bittet dann die Göttinnen, nicht verärgert zu sein, wenn sie verlieren sollten, denn man habe diese Wahl gegen seinen Wunsch von ihm gefordert. Und alle drei Göttinnen versprechen, sich nicht zu rächen, wenn sie verlieren sollten.

Nun versuchen sie Paris zu bestechen: Hera verspricht ihm für ihre Wahl die Herrschaft über die Erde und eine fruchtbare Ehe, Athene verspricht ihm Weisheit und Sieg in allen Schlachten, Aphrodite verspricht ihm Helena, die schönste Frau der Welt zum Weib. Und Paris entscheidet sich für Aphrodite, weil Helena (die Verkörperung von Schönheit) ihn am meisten reizt, obwohl er bereits mit der Nymphe Oinone verheiratet ist.

Auch Helena ist bereits mit Menelaos von Sparta verheiratet. Helena verliebt sich jedoch – unter Einfluß von Aphrodite – in Paris und dieser entflieht mit Helena von Sparta (griechischer Stadtstaat) nach Troja in Kleinasien, wodurch der Trojanische Krieg ausgelöst wird und zum Untergang von Troja und seinem eigenen Tod führt – es ist die Vergeltung der Verliererinnen Hera und Athene, die sich auf die Seite der Griechen stellten.

Paris, der etwas sehr Waagehaftes an sich hat, wurde mit der Notwendigkeit konfrontiert, ein Urteil zu fällen – ein Urteil, das auf persönlicher, menschlicher Bewertung und ethischer Entscheidung basiert. Und auf diese Notwendigkeit reagierte er auf charakteristische Weise: ihn reizte die schöne Helena! Dass die Legende ein so schlimmes Ende nahm, sagt nichts über das konkrete Schicksal von Waage-Menschen (Frauen oder Männer) aus, obwohl ihre Entscheidungen in Liebesdingen manchmal zu beträchtlichen Konfusionen und enormen Schwierigkeiten führen. Dreiecksgeschichten findet man hier oft, weil der oder die Betroffene gemäß den persönlichen Werten eine Wahl zwischen zwei Menschen oder zwei Dingen oder zwei Philosophien treffen sollte, deren Konsequenzen man jedoch fürchtet, obwohl diese sehr entwicklungsfördernd sein können: Die Entführung von Helena löst zwar den Trojanischen Krieg aus und Paris wird getötet; andererseits bewirkt dieser Krieg auch die Vollendung des Weges vieler Helden, und die geflüchteten Trojaner segeln nach Italien und gründen das Römische Reich.

Der blinde Seher Teiresias aus Theben porträtiert einen reiferen Waage-Charakter. Zur Erklärung seiner Blindheit gibt es unterschiedliche Versionen. Nach einer Sage, die wohl auch die bekannteste ist, beobachtete er einmal bei einer Wanderung am Berg Kyllene auf dem Weg zwei sich paarende Schlangen. Als die beiden Tiere ihn angriffen, schlug er mit seinem Stab auf sie ein und tötete dabei das Schlangenweibchen. In diesem Moment wurde er in eine Frau verwandelt und lebte viele Jahre als berühmte Dirne. Nach sieben Jahren erblickte er am gleichen Ort wieder ein kopulierendes Schlangenpaar. Diesmal schlug er das männliche Tier und wurde wieder zum Mann.

Als sich nun einmal Zeus und Hera darüber stritten, ob der Mann oder die Frau größeren Genuß beim Liebesakt empfinden, da befragten sie Teiresias, denn er hat sexuelle Erfahrung in beiden Geschlechterformen gemacht. Als Teiresias im Glauben an die Gerechtigkeit der Götter neutral und wahrhaft seine Entscheidung erklärte: »Meiner Erfahrung nach hat die Frau ein neunmal größeres Vergnügen als der Mann«, bestrafte Hera ihn mit Blindheit, denn sie wollte Zeus vom Gegenteil überzeugen. Zeus konnte die Blindheit nicht ungeschehen machen, doch er entschädigte den erblindeten Mann durch die Gabe des inneren Schauens und die Fähigkeit, die vorhersehende Sprache der Vögel zu verstehen.

Von diesem Zeitpunkt an erscheint der blinde Seher in vielen Mythen, vor allem in der tragischen Geschichte des Ödipus, den er vor dem Fluch warnt, dem Ödipus in Theben nicht entgehen wird. Auch Pentheus warnt er, den Gott Dionysos anzuerkennen. Von Teiresias heißt es auch, dass er nach seinem langen Leben, das sieben Generationen dauerte, seine Gabe des Scharfblicks in die Unterwelt mitnehmen konnte. Viele Helden sind in die Unterwelt hinabgestiegen, um den großen Seher zu befragen – darunter auch Odysseus.

Im Mythos des Paris und des Teiresias begegnen wir zwei Menschen, die aufgrund ihrer Wahrnehmungsfähigkeit und Erfahrungen aufgerufen werden, Urteile zu fällen, Entscheidungen zu treffen. Aber sowohl Paris wie Teiresias müssen unter Konsequenzen leiden. Das Fällen von Urteilen, das Treffen von Entscheidungen ist eine gefährliche Sache, und so neigen viele waagebetonte Menschen dazu, ihre Fähigkeiten nicht zu leben, wodurch ihnen Entscheidungsunfähigkeit nachgesagt wird.

Eine weitere tiefe Einsicht in die Symbolik des Tierkreiszeichens Waage können uns die Attribute der Herrscherin dieses Zeichens, Aphrodite-Venus, geben. Wir sind ihr bereits beim Tierkreiszeichen Stier begegnet. Im Zeichen Waage dominiert vor allem Aphrodite Urania, deren erotisches Charisma durch das Denken erfreut, das der Stimulus für den Liebhaber nach Wissen, Ästhetik, vollkommenen Idealen und persönlicher Ethik[25] ist.

Waage-Menschen identifizieren sich oft nur mit Aphrodite Urania (intellektueller, geistiger, männlicher Anteil) und unterdrücken und verachten Aphrodite Pandemos (profaner, körperlicher, weiblicher Anteil); Geist und Körper, Männlichkeit und Weiblichkeit sollten jedoch ins Gleichgewicht gebracht werden – beide brauchen einander.

Aphrodite kann auch Kampf und Krieg provozieren – sie ist eine Kampfgöttin. Einige Kultbilder zeigen sie bewaffnet; in Sparta wurde sie als blutige Kriegsgöttin verehrt. Aphrodite entspricht der ägyptischen Göttin Hathor, die auch Göttin der Liebeslust und des Krieges ist. Im Krieg von Troja wurde Aphrodite verwundet, und auf Geheiß von Zeus mußte sie nun auf die Waffen verzichten.

Waage-Betonte verstehen sich bestens auf die Strategie. Sie kämpfen vom Kriegszelt oder vom Schreibtisch aus; selbst machen sie sich die Hände jedoch nicht schmutzig: sie denken und planen – die anderen handeln.

Schlüsselworte, die sich aus den betrachteten Bildern ergeben: Harmonie (-streben), Höflichkeit, Takt, Charme, Gleichgewicht, Gerechtigkeitsvorstellung, perfekte Idealvorstellung (Glaube an das Gute, Wahre, Schöne), Ästhetik, Ethik, zivilisierte Gesetze, Kultur, Design, Architektur, Verfeinerung der Kunst, Begegnung (mit dem Du, anderen, Gemeinschaft), Beziehung, Partnerschaft, Denken, Verstand, Intellekt, Scharfblick, Er-Wägen, Urteilen, Entscheidungsfähigkeit, Furcht vor Konsequenzen, Strategie, Taktik, Handlungsschwäche, Delegationstätertum, Kritik, Dreiecksbeziehungen.

♏ Skorpion – Planeten Pluto und Mars ☽ ♂ 23. Oktober – 22. November

Wenn die Sonne durch das Tierkreiszeichen Skorpion schreitet, wird es zur Gewißheit, dass die lebendige Natur im Sterben liegt. Hat die Natur im gegenüberliegenden Zeichen Stier ihre Blütezeit erlebt, so stirbt sie jetzt ab. Alles Licht schwindet in einem trostlosen Grau dahin. Die letzten Blätter fallen von den Bäumen, die Säfte sinken; was nicht geerntet wurde, verfault. Die Pflanzen streifen ihr welkes Laub ab – es beginnt zu vermodern. Die Stimmung der Natur entspricht dem Totenmonat November. Andererseits findet die Wintersaat statt: Während Altes stirbt, wird neues Keimen vorbereitet.

Der in der Natur lebende Skorpion gehört zu den Spinnentieren. Er wird bis zu fünfzehn Zentimeter lang, hat ein ungegliedertes Kopfbruststück, vier Paar Laufbeine, ein Paar kurze, kleine Kieferfühler und ein Paar lange, waagrecht getragene Greifarme. Der segmentierte Hinterleib wird immer schmäler und wirkt wie ein Schwanz. Das letzte Segment ist mit dem gefürchteten Stachel und der Giftdrüse ausgerüstet. Das Gift lähmt und tötet die Beute; für den Menschen ist nur der Stich einiger tropischen Arten tödlich. Der Skorpion ist das einzige Tier, das sich mit seinem Giftstachel in äußerster Gefahrensituation auch selbst den Todesstich geben kann. Er ist ein nachtaktives Tier, ist sehr widerstandsfähig, besitzt große Ausdauer und gehört zu den ältesten Tieren unseres Planeten. Der Skorpion lebt verborgen in feuchten, unzugänglichen Erdfurchen, Löchern oder unter Steine – auch sein aggressives Leben lebt er verborgen.

In der mittelalterlichen Astrologie wurde das Skorpion-Zeichen als das Nachthaus des Mars gesehen: Der Skorpion ist ebenso wie der Widder entschlossen zu siegen, aber er neigt dazu, sein Aggressions- und Willenspotential verborgen zu halten. Und während der Widder-Mars körperliche Energie und aktiv-feurige Geistigkeit manifestiert, äußert sich der Skorpion-Mars in seiner Beziehung zum Element Wasser vor allem als emotionale Energie – den Wellen des Meeres folgend: Himmelhoch jauchzend, zu Tode betrübt (Goethe). Im Widder brachte der Mars den Impuls zum Leben; im Skorpion kämpft er mit dem Leben: Entweder ums Überleben oder gegen das Leben – es geht um Überwindung.

Das graphische Symbol des Skorpion ♏ leitet sich – wie das der Jungfrau – vom scheinbaren »m« ab, das mit seiner Dreistrichsymbolik eine Abwandlung der steinzeitlichen Sterbe-Rune (⋏) darstellt. »m« steht für Materie, Mater, Weib, Nacht, Tod. Dem »m« wurde der Todesstachel des Skorpions angehängt.

In der Verlängerung der dritten Vertikalen könnte man auch einen Stoß in die Tiefe, in die Unterwelt, ins Unbewusste, ins Schattenreich sehen und im nach oben gerichteten Pfeil das Durchbrechen seelischer Energien ins Bewusstsein – ein Stirb und Werde, eine Transformation.

Zu den Ursymbolen für skorpionische Energien gehören auch der Drache, die Schlange, das Krokodil und von Schlangen umwundene Menschen (Medusa, Gorgo). Sie alle verkörpern die dämonischen Kräfte des Unbewussten, die als schreckliche, verschlingende Mutter erfahren werden. Der Kampf mit diesen Ungeheuern ist ein universelles Motiv. In vielen Mythen, Sagen, Märchen, Dramen, Opern und Träumen begegnen wir dem Helden, der mit dem Drachen oder der Schlange kämpft. Bei der bisherigen Betrachtung der Tierkreiszeichen sind wir dem mit dem Ungeheuer kämpfenden Helden bereits einige Male begegnet. Für den Skorpion-Menschen hat dieser Kampf jedoch eine besondere Bedeutung, da er wegen seiner Fixiertheit diesen instinkthaften Reptilien und deren erschreckenden, verschlingenden, zerstörerischen Kraft wahrscheinlich auf einer tieferen Ebene und häufiger gegenübertreten muß, um sie auf eine bewusstere und kreativere Ebene bringen zu können. Und wie bei allen Mythen bilden der Held und das Ungeheuer immer eine Einheit; sie sind zwei Teile eines Ganzen.

Viele Mythen und Legenden können im Zusammenhang mit dem Tierkreiszeichen Skorpion erwähnt werden. Die Erzählung vom riesigen Jäger Orion gehört zu den bekanntesten. Es gibt zwar verschiedene Versionen in bezug auf Abstammung, Erlebnisse und Tod, doch alle versinnbildlichen letztendlich skorpionische Eigenschaften.

Nach einer Version stammt Orion von Hyrieus, einem armen Bienenzüchter und Bauer, ab, der keine Kinder hatte. Als er bereits alt war, kehrten eines Tages Zeus, Poseidon und Hermes in Verkleidung bei ihm ein. Hyrieus bewirtete sie gastfreundlich und sie fragten ihn, was er sich wohl am meisten wünschen würde. Tief seufzend gestand Hyrieus, dass er sich einen Sohn wünsche, ihn aber nicht mehr zeugen könne. Da rieten ihm die Götter, einen Stier zu opfern, auf dessen Haut sein Wasser zu lassen und sie dann in der Erde zu vergraben. Zehn Monte später wurde Orion (von *ourein*, urinieren) daraus geboren, der sich zu einem riesigen, außergewöhnlich schönen, vernünftigen, mutigen, selbstbeherrschten und ausgeglichenen Jüngling entwickelte und große Lust am Jagen hatte.

Eines Tages kam er auf die Insel Chios und verliebte sich in Merope, der Tochtes des Oinopion (Weinfarbiger), der auf der Insel herrschte und ein Sohn von Dionysos, dem Gott des Weines und der Ekstase war. Als Orion um die Hand von Merope anhielt, versprach Oinopion ihm seine Tochter, wenn er die Insel von den gefährlichen Tieren, die sie bedrohten, befreien würde. Für einen erfahrenen Jäger war dies kein großes Problem; Orion akzeptierte diese Herausforderung. Als die Aufgabe getan war, und Orion seinen Lohn forderte, redete Oinopion von weiteren Löwen, Bären und Wölfe, die noch immer in den Hügeln ihr Unwesen treiben, und weigerte sich, seine Tochter herzugeben, denn er selbst war in sie insgeheim verliebt. Orion suchte erneut in den Hügeln nach wilden Tieren, Oinopion verweigerte jedoch immer noch die Herausgabe seiner Tochter. Der sehr enttäuschte Orion trank dann eines Nachts zu viel von Oinopions edlen Wein, und drang berauscht in das Schlafgemach von Merope ein und vergewaltigte sie. Oinopion flößte ihm hernach noch mehr Wein ein, sodass der Jäger in einen tiefen Schlaf fiel. Oinopion blendete dann den völlig Wehrlosen und warf den Blinden an die Meeresküste.

Orion wurde nun geweissagt, dass er sein Augenlicht wieder gewinnen würde, wenn er gegen Osten reisen und seine Augenhöhlen dem Sonnengott Helios zuwenden würde. Auf seinem Weg gegen Osten hörte er den Lärm einer Schmiede; dem Geräusch des Lärms folgend, kam er zur Schmiede des Hephaistos. Orion setzte nun einen Lehrling namens Kedalion auf seine Schultern, damit er ihn der Sonne entgegenführe[30] – und die aufgehende Sonne (Helios) heilte tatsächlich seine Augen.

Dann kehrte er nach Chios zurück, um an Oinopion Rache zu nehmen. Er konnte ihn jedoch nirgendwo finden. Orion wandte sich nun nach Kreta, wo er im Gefolge der Artemis jagte. Doch Eos, die Göttin in der Morgenröte, verliebte sich in ihn und nahm ihn zum Gatten. Die Götter und besonders Artemis waren jedoch eifersüchtig und fanden es als überheblich, dass ein Sterblicher sich anmaßte, eine Göttin zur Gemahlin zu haben.

Anderen Berichten zufolge hat Orion die Göttin Artemis in überheblicher Weise zum Diskuswerfen herausgefordert. Die Göttin erzürnte sich ob dieser Selbstgefälligkeit und Arroganz.

Nach einer anderen Überlieferung wandte sich Orions Rachedurst, nachdem er Oinopion nicht finden konnte, gegen die Natur und drohte, auf seinen Streifzügen alle Tiere der Erde zu töten. Dies ließ Artemis, die jungfräuliche Jägerin, Beschützerin der ungezähmten Tiere und Herrscherin über die instinktgebundene Natur, nicht zu.

Einem noch anderen Bericht zufolge, hat Orion Artemis Zorn hervorgerufen, weil er ihre jungfräulichen Begleiterinnen, die sieben Pleiaden, lüstern verfolgt hat.

Orion ist ein wahrhaft waagehafter Held; er ist von außergewöhnlicher Schönheit, vernünftig, ausgeglichen und glaubt an die Gerechtigkeit der Götter. Wegen seiner Selbstgefälligkeit und Selbstgerechtigkeit fehlt es ihm an Demut und Bescheidenheit, und er hat die Göttin Artemis erzürnt; sie lässt ihn durch einen riesigen Skorpion töten. Der Skorpion kriecht aus der Tiefe der Erde, sticht Orion in die Ferse – an diesem Stich starb er.

Waage und Skorpion folgen im Tierkreis aufeinander. Der Skorpion ist das Geschöpf – auch in sumerischen, babylonischen und ägyptischen Mythen – das von einer Gottheit geschickt wird, um die Hybris eines Menschen zu bestrafen. Der Skorpion zerstört das Gleichgewicht. Wenn alle Fragen scheinbar beantwortet sind, wenn alle Gesetze, nach denen sich das Leben und die Beziehungen sich richten sollten, verfaßt sind, erhebt sich der Skorpion aus der Tiefe und wirft Schatten auf die schöne Welt, die die Waage nach rationalen Plänen entworfen hat.

Orion verinnerlicht nicht nur waagehafte Qualitäten, sondern auch skorpionische. Als seine idealen Vorstellungen nicht erfüllt wurden, wurde er gewalttätig und rachesüchtig. Destruktive Leidenschaft, Triebhaftigkeit, Aggression und Hybris, die aus psychologischer Sicht Ausdruck tiefer Existenzangst sind, haben sich aus ihm herausgeschält. Skorpion-Individuen leben, handeln, fühlen, ja denken, ohne sich selbst akzeptieren zu können; sie fühlen sich von einer unbekannten Macht getrieben. Und diese Überlebensangst sollte in eine positive Lebensdimension verwandelt werden.

Der sumerische Mythos von Gilgamesch gibt uns ebenfallls Einblick in das Skorpionische beziehungsweise was Skorpion-Menschen lernen müssen. Der junge Gilgamesch und sein Freund Enkidu haben viele gefährliche Schlachten gegen Ungeheuer ausgetragen und kamen immer siegreich zurück. Aber eines Tages erweckte Enkidu den Zorn der Göttin Ishtar und Enkidu mußte sterben. Gilgamesch war vom unerwarteten Tod seines mutigen und geliebten Freundes so sehr betroffen, dass er in eine tiefe Trauer fiel. Er trauerte aber nicht nur, weil er seinen Kameraden verlor, sondern auch, weil Enkidus Tod ihn daran erinnerte, dass auch er streblich ist. Nach einer gewissen Trauerzeit entschloß sich Gilgamesch, das Kraut der Unsterblichkeit zu suchen; er wußte, dass sein Ahne Utnapischtim, welcher die Sintflut überlebt hat, die einzige Kreatur war, die je Unsterblichkeit erlangt hat. Und so machte er sich auf den Weg, den Mann zu finden.

Am Beginn seiner Reise kam er zu einer Bergkette, welche von zwei Skorpion-Menschen bewacht wurde. Der Skorpionmann sagte zu Gilgamesch, dass noch kein Sterblicher diese Berge überquert hätte, und er wies auf die Gefahren hin. Aber Gilgamesch erklärte ihm den Grund seiner Suche und so ließ er den Helden, voll von

Verehrung, passieren. Inmitten der Berge fand er einen Paradiesgarten voller Blumen, Früchte und edlen Steinen; er gönnte sich jedoch kein Verweilen. Weiterhastend, gelangte er zum Meer, das die Welt umgibt. In einer Höhle am Ufer hauste eine Dienerin der Göttin Ishtar (sumerische Liebesgöttin), Siduri-Sabitu. Auch sie erteilte ihm den Rat, nicht in seiner Suche fortzufahren, sondern die Freuden der Sterblichen kennenzulernen und sich mit ihnen zu begnügen:

> *»Gilgamesch, warum rennst du herum?*
> *Das Leben, das du suchst, wirst du doch nicht finden.*
> *Als die Götter die Menschen erschufen,*
> *haben sie den Tod den Menschen auferlegt*
> *und behielten das Leben in ihren Händen.*
> *Du, Gilgamesch, fülle deinen Bauch,*
> *Tag und Nacht freu du dich,*
> *täglich mach ein Freudenfest,*
> *Tag und Nacht sei ausgelassen und vergnügt.*
> *Glänzend mögen deine Kinder sein,*
> *rein sei dein Kopf und wasche dich im Wasser.*
> *Schau auf den Kleinen, der deine Hand ergreift,*
> *das Weib freue sich in deinem Schoße.«*[31]

Als Gilgamesch jedoch auf seinem Vorhaben bestand, gab Siduri-Sabitu ihm den Weg frei und warnte ihn vor den Gefahren, die ihm bevorstanden. Der Held setzte den gefährlichen Weg fort. Er traf nun einen alten Fährmann und befahl ihm, ihn über die Wasser des Todes zu führen; der Fährmann willigte ein. Es war eine lange Reise und Gilgamesch durfte mit keinem Tropfen des Todeswassers in Berührung kommen. Endlich war das ferne Land, auf dem Utnapischtim lebte, erreicht. Gilgamesch trug ihm den Grund seines Besuches vor, aber Utnapischtim wiederholte das, was die anderen bereits gesagt hatten: Die Götter behalten die Unsterblichkeit in ihren Händen, den Menschen haben sie den Tod zugewiesen. Gilgamesch sah bereits jede Hoffnung, das Kraut zu finden, dahinschwinden und wollte schon umkehren. Nun zeigte Utnapischtim Erbarmen und verriet ihm, wo das Geheimnis, wo das Kraut zu finden sei: Es wächst auf dem Boden des Weltmeeres. Der Fährmann führte den Helden wieder auf die Wasser hinaus, und dieser tauchte in der Mitte des Meeres auf den Boden hinab, wo er das Kraut fand. Er brach einen Zweig davon ab und tauchte wieder auf, und sie setzten ihren Weg übers Meer in Richtung Land fort. An Land angekommen machte sich Gilgamesch mit dem im Sack versteckten Schatz auf seinen Heimweg. Bei einem Teich hielt er an, badete und wechselte die Kleider. Und während er dies tat, näherte sich, vom Duft des Krautes angezogen, eine Schlange, die den Zweig nahm und ihn fraß. Das ist der Grund, warum die Schlange sich erneuern kann, indem sie ihre alte Haut ablegt. Gilgamesch aber hat sich am Teich niedergekniet, legte seine Hände über das Gesicht und weinte. Er verstand jetzt, dass das, was ihm immer wieder gesagt wurde, der Wahrheit entspricht: Die Unsterblichkeit ist den Göttern vorbehalten, und jeder Mensch muss lernen, mit Freude den Augenblick zu leben und das unabhaltbare Ende zu akzeptieren.

Auch der griechische Mythos von Perseus und Medusa symbolisiert das Skorpion-Prinzip, den Kampf mit dem Drachen, den Kampf mit der Schlange. Medusa, ehedem eine sehr schöne Frau, war von Poseidon geraubt worden. Er verbrachte mit ihr eine leidenschaftliche Nacht im Tempel der Athene. Medusa wird von Athene zur Strafe für die Tempelentweihung in ein geflügeltes Ungeheuer mit glühenden Augen, riesigen Zähnen, heraushängender Zunge und einem von Schlangen umwundenen Haupt verwandelt. Athene gehört zu jenen Göttinnen, die im vor- oder außerehelichen Sexualakt eine Verunreinigung, eine Verletzung der Sexualität sehen. Im Hals der Medusa steckte das magische geflügelte Pferd Pegasus, das sie von Poseidon empfangen hatte, aber nicht gebären konnte, weil sie so von Bitterkeit und Haß erfüllt war. Der Anblick der Medusa lässt jeden Sterblichen zu Stein erstarren.

Perseus, Sohn von Zeus und der Königstochter Danae, wurde nach seiner Geburt samt seiner Mutter von seinem Großvater in einer Truhe aufs Meer ausgesetzt, weil ein Orakel weissagte, dass der Sohn seiner Tochter seinen Tod bewirken werde. Zeus beschützte sie, und so landeten sie auf der Insel Seriphos, wo sie von einem Fischer freundlich aufgenommen wurden. Perseus wuchs zu einem abenteuerlichen Helden heran.

In einem seiner Abenteuer mußte er das Haupt der Medusa abschlagen, um zu verhindern, dass seine Mutter zur Ehe mit König Polydektes gezwungen wurde. Bei diesem Kampf halfen ihm verschiedene Gottheiten mit magischen Hilfsmitteln. Von Hades erhielt er eine Tarnkappe, Hermes gab ihm Flügelschuhe und eine äußerst scharfe Sichel, mit der er Medusa das Haupt abschlagen konnte. Athene belehrte ihn, nie ins Antlitz der Medusa zu schauen, sondern sie nur im Spiegelbild seines blanken Schildes zu betrachten.

Im Augenblick, wo das Haupt der Medusa fällt, wird auch das geflügelte Pferd Pegasus erlöst, welches eine Brücke zwischen den Gegensätzen ist: Eine irdische Kreatur, mit der Fähigkeit ausgestattet, ins Reich des Geistes aufzusteigen. Das überwundene Dunkel – das Haupt der Medusa – wird Perseus in den noch folgenden Kämpfen eine Hilfe sein, denn jetzt kann er seine Kraft, seine Macht für bewusstere Ziele einsetzen. Das giftige Blut des Ungeheuers ergibt später noch jenes Heilmittel, mit dem Asklepios Tote wiedererweckt. So wird das Dunkle von Perseus letztlich nicht zerstört, sondern überwunden beziehungsweise verwandelt.

Die Themen dieses Mythos sind Raub, verletzte Sexualität und Erlösung einer weiblichen Gestalt durch den Sieg über eine andere, dunklere – also Perseus Mutter für Medusa. Die persönliche Mutter beziehungsweise die Mutter in uns kann jedoch nur durch die Konfrontation mit der archetypischen Mutter versöhnt werden. Dieser Kampf zur Befreiung des Weiblichen von seiner dunklen, instinkthaften Seite ist ein wichtiger Teil des Entwicklungsweges des Skorpion-Mannes wie der Skorpion-Frau.

Dämonischen, verschlingenden Kräften begegnen wir auch im mittelalterlichen Faust-Stoff des Nürnberger Arztes Johann Pfitzer und des Engländers Christopher Marlowe, der von Goethe auf subtilere Weise im Gedichtsepos »Faust« behandelt wurde. Im Gegensatz zum frühen Faust-Stoff konnte Goethe mit seinem Aszendent im Skorpion tiefer in das Thema eindringen und eine Überwindung herbeiführen. Interessant ist auch, dass im Faust die dämonischen und verschlingenden Kräfte nicht durch eine weibliche Gestalt personifiziert werden, sondern durch eine männliche: Den schlangenhaften Mephistopheles (Mephisto), ein Sohn der schrecklichen Großen Mutter – »einer Kraft, die stets das Böse will und letztendlich doch das Gute schafft «.

Faust studierte Philosophie und Theologie, doch die rational ausgerichtete Lehre ließ ihn unbefriedigt. Außerdem war sein Stolz so groß wie sein Wissensdurst; er wollte die großen Lebensmysterien durch seine eigenen Anstrengungen entdecken und nicht durch jene vermittelt bekommen, die er insgeheim verachtete. Und so wandte sich Faust der hermetischen Magie zu; er hoffte das Geheimnis des Lebens in alchemistischen Experimenten, verbotenem, geheimen Wissen und Hexerei zu ergründen. Doch die verbotenen Forschungen haben ihm nicht das gebracht, was er wissen wollte und so fiel er in eine tiefe Melancholie. In seiner Verzweiflung rief er nun den Erdgeist, die wirkende Kraft der Natur, um durch ihn zur Teilhabe am Leben des göttlichen Alls zu gelangen. Als ihn dieser jedoch höhnisch in die Schranken wies, sah Faust nur noch im Freitod den letzten Weg zu vollkommener Seinserfahrung. Aber der Klang der Osterglocken und der Auferstehungschöre, der in seine Studierstube dringt, hält ihn davon zurück. Die Umkehr in ein Leben naiver Unbefangenheit bleibt ihm jedoch versagt. Der Osterspaziergang mit seinem Famulus Wagner führte ihn unter feiernde Menschen, deren zufriedenes Behagen ihm sein Ungenügen an der Beschränktheit der menschlichen Existenz und an der Widersprüchlichkeit seines eigenen Wesens nur noch schmerzlicher bewusst machte:

> *»Zwei Seelen wohnen, ach in meiner Brust,*
> *Die eine will sich von der andern trennen;*
> *Die eine hält, in derber Liebeslust,*
> *Sich an die Welt mit klammernden Organen;*
> *Die andre hebt gewaltsam sich von Durst*
> *Zu den Gefilden hoher Ahnen.«*[32]

Diese Worte bringen die Gespaltenheit (Triebhaftigkeit und Spiritualität) Fausts zum Ausdruck, und nun tritt Mephistopheles, der Geist des Bösen und der Verneinung, auf und im Teufelspakt spiegelt sich die Einsicht Fausts, dass er es nicht vermag, aus eigener Kraft in die tiefen Lebensmysterien vorzudringen. Eine Zeitlang war Faust fasziniert von der Zauberei und den Geheimnissen, die ihm Mephistopheles zeigte, und er glaubte, dass er dadurch nun endlich die Geheimnisse Gottes erfahren könne. Aber der dunkle Geist zerfraß allmählich den Willen seines Schülers und verführte ihn in immer stärkere Sinnlichkeit und größeren Stolz; der ganze Sinn der geistigen Suche ging verloren.

Faust begehrte nun ein junges Mädchen namens Gretchen und Mephistopheles lockte es in seine Hände. Gretchen wurde von Faust schwanger, und als er sie hierauf aus Egoismus im Stich ließ, tötete sie in Verzweiflung das Kind, und endete im Kerker. Als Faust erfaßte, welche schreckliche Zerstörung er diesem unschuldigen Mädchen zugefügte hatte, überkam ihn tiefe und bittere Reue. Obwohl er sich in den Fängen des Mephistopheles befand, verwandelte sich seine sinnliche Begierde in echte Zuneigung für das Mädchen (Anima), und diese Liebe erweckte in ihm ein besseres Selbst; es verblieb etwas in seiner Seele, das unsterblich war. Damit hatte Mephistopheles nicht gerechnet, denn die rettende Kraft der Demut und Liebe ist etwas, das der Geist des Bösen nicht kannte.

Aber Mephistopheles Macht über Faust war noch über viele Jahre sehr stark. Faust konnte die geheimnisvollsten Rätsel durchbrechen, all das, was er wissen wollte, lernte er. Jetzt verstand er die Höhen des Himmels und die Tiefen der Unterwelt. Und die Reue, die er wegen Gretchens Tod fühlte, wuchs und wuchs in seinem Inneren. Und trotz seines Verfalls war ihn ihm etwas, das sich nach Licht sehnte. Faust wurde älter und Mephistopheles wartete schon auf seinen Tod, um dann seiner Seele habhaft werden zu können. Aber die folgenden Worte Fausts kündigen das Ende seiner Bindung an Mephistopheles an:

> *»Könnt' ich Magie von meinem Pfad entfernen,*
> *Die Zaubersprüche ganz und gar verlernen,*
> *Stünd' ich, Natur, vor dir ein Mann allein,*
> *Da wär's der Mühe wert, ein Mensch zu sein.«*[33]

Und selbst als Faust im Sterben den Wortlaut des Paktes sprach, entglitt seine Seele Mephistopheles hartem Griff, denn Faust war von tiefer Reue, Demut und Liebe erfüllt – im Tod erfuhr er seine Erlösung. Engel tragen Fausts »Unsterbliches« in die himmlischen Sphären empor und singen dabei:

> *»Gerettet ist das edle Glied*
> *Der Geisterwelt vom Bösen:*
> *Wer immer strebend sich bemüht,*
> *Den können wir erlösen.*
> *Und hat an ihm die Liebe gar*
> *Von oben teilgenommen,*
> *Begegnet ihm die selige Schar*
> *Mit herzlichem Willkommen.«*[34]

Fausts Weiterleben nach dem Tode ist jedoch nicht »ewige Seligkeit« im traditionellen christlichen Sinn. Es ist neues geistiges Wirken, eine sich in ewiger Bewegung vollziehende Wandlung, das die letzte *conjunctio* – die Vereinigung von Faust und Mephistopheles – zum Ziel hat, die Goethe im Faust jedoch noch nicht verwirklichen konnte.

Die Gier nach Macht, verborgenem Wissen, Sexualität und das Nichtwahrhabenwollen menschlicher Grenzen sind typische Eigenschaften der Skorpion-Menschen. Wenn sie jedoch diese Gier aufgeben können, können sie Sexualität und Spiritualität verbinden. Gelingt ihnen diese Versöhnung nicht, wird meist eine Seite unterdrückt oder beide werden hemmungslos – wie Faust es bis zu seinem Tode tat – gelebt.

Schlüsselworte, die sich aus den betrachteten Bildern ergeben: Vergänglichkeit, Stirb und Werde, (seelischer) Überlebenskampf, Tod, Loslassen, Ausscheidung, Überwindung, Wandlung, Loslassen, Nacht, Dunkelheit, Verborgenheit, schreckliche Große Mutter, Kampf mit dem Ungeheuer, Unterwelt, Schattenreich, Unbewusstes, dämonische Kräfte, Suggestivkraft (Hypnose), Okkultes, Instinkthaftigkeit, ungezähmte Triebhaftigkeit, Leidenschaftlichkeit (Sexualität), Aggression, Alkoholismus, Raub, Vergewaltigung, Bitterkeit, Haß, Rache, Eifersucht, Besitzgier, Depression, Zerstörungswut, Selbstzerstörung, Extremismus, Fanatismus, (ideelle) Fixiertheit, Zwanghaftigkeit, Ausdauer, enorme Widerstandsfähigkeit, Regenerationskraft, leidenschaftliche Gefühle: himmelhoch-jauchzend oder zu-Tode-betrübt, seelische Tiefen, Streben nach gefühlsmäßiger Sicherheit, Mißtrauen, Intrigen, Egoismus, Stolz, Zynismus, Macht- und Erkenntnisgier, Magie, Nichtwahrhabenwollen menschlicher Grenzen, Hybris, Gottlosigkeit, Gottsuche, Sadismus, Masochismus, Drang nach hemmungsloser Sinnlichkeit und Spiritualität, der gezähmt werden muß, Demut.

⚹ Schütze – Planet Jupiter ♃
23. November – 20. Dezember

Wenn die Sonne vom Tierkreiszeichen Skorpion in den Schützen übergeht, beginnt die dunkelste Zeit des Jahres, mit den längsten Nächten und düsteren Tagen. Die Natur liegt an der Oberfläche quasi im »Todesschlaf«. Nackte, ausgedörrte Äste ragen aus der öden, feuchten, meist schneebedeckten Scholle. Trübselige Nebelschwaden durchziehen die Landschaft und schwere Schneewolken bedecken sie. Es ist eine Zeit der Depression, die bereits im Skorpion begonnen hat. Die Tiere beginnen ihren Winterschlaf. In der Erde, unter der Schneedecke entwickelt sich die Wintersaat weiter. Im Kirchenjahr ist Adventzeit, in der auf die Ankunft des Kindes, des Lichtbringers, des Erlösers gewartet wird. Es ist die Zeit, in der sich das innere schöpferische, geistige Leben dem Gipfelpunkt nähert. Oder anders ausgedrückt: Was im Skorpion verwandelt wurde, muss im Schützen auf höherer Ebene verstanden werden.

Das graphische Symbol des Schützen ⚹ stellt einen Pfeil dar, der an ein Kreuz gebunden ist. Der Pfeil weist in die Zukunft, in die Ferne, in die Höhe, in den Himmel; er bedeutet auch unstillbare Abenteuerlust, Optimismus, Enthusiasmus, Intuition, Inspiration, geistig-religiöse Entwicklung, Sinnfindung. Das Kreuz der Materie hält den in die Höhe und Weite gerichteten Pfeil auf den Boden der Realität. Wir können mit diesem Zeichensymbol auch eine Assoziation zum Herrscherpaar im Olymp treffen: Zeus, das Feuer, der Pfeil; Hera, die Erde, das Kreuz, die ihren Gatten in Schranken hält, damit er nicht zu sehr über das Ziel hinausschießt.

Andere sehen in diesem Zeichensymbol einen stilisierten Pfeil und Bogen, mit dem der Schütze seine hehren Ideale abschießt.

Das Bild des Schützen, das spätestens seit der griechischen Antike[35] verwendet wird, ist ein Kentaur: halb Mensch, halb Pferd. Die griechische Mythologie berichtet über einen ganzen Stamm von Kentauren. Nach einer Version waren sie die Kinder beziehungsweise Großkinder von Ixion und einer Wolke (Nephele), der Zeus die Gestalt von Hera gab, um Ixion zu täuschen. Ixion begehrte nämlich Hera, und dies erregte Eifersucht in Zeus. Die Kentauren lebten am Berg Pelion in Thessalien und waren triebhaft, roh und gewalttätig. Einer dieser Kentauren, namentlich

Chiron, hat sich aus dieser Wildheit und Zügellosigkeit herausentwickelt.

Die am weitesten verbreitete Version besagt, dass der Kentaur Chiron der Sohn von Chronos-Saturn und der Nymphe Philyra (Lindenbaum), der Tochter des Titanen Okeanos und der Thetis, war. Chronos, der seine Leidenschaft für Philyra vor seiner Gattin Rhea verbergen wollte, näherte sich der Nymphe als Hengst, und so gebar Philyra ein Kind, das halb Gott und halb Pferd war. Philyra bat die Götter, sie von diesem Ungeheuer zu befreien und so wurde sie in einen Lindenbaum verwandelt. Als Sohn des Chronos-Saturn war er unsterblich und ein Halbbruder des Zeus.

Von wem Chiron auch immer abstammt, er war gütig und weise. Apollon, der Gott der Musik, des Heilens (durch die Musik), der Weissagung, der Poesie und des Bogenschießens, war sein Ziehvater und Lehrer. Chiron wurde zum Vermittler apollinischer Ordnung und Kultur. Er war Lehrer vieler Götterkinder und Helden; zu seinen Schülern gehörten auch Asklepios, Herakles, Jason und Theseus. Chiron unterwies sie in allen wichtigen Künsten, vom Bogenschießen über Reiten und Jagen bis zur Kriegskunst, von der Medizin über die Musik und Sternenkunde bis hin zur Ethik und religiösen Ritualen.

Chiron ist jedoch auch eine erdhafte Gottheit. Seine Mutter ist die Nymphe Philyra, und somit hält er von der Mutter her die Weisheit der Natur inne und kennt alle Heilkräuter, die den Körper und die Seele heilen. Von seinem Vater her ist er begabt mit der Urweisheit der Titanen.

Chiron hat jedoch ein trauriges Schicksal – er wurde unheilbar verwundet. Über seine Verwundung gibt es mehrere Versionen. Nach der bekanntesten Version wurde er, als er seinem Schüler Herakles beistand, den erymanthischen Eber zu fangen, aus Versehen von einem der Pfeile des Herakles an der Hüfte oder am Knie oder am Fuß – also an seinem Tierkörperteil – verwundet.

Da der Pfeil des Herakles in Hydrablut getaucht war, war er tödlich giftig und Chiron wäre sofort daran gestorben, wäre er nicht wegen seiner halbgöttlichen Herkunft unsterblich gewesen. Die Gabe des unsterblichen Lebens stellte sich jedoch als große Last ein, denn Chiron konnte diese Wunde an seinem animalischen Teil nicht heilen, und sie bereitete ihm qualvolle Schmerzen; die sonst so heilsamen Arzneimittel des Chiron wirkten hier nicht. Und so zog er sich, von Schmerzen gepeinigt, in seine Höhle zurück und bat Zeus, ihn von seinen unendlichen Qualen zu befreien.

Schließlich wurde Chiron von seinem Leiden erlöst, indem er mit Prometheus das Schicksal tauschte. Prometheus – dem wir beim Wassermann-Prinzip ausführlicher begegnen werden – wurde von Zeus, weil er den Menschen das Feuer gebracht hatte, bestraft. Auch er erlitt unendliche Qualen. Zeus bestimmte, dass Prometheus nur von seinen Leiden erlöst werden könne, wenn ein Unsterblicher sich einverstanden erklärte, an seiner Stelle in die Unterwelt zu gehen und damit auf seine Unsterblichkeit zu verzichten – dieser Unsterbliche war Chiron.

Dieser traurige Mythos ist nicht leicht zu verstehen, denn es scheint, als habe diese gütige, gerechte, weise und zivilisierte Gestalt Chiron solch ein trauriges Schicksal nicht verdient. Das Bild des leidenden Chiron mit seiner unheilbaren Wunde am animalischen Teil gehört jedoch in gewisser Weise wie der Schatten zum Licht. Wo so viel Licht, so viel schöpferischer Geist ist, muss auch Dunkelheit, Animalisches, Instinktgebundenes sein. In dieser Licht- und Schattenseite können wir auch die beiden Anteile des Schütze-Prinzips sehen: An der Oberfläche das Helle, Gütige, Optimistische, Geistige, Ethische; in der Höhle, im Unbewussten das Instinktgebundene, das Verwundetsein, die Traurigkeit, die Depression – hier liegt der andauernde Schmerz des Schützen.

Chiron ist ein Weiser, ein Lehrer und sein Wissen wächst mit seinem Leiden – die unheilbare Wunde ist notwendig. Ohne diese Wunde, ohne das Leiden selbst zu erfahren, gebe es kein echtes Verstehen, kein Mitgefühl für die Leiden anderer und keine Fragestellung nach dem Sinn der Wunde und des Lebens im allgemeinen und wie die Dinge wirklich miteinander verbunden sind.

Auch der Mythos von der Ehe von Zeus und Hera gibt uns Einblick in die Symbolik des Tierkreiszeichens Schütze, in dem Zeus-Jupiter herrscht. Der Hera begegnet der Schütze in Form eines inneren Konflikts oder durch einen Konflikt mit einem anderen Menschen.

Zeus und Hera sind die Kinder von Chronos und Rhea; sie sind zugleich Bruder und Schwester, Ehemann und Ehefrau. Zeus meint »Licht des Himmels«, Jupiter meint »Gott, der Vater«. Hera bedeutet »Herrin«. Zeus-Jupiter schenkt das feurige Licht des Geistes, denn er repräsentiert die ungebändigte, feurige Grenzenlosigkeit des männlichen Geistes. Zeus verfolgt jede Frau, die er sieht, da sie eine neue Gelegenheit für eine Schöpfung verkörpert. Er pflanzt seinen Samen einer großen Schar von mythischen Frauen ein, und bringt eine lange Reihe von Nachfahren hervor. Und bei jeder Verfolgung nimmt er eine andere Gestalt an: Einmal ist er ein Stier (Europa), einmal ein Schwan (Leda), einmal eine Wachtel (Leto), einmal eine Schlange (Demeter) und ein andermal ein Goldregen (Danae). Auch diese Wandlungsfähigkeit zeugt von seiner enormen Schöpferkraft. Zur Verwandlung wird er jedoch auch irgendwie gezwungen, um der Verfolgung durch seine Ehefrau zu entkommen.

Hera ist die Göttin der Ehe und Familie; sie repräsentiert ein erdiges, begrenzendes, verantwortliches, treues Prinzip. Natürlich sind Zeus und Hera in einen endlosen Streit miteinander verwickelt. Sie ist die Welt der Form, die fordert, dass er sich selbst zügeln solle. Und sie ist voller Wut und Rachesucht seinen Geliebten und illegitimen Kindern gegenüber, zugleich aber die fürsorgliche und nährende Mutter. Zeus und Hera sind das Bild des feurigen Schöpfergeistes, der an die Welt der Formen gebunden ist. Ohne Hera wäre Zeus nur ein formloses Ausströmen geistiger Energien.

Diese Zeus-Hera-Ehe ist ein Muster, das wahrscheinlich die ganze Lebensweise der Schützen prägt. Zeus ist nicht nur freies, impulsives Feuer; wäre dem so, würde er sich selbst verzehren. Früher oder später wird ihn Hera in die Welt der Form hinabziehen. Hera muss nicht unbedingt eine Ehefrau sein; es kann auch ein Beruf oder irgend etwas anderes sein.

Schlüsselworte, die sich aus den betrachteten Bildern ergeben: Loherndes Feuer, Abenteuer, Optimismus, Enthusiasmus, Expansion, Ferne, Weite, weite Reisen (nach außen und nach innen), Intuition, Inspiration, geistige Schöpferkraft, Eroberungsdrang, Rivalitätsgeist, Dreiecksverhältnisse, Promiskuität, geistig-religiöse Entwicklung, Philosophie (Weisheitsliebe), Lehre, Gerechtigkeit, Ethik, Wunde im animalischen Bereich, Verstehen auf einer höheren Ebene, Fragestellung nach dem Sinn, Synthese, hehre Ideale bis Idealismus, Verwandlungsfähigkeit (guter Schauspieler), Freiheitsbedürfnis (auch in Partnerschaft), Problem mit Grenzsetzung,

Triebhaftigkeit, Übertreibung, Großspurigkeit, Arroganz, Selbstüberschätzung, Selbstgerechtigkeit, Herrschsucht, Wertung, Vorurteile, Moralismus, mehr Schein als Sein.

♑ Steinbock – Planet Saturn ♄
1. Dezember – 19. Januar

Wenn die Sonne in das Tierkreiszeichen Steinbock tritt, hat sie den tiefsten Punkt ihrer Bahn erreicht – es ist Wintersonnenwende. Die äußere Finsternis und die erstarrte Ruhe in der Natur stehen an einem Wendepunkt – das Licht wird neu geboren.

Auf der schneebedeckten Erdoberfläche sehen wir jedoch nur bewegungslose, nackte, kraftlose Natur. Doch bei näherer Betrachtung ist diese Bewegungslosigkeit, diese Starrheit nur scheinbar, denn unter der Schneedecke wachsen neue Lebenskeime. Dies entspricht einem Charakterzug des Steinbocks: Langsames, ausdauerndes Wachstum unter dem Schutz eines Kältemantels.

Zur Zeit der Wintersonnenwende, wenn die Sonne am schwächsten und die Welt am dunkelsten ist, sehnen sich die Menschen nach einem Erlöser. Das Christentum feiert die Geburt Christi. Aber auch andere sich opfernde Erlöser wurden zu dieser Zeit geboren: Osiris im Ägypten, Tammuz in Babylonien, Mithras in Persien.

Der in der freien Natur lebende Steinbock ist ein Ziegenbock. Er lebt in der einsamen, menschenleeren Gegend des Hochgebirges, wo er unheimlich geschickt auf den Felsen klettert und über Klippen springt. Er bewegt sich sehr schnell, anhaltend und mit enormer Leichtigkeit. Sein Auftreten ist stolz und selbstbewusst; gefährlichen Tieren weicht er aus. Steinböcke bilden Rudel – sie lieben die Geselligkeit untereinander. Der Steinbock ist von großer Ausdauer, braucht wenig Nahrung und kommt mit den kargsten Grasbeständen aus. Schon im ersten Lebensmonat sprießt das Gehörn. Die Brunftzeit ist im Dezember-Januar. Alte Steinböcke leben oft als Einsiedler.

Fast in allen Kulturen verbindet sich mit dem Bock das Symbol der Zeugungskraft; der Steinbock ist das älteste Symbol für Wollust, sinnliche Begierde und Fruchtbarkeit, er haßt jedoch die Promiskuität.

Das jüngere graphische Symbol des Steinbocks ♑ drückt mit dem Kreis die Sonne – das schöpferische Prinzip – aus, die wieder langsam aus der Tiefe nach oben steigt. Das Schwänzchen – am Ende des Schriftzuges – soll den Fischschwanz des Ziegenfisches symbolisieren. Im dominanten Zug nach oben sehen einige Astrologen das Machtprinzip des Steinbocks.

Die ältere Signatur des Steinbocks ♑ stellt Meer und Land dar, und das soll ausdrücken, dass das ursprüngliche Tierbild des Steinbocks ein Mischwesen aus Fisch und Ziege war. Der in der Tiefe lebende Fisch und der bergerkletternde Ziegenbock bilden den Ziegenfisch. Dieses Bild weist darauf hin, dass alles Leben aus dem Wasser ans Land gestiegen ist und aufwärts aus dem Dunkel der Tiefe in die Höhe des Lichtes (Geistes) strebt. Doch erst, wenn die Gespaltenheit zwischen Ziege und Fisch ausgeglichen ist, kann sich das göttliche Licht manifestieren. Diese Metapher entspricht der Zenitsonne, und der Steinbock als zehntes Tierkreiszeichen steht analog zum zehnten Horoskophaus, an dessen Spitze sich das sogenannte Medium Coeli, der Lebenszenit, befindet.

Die ursprüngliche Signatur des Steinbocks ♑ wird manchmal auch als »der Namenszug Gottes« genannt, der unerklärbar ist.

Nach einer Quelle repräsentiert das Sternbild Steinbock (Ziegenfisch) den Naturgott Pan, dessen naturverbundene Weisheit ihn zum Berater der Götter machte. Nach einer anderen Überlieferung setzte Zeus die Ziegennhymphe Amaltheia – in Dankbarkeit für ihre Güte – als Sternbild in den Himmel.

Den Steinbock beziehungsweise Ziegenfisch kann man mit verschiedenen griechischen Mythen wie auch mit biblischen Bildern in Zusammenhang bringen, die letztendlich alle mit der Vater-Sohn-Beziehung zu tun haben. Dem Vater-Sohn-Thema sind wir bereits beim feurigen Widder und Löwen begegnet, wo es um die geistige Reifung der wachsenden Männlichkeit (Widder) und die Suche nach dem schöpferischen Vater und die Reifung der eigenen Individualität (Löwe) ging. Beim Steinbock ist der Vater die Erde selbst; er ist die Materie, das Realitätsprinzip, die Begrenztheit, die Mühsal, die erdgebundene Verantwortung – metaphorisch die Nagelung ans Kreuz.

Der im Tierkreiszeichen Steinbock geborene Jesus Christus, kam als Sohn Gottes in die Welt, um den Menschen Erlösung von der

Erbsünde zu bringen. Der Geist ist in die materielle Form abgestiegen; er hat die Gebundenheit, die Last und das Leiden auf der irdischen Ebene freiwillig auf sich genommen. Und dennoch erfolgte am Kreuz, dem Baum der Materie, der verzweifelte Aufschrei: »Vater, warum hast du mich verlassen?« Für einen Augenblick hat auch der Sohn Gottes das Vertrauen in den Sinn seines Leidens verloren – Glaube und Vertrauen sind bedeutungslos ohne die Erprobung in der Verzweiflung. Der Zustand der Verzweiflung und Depression ist das Stadium, das der Befreiung des Geistes vorangeht – dann entfaltet sich Klarheit, Weisheit.

Die irdische Einsamkeit Jesus, sein bescheidenes, unauffälliges Leben, sein Leidensweg und seine Krise der Verzweiflung am Kreuz entsprechen der tiefen Symbolik des Steinbocks. Das Bild der Kreuzigung oder Gefangenschaft scheint sich wie ein roter Faden durch die Phantasien der Steinbock-Menschen zu ziehen – unabhängig von der religiösen Überzeugung und dem Geschlecht. Es scheint das Los der Steinböcke zu sein, in jungen Jahren mit unwillkommenen Verpflichtungen (im familiären, partnerschaftlichen und/oder beruflichen Bereich) konfrontiert zu werden, an deren Einschränkung, Begrenzung und Gefangenschaft sie leiden. Oft scheint es auch, als suche der Steinbock-Mensch sein Joch und nehme es gerne an. Er nimmt die Mühe auf sich, weil er sich seiner Familie, seinem Land, seiner Religion oder auch anderem gegenüber moralisch verpflichtet fühlt. Doch dann kommt der Augenblick, in dem er am Moralkodex zweifelt und zerbricht. Der Zustand der Verzweiflung und Depression kann mehrere Jahre anhalten. Wenn der Steinbock jedoch den tieferen Sinn der Mühsal einsieht, kann er das irdische Kreuz annehmen und für sich und die Gemeinschaft reife Früchte ernten. Der Sohn bekämpft jedoch zunächst den strengen Vater (in ihm selbst), weil er ihm gehorchen und dienen muß. Hat er die »Regeln« gelernt und vertraut er dem Vater, dann kann er sich mit dem Vater vereinen, dann ist er sich selbst ein gnädiger Vater geworden, dann ist er autonom und selbstverantwortlich – dies gilt für Männer wie für Frauen.

Viele Steinbock-Menschen wollen sich dieser Mühsal und Disziplin jedoch nicht unterziehen; sie, die Knabenhaften (*pueri*) und Mädchenhaften (*puellae*)[36], rebellieren dagegen; sie wollen von ihrer narzißtischen Zentriertheit keinen Schritt abweichen. Doch ihre Rebellion vermindert keineswegs die Gebundenheit, die Begrenztheit – starke Transite oder Progressionen in Zusammenhang mit Saturn werden sie das spüren lassen.

Eine weitere tiefe Einsicht in die Symbolik des Tierkreiszeichens Steinbock können uns die Eigenschaften des Herrschers dieses Zeichens, Chronos-Saturn, geben.

Chronos (Saturn bei den Römern) ist das Symbol der Zeit: Alles Vergängliche ist ihm unterworfen. Aus der griechischen Mythologie ist er uns als einer der zwölf Titanen bekannt, die von Ouranos (Uranus bei den Römern), dem Himmel, und Gaia, der Mutter Erde, gezeugt worden waren. Aber diese unschönen Kinder waren ihm zutiefst verhaßt, weil sie nicht seinem Idealbild entsprachen. Kaum waren sie geboren, warf er sie in das Schattenreich der Erde beziehungsweise in den Leib der Gaia zurück – er verweigerte seinen Kindern ein eigenes (individuelles) schöpferisches Leben. Gaia, die Ouranos wegen der Verbannung ihrer Kinder zürnte und auch das Gewicht der vielen Kinder kaum noch ertrug, stachelte nun ihre anderen Kinder gegen Ouranos auf. Und obwohl die in der Finsternis stöhnenden Kreaturen über das Werk ihres Vaters zutiefst entrüstet waren, entschloß sich nur Chronos – der jüngste, stärkste und ehrgeizigste der Kinder – den Vater zu bestrafen. Gaia stattete ihn mit einer Steinsichel aus, und dieser entmannte damit den beischlafenden Vater.

Die abgetrennten Genitalien warf Chronos »hinter sich« ins Meer und aus dem sich dabei bildenden Schaum entspringt Aphrodite – die Liebesgöttin. Die Blutstropfen der Wunde fielen auf die Mutter Erde in den Mutterleib Gaias, und sie gebar daraus die Giganten und die Erinnyen (Furien), deren Namen Neid, Rache und Verdammnis bedeuten. Chronos und die Erinnyen sind Kinder der Erdmutter.

Mit der Kastration des Ouranos ist auch eine Trennung von Vater und Mutter, also eine Trennung von Himmel und Erde verbunden, denn der Himmel wollte sich der Erde nicht mehr nähern.

Durch diese Bluttat, die zur Entthronung des Uranus führte, wurde Chronos zum Alleinherrscher und vermählte sich mit seiner Schwester Rhea. Seine Brüder ließ er in Fesseln legen; er wollte die Macht für sich alleine haben.

Doch Chronos lebt in ständiger Angst, denn ein Orakel prophezeite ihm, dass auch er von einem seiner Söhne entthront werden würde. Und um seinen absoluten Machtbereich abzusichern, verschlingt Chronos seine Kinder, die Rhea ihm alljährlich schenkte; er dachte dabei nicht an die Zukunft. Rhea, die darüber sehr gekränkt war, bringt ihren dritten Sohn – Zeus – in aller Verborgenheit zur Welt. Dem Kronos gab sie einen in eine Windel eingewickelten Stein, den dieser ahnungslos verschlingt. Zeus wuchs unter der Obhut von Mutter Erde heran und wurde von der Ziegennymphe Amaltheia gesäugt. Als er groß und stark war, forderte Rhea ihn auf, seine fünf Geschwister zu retten. Sie machte ihn zum Mundschenk des Chronos und gab ihm Salz und Senf, um sie in den Honigtrunk des Vaters zu mischen. Sodann erbricht Chronos all seine Kinder. Zeus befreite auch die Brüder seines Vaters. Wie Zeus danach mit seinem Vater Chronos verfuhr, darüber gibt es verschiedene Versionen.

Nach einer jüngeren Version schickte Zeus seinen Vater nach Latium (im heutigen Italien) und überließ ihm dort bergiges und unfruchtbares Land. Chronos setzte dann all seine Energien, seine Ausdauer und sein zähes Durchsetzungsvermögen daran, um aus dem Gebiet ein fruchtbares Land zu machen. Er lehrte die Menschen den Ackerbau und vermählte sich mit Ops, der römischen Göttin des Getreidesegens.

Diese »fruchtspendende« Seite des Saturn wurde von den Römern im Fest der »Saturnalien« verehrt. Die siebentägigen Feierlichkeiten fanden um die Wintersonnenwende – also im Monat des Saturn – statt. Während der Dauer des Festes wurden die Sklaven freigegeben und symbolisch zu Herren gemacht; sie saßen an der Festtafel und wurden von ihren eigenen Herren bedient. Wo Steinbock-Qualitäten geistig realisiert werden, da macht sich der Mensch freiwillig zum Diener des Nächsten.

Chronos-Saturn birgt in sich – wie Christus – die Dualität und Einheit von Sohn (*puer*) und Vater (*senex*)[37]; er symbolisiert zugleich auch den negativen und positiven Senex. Dem negativen Senex begegnen wir im ungeheuerlichen Ehrgeiz und Neid, im grausamen Egoismus, in starrer Ich-Abgrenzung, in der Gefangenschaft der Machtgier und Gefühlskälte, der von Verfolgungs- und Verlustangst getrieben ist. Für diese Eigenschaften fühlt er sich ganz innerlich jedoch auch schuldig und sündig und fürchtet die rächende Gesetzgebung. Der positive Senex repräsentiert sich als ackerbautreibender König, der sich um das Wohl seines Volkes (Mitmenschen) bemüht und zu tiefer Anteilnahme fähig ist, ohne seine Ich-Grenze zu verlieren. In diesem Stadium fühlt sich der Steinbock trotz der irdischen Begrenzung und Verantwortung frei.

Ein dem Chronos verwandter Gott ist Pan. Seine Abstammung ist dunkel; es gibt zahlreiche Versionen. Nach einer Version ist Chronos sein Vater und die Waldnymphe Penelope[38] seine Mutter. Ob nun Hermes, Zeus oder Saturn sein Vater und die Nymphen Penelope, Kallisto, Oineis oder Amaltheia seine Mutter war, seine psychische Funktion bleibt die gleiche. Pan wurde mit Bocksfüßen, starker Körperbeharrung, kleinen Hörnern am Kopf und einem großen Phallus geboren. Als seine Mutter sah, was sie in die Welt gesetzt hatte, floh sie vor ihm und andere Nymphen (Naturgöttinnen) zogen ihn auf.

Pan ist der Gott des Weidelandes, besonders der Ziegen- und Schafweide. Sein Name leitet sich von *paein* ab, was »weiden« meint.[39] Er lebte nicht im Olymp, sondern bescheiden in den »dunklen Höhlen« in den Bergen von Arkadien. Die Weisheit der Natur war ihm angeboren und dieser, seiner Weisheit, bedienten sich auch die olympischen Götter; sie liebten auch das Spiel auf seiner Flöte (Panflöte!), die er aus Schilfrohren gebastelt hatte. An seiner Lust an lärmenden Vergnügungen hatten sie keine Freude.

Als agrarischer Gott war Pan sehr triebhaft und lüstern und jagte dauernd den Nymphen nach, die einerseits Liebesabenteuern ganz und gar nicht abgeneigt waren, andererseits fürchteten sie sich jedoch vor seinem ungeheuerlich lauten Schrei, wenn sie ihn bei seinem Mittagsschlaf störten oder wenn sie ihn störten, wenn er faul sein wollte. Im großen und ganzen war er fröhlich und liebte die Musik und den ausgelassenen Tanz. Er rühmte sich auch, mit all den trunkenen Mänaden (rasende Frauen) des Dionysos geschlafen zu haben. Sein größter erotischer Erfolg war die Verführung der Mondgöttin Selene.

Mit seiner furchtbaren Stimme, die sich wie das Tosen eines Gewitters anhörte, jagte Pan auch den Persern in der Schlacht von Marathon und den Kelten Schrecken ein, und trieb sie in die Flucht, und die Griechen trugen den Sieg davon. Dafür stifteten die

Athener Pan zu Ehren ein Heiligtum, Opfer und Umzüge. Das Wort Panik leitet sich vom Gott Pan her.

Das Panische löst aber nicht nur panische Angst und Flucht aus, sondern ist gleichzeitig eine Schutzreaktion. Im Märchen von Amor und Psyche bewahrt Pan Psyche vor dem Selbstmord. Die verzweifelte Psyche, die ihre Liebe zu Eros als verloren glaubte, gerät in Panik und beabsichtigt, sich vom Felsen in den Fluß zu stürzen. In diesem Augenblick der Panik erscheint Pan mit seiner reflektierenden Seite und machte Psyche ein paar »natürliche« Wahrheiten klar. Pan ist sowohl ein Zerstörer wie ein Erhalter.

Die arkadischen Bergbewohner, das Hirtenvolk, verehrten Pan schon immer – er war ihr Beschützer, und sie glaubten, dass er auch für die Fruchtbarkeit der Herden verantwortlich war. Das Christentum hat ihn im Mittelalter zum bocksfüßigen, übel riechenden Teufel degradiert und seither wird der »Naturgott« Pan, die freudvoll körperliche, wollüstige Seite von Steinbock-Saturn, unterdrückt. Er lebt jedoch im Unterdrückten, Verdrängten als »verstoßener Sohn« weiter und taucht hauptsächlich im Alptraum und den damit verbundenen erotisch-sexuellen, dämonischen, panischen Aspekten wieder auf.

In Phaidros lässt Platon seinen Lehrer Sokrates das »Erkenne dich selbst« sprechen: »Geliebter Pan und all ihr anderen Götter, die ihr diesen Ort heimsucht, schenkt mir Schönheit im Inneren der Seele, auf dass der innere und der äußere Mensch eins werden!« Es scheint als wäre Pan die Antwort auf die apollinische Frage der Selbsterkenntnis. Pan ist der Gott der Natur »hier drinnen« und der Natur »dort draußen«; er bildet die Brücke, die davor bewahrt, dass Natur und Psyche, Körper und Geist in zwei Teile zerfallen. Und das Gebet des Sokrates scheint heute wichtiger denn je zu sein, denn wir werden nie imstande sein, einzig durch das Studium der Natur auf rationaler Ebene zur Harmonie zurückzufinden.

Die wollüstigen, begehrlichen Wünsche des Steinbock-Sohnes kollidieren mit der strengen und strukturierten Gesetzgebung des Vaters. Der Sohn muss sich der Bestrafung durch den Vater aussetzen, um herauszufinden, dass der Vater in ihm selbst ist. Und er wird eine Balance finden müssen zwischen Mühsal und körperlichen Freuden, zwischen Verpflichtung und Nachgiebigkeit. Gelingt den Steinbock-Männern und Steinbock-Frauen diese Verbindung, dann sind sie die heiteren Knaben oder heiteren Mädchen, die der Vater endlich bei beziehungsweise in sich aufgenommen hat. Und aus den klaren Augen dieser gereiften Männern oder gereiften Frauen strahlt nie geahnte Lebensfreude und Würde; sie sind sich selbst ein gütiger Vater geworden – autonom und selbstverantwortlich (was eine gesunde Ich-Grenze beinhaltet). Diese Steinbock-Menschen sind die großen Diener und Stützen der Gesellschaft.

Schaffen sie diese Verbindung nicht, werden sie zu engstirnigen, lustlosen Pflichterfüllern, arbeits- und verantwortungssüchtig, permanent unter Leistungsdruck, gnadenlos hart sich selbst und anderen gegenüber, festgefahren in starren Geleisen, Normen und Traditionen, von Machtgier beseelt, von Schuldgefühlen, Unzulänglichkeitsgefühlen, Depressionen, Konkurrenz- und Existenzängsten verfolgt und unter ständigem Kontrolldrang sich selbst, der Umgebung und der Gesellschaft gegenüber – zuweilen auch rührselig. Hinter der Verantwortungssucht und dem Kontrollbedürfnis steckt die eigene Schwäche, die die Steinböcke, aufgrund ihres ausgeprägten Stolzes, lange nicht bereit sind, zuzugeben.

Schlüsselworte, die sich aus den betrachteten Bildern ergeben: Ausdauer, elastische Beharrlichkeit, Bescheidenheit, Genügsamkeit, Einsamkeit, Kargheit, äußere Kühle, Fruchtbarkeit, Wollust, Körperlichkeit, Natur, Treue, Pflichtbewusstsein, Verantwortung, Verpflichtung, Einschränkung, Begrenzung, Realitätsprinzip, Gesetzgebung, Arbeit, Mühe, Struktur, Disziplin, Zeit, Ordnung, Hierarchie, Normen, Tradition, Furcht vor Neuem, Begrenzung, Einschränkung, »gestrenger, abweisender Vater«, »verstoßener Sohn«, Schwierigkeiten mit persönlichem Vater oder Vaterfiguren, Ego-Zentriertheit, Neid, Rache, Gefühl des Schuldig- und Sündigseins, Unzulänglichkeitsgefühle, Ehrgeiz, Streben nach Ansehen, Anerkennung, Erfolg, Stolz, Schwäche, Kontrolldrang, Machtgier, Streben nach materieller Sicherheit, Existenz-Ängste, Angst vor Chaos (materiell, sozial, moralisch), Verzweiflung, Depression, Klarheit, naturgebundene Weisheit, Einswerden von Vater und Sohn, Autonomie, Selbstverantwortlichkeit, gesunde Ich-Grenze, der freiwillige Diener und die große Stütze der Gesellschaft, Zerstörer-Erhalter.

♒ Wassermann – Planeten Uranus und Saturn ♅ ♄
20. Januar – 18. Februar

Zur Jahreszeit des Wassermanns entfaltet der Winter seine stärkste Kraft. Januar-Februar ist die kälteste Zeit des Jahres. Das Wasser ist vielerorts zu Eis gefroren. In der eisigen, elektrisch geladenen Winterluft bricht sich glitzernd das Sonnenlicht in den Eiskristallen und frostklar sind die Sternennächte. Das Wachsende ist noch verhüllt.

Die Kontinuität des Alltags wird unterbrochen – es ist Narrenzeit, ein Vogelflug in die Freiheit. Zur Faschingszeit werden Schattenthemen frei; in dieser Zeit traut man sich seinen anderen Pol im Narrenkostüm zu leben. Am mitteralterlichen Hof zeigte sich das Wassermannprinzip in der Rolle des Hofnarren, der als einziger die Narrenfreiheit besaß, die Wahrheit zu sagen, das heißt, Schattenthemen ans Licht zu bringen.

Das graphische Symbol des Wassermann ♒, die beiden Wellenlinien, entspricht der ägyptischen Hieroglyphe für Wasser. Dieses Wasser ist jedoch kein irdisches Wasser, sondern das Wasser des Lebens und des Geistes (Wissens). Das griechische Wort »pneuma« bedeutet Luft und Geist.

Andere sehen in den beiden Wellen die Schlangen der Weisheit: Höheres Bewusstsein (Uranus) und Rationalität (Saturn).

Das Bild des Tierkreiszeichens Wassermann ist ein Wasserträger, der in einem irdenen Gefäß eine Fülle von Erfahrungen, Einsichten und Erkenntnisse gesammelt hat und nun dabei ist, das Gefäß zu neigen, um weiterzugeben, was er hat, damit Neues bewirkt werden kann.

Im Zeichen Wassermann herrschen Uranus und Saturn. Vor der Entdeckung des Uranus war Saturn hier der Alleinherrscher. In der mitteralterlichen Astrologie wurde das Wassermann-Zeichen als das Taghaus des Saturns und das Steinbock-Zeichen als das Nachthaus des Saturns gesehen. Im Wassermann repräsentiert Saturn das Ordnungs- und Begrenzungsprinzip auf geistig-spiritueller Ebene, im Steinbock das Ordnungs- und Begrenzungsprinzip auf materiell-weltlicher Ebene.

Saturn ist nun der Mitherrscher und Uranus der Herrscher. Diese beiden Planetenprinzipien – denen wir bereits beim Steinbock begegnet sind – haben wenig gemeinsam. Im griechischen Mythos sind sie sogar Feinde: Ouranos, der Vater, verbannte – das Irdische, Erdhafte und Grobschlächtige hassend und das individuelle schöpferische Leben seiner Kinder verhindernd – seinen Sohn Chronos samt Geschwister und Chronos rächte sich dafür. Und diese »Feindschaft« spiegelt auch eine dem Wassermann innewohnende Dualität wider: Uranus, der grenzenlose Himmel, die Welt der abstrakten, progressiven, unkonventionellen Ideen, der Zukunftsvisionen, des Ästhetizismus, des Kultivierten und Saturn, die physische Wirklichkeit, das Erdhafte, Körperliche, Instinktgebundene und Animalische. Saturn begrenzt die ausufernden, »unverantwortlichen« Visionen des Uranus.

Der Wassermann ist – wie der Skorpion und die Fische – ein kollektives Zeichen, und damit wird die Grenze des Ich überschritten. Im Wassermann entwickelt sich die Idee von der menschlichen Gemeinschaft; hier ist nicht nur Ich und Du, sondern eine ganze Menschenfamilie. Die Saturnseite des Wassermann sucht die Gemeinschaft möglicherweise nur, um die eigene Identität und Bedeutung zu stärken. Zudem ist es ihm wichtig, zur »richtigen« Gruppe zu gehören und die »richtigen« Dinge zu tun. Die Uranusseite des Wassermann hingegen ist damit nicht zufrieden, nur zu leben, um die persönliche Sicherheit und Macht zu festigen; sie hat eher etwas Prometheisches im Auge, das über das rein Individuelle hinausgeht, aber auch – durch das Feuer des Bewusstseins – individuelle Entwicklung fördert.

Der Mythos vom wohltätigen Prometheus gibt uns – neben den uranischen Eigenschaften – tiefe Einsicht in das Lebensmuster des Wassermann. Prometheus war entweder der Sohn des Titanen Iapetos und der Titanin Themis oder des Giganten Eurymedon und der Nymphe Klymene – in jedem Fall war er ein Kind der Erdgötter und ein Nachkomme Ouranos, des Himmels. Er hat einen uranischen Geist, aber sein Körper ist irdisch. Sein Name bedeutet »der Vorausahnende«. Seine Brüder hießen Atlas, Menoitios und Epimetheus »der Unbedachte«. Im Kampf der Titanen um die Nachfolge von Chronos, riet Prometheus, der – wie sein Name schon sagt – das Kommende ahnte, den Titanen zur List; als sie seinen Rat in den Wind schlugen, ging er auf die Seite des Zeus über. Zeus machte ihn nun zum olympischen Vorausschauer und

Schiedsrichter. Bei der Geburt der Göttin Athene aus dem Haupte des Zeus fungierte er als Geburtshelfer. Zum Dank dafür lehrte die Göttin ihn die Funktionsweise kosmischer, holistischer Systeme wie Geometrie, Mathematik, Astrologie, Astronomie, Architektur, Navigation, Metallverarbeitung und viele andere nützliche Fertigkeiten. Wegen der Gebrechlichkeit des Menschengeschlechts[40] beschloß Zeus, es zu vernichten und statt dessen neue und bessere Geschöpfe zu schaffen. Zeus versuchte die Menschen auszuhungern, indem er die besten Teile der menschlichen Nahrung als Opfer verlangte. Prometheus jedoch hat Mitleid mit diesen sich abmühenden Geschöpfen und verhinderte den Plan durch einen Trick. Bei einer Zusammenkunft zwischen Göttern und Menschen, bei der vereinbart werden sollte, welche Teile der Nahrung den Göttern vorbehalten sein sollten, trat Prometheus als Schiedsrichter auf. Er ließ einen Ochsen herbeischaffen, zog ihm die Haut ab und zerlegte ihn. Aus der Haut machte er zwei Säcke; in den einen gab er alles gute Fleisch, in den anderen die Innereien und Knochen, versteckt unter einer reichen Schicht von Fett. Dann forderte er Zeus auf, zu wählen. Zeus fiel auf den Trick herein und beschloß in seinem Zorn, den Menschen das göttlich-solare Feuer[41] vorzuenthalten. Prometheus lehnte sich gegen diese Verfügung auf und brachte den Menschen heimlich das Feuer; er vermachte den Menschen auch das Wissen, das er von Athene empfangen hatte. Zeus verfiel nun in heftige Wut und gebot seinen Knechten und auch dem Hephaistos, Prometheus gefangen zu nehmen und weit weg von den Menschen an eine kaukasische Felsklippe am Rande des Weltstroms Okeanos zu ketten. Und sein Adler mußte Tag für Tag die Leber des Gefesselten fressen, die des Nachts wieder nachwuchs; Prometheus als Titan war unsterblich, aber er erlitt unendliche Qualen. Zeus verkörperte hier den negativen Aspekt seines Vaters.

Nach langer Zeit erlaubte Zeus schließlich die Freilassung von Prometheus als Dank für das für Zeus sehr wichtige Geheimnis: Wenn er mit Thetis einen Sohn zeugt, dann würde dieser nach dem Willen der Vorsehung einst größer sein als sein Vater. Die Freilassung war jedoch an eine Bedingung geknüpft: Ein Unsterblicher muss sich einverstanden erklären, auf seine Unsterblichkeit zu verzichten – dieser Unsterbliche war Chiron, dem wir bereits beim

Schütze-Prinzip begegnet sind. Schließlich befreite Herakles, im Auftrag des Zeus, Prometheus von seinen Ketten.

Im Mythos des Prometheus gibt es jedoch auch noch ein anderes Kapitel, das mit dem Wassermann zu tun hat. Zeus, der immer noch zornig ist, dass die Menschen einen Funken vom göttlichen Feuer besitzen, beschließt, sich auch an den Menschen und nicht nur an Prometheus zu rächen. Und so befahl er Hephaistos, aus Ton eine Frau zu formen; die vier Winde wies er an, ihr Leben einzublasen. Sie bekam den Namen Pandora, was »Allbegabte« bedeutet. Alle Göttinnen des Olymps mußten sie schmücken, Aphrodite schenkte ihr Schönheit und Verführungskunst, von Hermes lernte sie List und Trug. Hermes führte dann Pandora vom Olymp herab zu Prometheus, der sie heiraten sollte. Prometheus ahnte jedoch etwas und sagt: »Nein, vielen Dank, ich will dieses Geschenk nicht haben, denn nach allem was Zeus mir schon angetan hat, kann ich ihm nicht mehr vertrauen!« Da schickte Zeus Hermes mit Pandora zu Epimetheus, dem »unbedachten« Bruder von Prometheus. Epimetheus, unbedacht und verängstigt vom Schicksal des Bruders, nahm Pandora zur Frau. Sie öffnete nun entgegen der Warnung des Prometheus, eine verschlossene Büchse, in der der wohltätige Titan mühsam alle Übel gefangengehalten hatte, die die Menschheit befallen konnten: Mühsames Arbeiten, Sorgen, Wehen, Krankheiten, Laster, Streit, Haß, Krieg, Hunger, Angst, Schrecken, Verzweiflung, Einsamkeit, Alter und Tod. Pandora verschloß die Büchse zwar schnell wieder, doch es war nicht mehr zu verhindern, dass diese Übel in die Welt kamen. Doch etwas ist noch in der Büchse, das Erlösung von allem bringt, und das ist die Hoffnung; und die Menschheit hat einen Funken vom göttlichen Feuer und damit das Potential mit all dem Übel bewusst umzugehen und daran zu wachsen.

Prometheus war also der mythische Ur-Rebell und Beschützer der Menschheit. Er brachte den Menschen das göttliche Feuer (Bewusstseins-Potential) und Kenntnis über die Funktionsweise kosmischer, ganzheitlicher Systeme; er gab ihnen die Chance, sich aus der Dunkelheit, aus der Instinktgebundenheit zu befreien, sich von Unbewusstheit in Richtung Bewusstheit und Individualität zu bewegen. Er tat das nicht für sich selbst, er ist kein Mensch mit einem eigenen Ich, er braucht kein Feuer – er hat es den Menschen geschenkt. Und dafür wurde der wohltätige Titan von Zeus, der eifersüchtig auf die wachsenden Kräfte und Begabungen der Menschen war, schrecklich bestraft; und Zeus erweckte im Auflehner Schuldgefühle und Selbstzweifel, da er vom Standpunkt der Götterwelt aus eine schwere Sünde begangen hatte. In der Bemühung um Bewusstsein, um Erkenntnis liegt ein tiefes Schuldgefühl, denn im gewissen Sinne ist es eine Sünde gegen die Urgötter, weil man dadurch ein stärkeres und bewussteres Ich entwickelt, und das wollte Zeus vermeiden.

Prometheus steht mit dem Götterkönig ständig im Zwist darüber, wieviel oder wiewenig Entwicklung den Menschen zugestanden werden sollte. Prometheus wollte die Menschen in Richtung göttlicher Perfektion, göttlicher Vollkommenheit führen, er wollte die Grenze zwischen den Göttern und Menschen nicht genügend respektieren. Zeus, der oberste Gott, duldet das Überschreiten dieser Grenze nicht – Menschen dürfen nicht gottähnlich werden.

Der wohltätige und altruistische (selbstlose) Impuls des guten Willens den Menschen gegenüber ist eines der wichtigsten Themen des Wassermanns. Und dieser Altruismus ist mit Konsequenzen, mit inneren Qualen verbunden, die eine Zeitlang ertragen werden müssen. Wassermann-Menschen empfinden tiefe Schuldgefühle, wenn sie sich um individuelle Verwirklichung bemühen, wenn sie ihr Ich leben, und sie empfinden tiefe Selbstzweifel, wenn sie dem Instinktleben, dem Unbewussten etwas stehlen, dass sie in Richtung erweiterter Erkenntnis führt. Erweiterte Erkenntnis ist auch mit der Isolation von den Mitmenschen verbunden, denn dadurch hebt man sich (ungewollt) von ihnen ab, und das ist ein schmerzvolles Dilemma für den sozial gesinnten Wassermann.

Letztendlich sind die prometheischen Schuldgefühle jedoch auch notwendig, denn sonst geht die Achtung vor dem Höheren verloren. Und in diesem Zusammenhang sollten wir ebenfalls sehen, dass auch die wissenschaftlichen Entdeckungen, die meist mit dem Wassermannprinzip zu tun haben, der Natur Geheimnisse entreißen. Wenn kein Gespür für die prometheische Schuld vorhanden ist, fehlt es auch an Achtung vor der Natur und die großen Errungenschaften, die der Menschheit dienen sollten, schlagen ins Gegenteil um.

Es gibt natürlich auch wassermannbetonte Menschen, die individuelle Verwirklichung und die damit verbundenen Leiden negieren. Diese Menschen scheinen unfähig zu sein, sich individuell auszudrücken – sie möchten nur in der vollkommenen Gemeinschaft aufgehen; dies entspricht den unreflektierten New-Age-Gedanken. Das ist jedoch die oberflächliche Ebene, auf die wir im Kapitel »Der Aszendent in den einzelnen Tierkreiszeichen« näher eingehen werden.

Wassermann-Betonte müssen den prometheischen Geist ausdrücken: Sie müssen sich selbst verwirklichen, aber auch einen kollektiven, sozialen Beitrag leisten, der mit neuen und ganzheitlichen Ideen zu tun hat.

Das Uranische zeigt einen deutlichen Widerwillen gegen das Instinktgebundene – was wir bereits im Mythos des Ouranos, der seine erdhaften Kinder ablehnte, sahen und diese starke Ablehnung des Erdhaften weist auf eine ausgeprägte Dominanz einer männlichen Welt hin (der auch wassermann-uranischbetonte Frauen angehören) – eine Welt, die nur geistige Früchte hervorbringen möchte. Das Wassermannzeichen ist der Meister des Lichtes und des Geistes; es ist das Prinzip, das der Macht des Weiblichen am stärksten entgegenwirkt.

Schlüsselworte, die sich aus den betrachteten Bildern ergeben: Elektrisch geladene Atmosphäre, Unterbrechung der Kontinuität, Sprung in die Freiheit, Narrenfreiheit, geistige Wasser, Welt der grenzenlosen Ideen, Zukunftsvisionen und Ideale, Ästhetizismus, Unterdrückung des Irdischen, Körperlichen und Instinkthaften, Empfänglichkeit für das Kollektive, Idee von der Gemeinschaft, soziale Einstellung, Rebellion, Zerstörung der bestehenden Ordnung, Zivilisation, Kultur, ganzheitliche Systeme, Wissenschaften (Wissenschaften durch Verstehen), Erfindungen, Unkonventionelles, Exzentrisches, Drang nach Erneuerung (oft ohne Fragestellung in bezug auf Durchführbarkeit und Verantwortung), Idee von der Perfektionierung und Vollkommnung der Menschheit, Angst vor Selbsterfüllung und Isolation, »New-Age-Gedanken«, Massenbewegungen.

♓ *Fische – Planeten Neptun und Jupiter* ♆ ♃
19. Februar – 20. März

Wenn die Sonne durch das letzte Zeichen des Tierkreises, die Fische, tritt, schmelzen wärmere Luftströme Eis und Schnee. Flüsse treten über die Ufer. Das Schmelzwasser weicht die Erde auf; es durchdringt die Wiesen und Äcker. Diese Feuchtigkeit bereitet das Klima für das Sprießen, Sprossen und Wachsen in der Jahreszeit des Widders vor.

Dieses Tierkreiszeichen trägt ebenfalls einen Tiernamen. Die konkreten Fische gehören zu den Wirbeltieren, wie der Mensch – im weitesten Sinne sind sie unsere Vorfahren. In Brehms Tierleben ist zu lesen: Ihre wahre Heimat ist das Meer. Sie atmen durch Kiemen, tragen ein Kleid aus Schuppen und ihre Gliedmaßen sind Flossen. Die Färbung ihres Kleides ist prachtvoll. Aller Glanz der Edelsteine und Metalle, alle Farben des Regenbogens scheinen auf den Fischen widergespiegelt zu sein. Und zur Pracht der Färbung gesellt sich die Schönheit und Mannigfaltigkeit der Zeichnung, bei nicht wenigen auch noch das Vermögen des Farbwechsels. Fast sämtliche Fische sind Raubtiere, denn sie fressen nicht nur Insekten, Würmer, kleine Weichtiere und Pflanzenstoffe, sondern auch andere Fische und kein einziger Raubfisch verschont seine eigene Brut. Das Leben der Fische ist ein ewiges Räubertum ohne Gnade und Barmherzigkeit.

Das graphische Symbol der Fische ♓ sind zwei verbundene Halbkreise, die durch einen Balken verbunden sind. Einige sehen im einen Halbkreis das endliche Bewusstsein des Menschens und im anderen das Bewusstsein des Universums. Der Verbindungsbalken repräsentiert das Ich, wo sich die spirituelle und die materielle Sphäre treffen.

Andere beschreiben diese Signatur als Innen- und Außenwelt, die einander entgegengesetzt sind und zum Vollkreis ergänzt werden wollen, um zur Rückverbindung mit dem All (religio) zu gelangen.

Das Bild des Tierkreiszeichens zeigt zwei Fische, die in die entgegengesetzte Richtung schwimmen und durch ein Band verbunden sind; sie symbolisieren die *Große Mutter* und den periodisch rituell geopferten *Sohn-Geliebten*. Die Große Mutter ist die Welt der Urinstinkte: verschlingend, destruktiv und anstößig sinnliche Leidenschaft; der Sohn-Geliebte ist der Erlöser, der Christus. In der syro-phoenizischen Mythologie repräsentieren Atargatis und Ichtys das immer aneinander gebundene Fischpaar; sie sind zugleich Ishtar und Tammuz (babylonisch), Aphrodite und Adonis (griechisch), Kybele und Attis (phrygisch) – die Sohn-Geliebten werden getötet und stehen wieder auf.

In der christlichen Symbolik stellen die Fische *Christus* und seine *Gläubigen* dar; im religiösen Mal wird Christus gegessen beziehungsweise zerstückelt und sein Blut rituell getrunken.

Andere sehen im Fischepaar die entgegengesetzten und komplementären Energiebewegungen, die allen großen polarisierten Rhythmen, wie Licht und Dunkelheit, Tag und Nacht, Aufstieg und Abstieg, Geburt und Tod, Opfer und Erlösung usw., zugrunde liegen.

Alle diese Motive haben mit dem Thema Tötung und Auferstehung, Opfer und Erlösung, Verfolgte und Verfolger, Leidenschaft (engl. passion) und Errettung, Ekstase und Spiritualität zu tun; keines der beiden kann vom anderen getrennt werden.

Die Geburt, das Leben und die Eigenschaften der mythischen Gestalt des Dionysos beschreiben besonders eindringlich die merkwürdige Komplexität des Zeichens Fische. Diese Gestalt umspannt die wahnsinnigen, ekstatischen Tiefen der Großen Mutter bis hin zur erhabenen spirituellen Welt des Vater Zeus (Jupiter ist Mitherrscher im Zeichen Fische).

Walter F. Otto hält Dionysos für ein »Bild des schöpferischen Wahnsinns« und für Karl Kerényi ist Dionysos das »Urbild des unzerstörbaren Lebens«.

Dionysos, der *Zweimalgeborene*, war der Sohn des Zeus;[42] in bezug auf seine Mutter gibt es verschiedene Versionen. Die bekannteste lautet: Zeus hatte eine Liebschaft mit seiner Tochter Persephone, und er zeugte mit ihr den Zagreus (große Jäger)[43], der auf Anweisung der eifersüchtigen Göttermutter Hera von den Titanen zerrissen und aufgefressen wurde. Bevor Zagreus zerrissen wurde, rettete Athene das Herz des Zagreus und brachte es Zeus. Dieser nahm das Herz und brachte es zu Semele – der Tochter des Königs Kadmos von Themen – mit der er gerade eine Liebschaft hatte und bat sie dieses Herz zu essen. Als Hera von der Schwangerschaft

Semeles erfuhr, verkleidete sie sich als Semeles alte Amme und überredete das Mädchen, von Zeus zu verlangen, er solle in seiner wahren Gestalt vor ihr erscheinen. Semele, die nicht ahnte, dass sie dadurch vernichtet werden würde – Sterbliche dürfen nämlich keine Götter sehen -, erbettelte sich von ihrem Liebhaber das Versprechen, ihr alles zu geben, was sie sich wünschte. Als Zeus einwilligte, bat sie ihn, seine Gottheit zu enthüllen. Durch sein eigenes Versprechen gezwungen, mußte Zeus als Donner und Blitz erscheinen und Semele verbrannte zu einem Aschehäufchen. Hermes rettete jedoch den ungeborenen Sohn und nähte ihn in den Schenkel des Zeus. Als die Zahl der Monde erfüllt war, wurde Dionysos wiedergeboren und bekam den Beinamen »das Licht des Zeus«.

Dionysos trug von Geburt an kleine Hörner und Schlangen auf dem Kopf. Der Stier und die Ziege sind Totem-Tiere des Dionysos; sie sind Symbole der Fruchtbarkeit und Sinnlichkeit. Der Stier symbolisiert auch Raserei und Gefährlichkeit. Von drei Nymphen mit Milch und Honig genährt und umsorgt, wuchs er als Mädchen verkleidet in einer Waldhöhle auf. Einem Orakel der Göttin Rhea entsprechend lernte er von einer Schlange den Genuß der Trauben. Daraufhin erfand er die Herstellung des Weines: er zertrat die Reben in einem ausgehöhlten Felsbecken. Als er herangewachsen war, zog er – von Hera verfolgt – durch die Welt; sein Lehrer Silenos (ein weiser Wassergeist), Satyrn (Geschöpfe des Waldes), Nymphen und eine Horde tanzender Frauen (Mänaden)[44] begleiteten ihn. Er lehrte die Ägypter, Libyer und Inder den Weinanbau und die Herstellung des Weines und kehrte dann über Phrygien in die Heimat zurück. Hier wurde er – wie auch teilweise im Orient – keineswegs freundlich empfangen, und er bedurfte der Unterstützung von Großmutter Rhea und der Meeresgöttin Thetis.

In Theben – dem Ort, an dem seine Mutter Selene geboren worden war – verleitete er die Frauen, sich seinen Lustbarkeiten auf dem Berg Kithairon anzuschließen. Pentheus (»der Leidende«), der Vetter von Dionysos und jetziger König von Themen, lehnte das ekstatische Treiben ab und erkannte ihn nicht als Gott an. Pentheus nahm ihn und seine Gefolgschaft gefangen, verfiel aber dem Wahnsinn und fesselte anstelle des Dionysos einen Stier. Dionysos kehrte mit den Mänaden in die Berge zurück und mit ihnen Agaue, die Mutter des Königs; dort zerrissen die nun sehr wütenden Frauen wilde Tiere in Stücke. Pentheus versuchte, diesem Toben Einhalt zu gebieten, doch vom Wein und religiöser Inbrunst berauscht, rissen die Mänaden nun auch ihn in Stücke. Seine Mutter führte die Rasenden an; sie war es, die ihrem Sohn den Kopf abriß.

Homer legt in der *Ilias* Zeus die Worte »der Sohn der Semele sei zur Freude der Menschen geboren worden« in den Mund und hat dabei sicher an den Wein gedacht. Die Macht des Weines hat jedoch eine ambivalente Wirkung: Freude und Leid, Sinnlichkeit und Grausamkeit, Verzückung und Zerstückelung, Zügellosigkeit und Auflösung, Erleuchtung und Verstörung, Schöpferisches und Wahnsinn, Opfer und Erlösung wohnen ganz dicht beieinander. Der Weinstock bringt die süßen Früchte hervor; er ist fähig, mit seinem leisen um sich greifenden Wachstum die größte Ruhe zu verbreiten und mit seinem schnell gärenden Saft die größte Unruhe zu erwecken.

Dionysos ist der Gott der Frauen, was symbolisch bedeuten könnte, dass er Befreiung und Erlösung durch die weibliche Seite der Persönlichkeit bringt. Und das Leben fischebetonter Menschen kann »zerstückelnd« wirken – wie die Geschichte von Pentheus, des typischen Rationalisten, zeigt -, wenn das Dionysische nicht angenommen wird. Fische-Menschen müssen der Gottheit Dionysos die nötige Anerkennung und Ergebenheit erweisen, da sich sonst die schöpferische Kraft ins Zerstörerische wendet. Wenn sie ihm Ehrerbietung gewähren, führt er sie zur Quelle des Schöpferischen. Bei den Fischen gibt es – ähnlich wie bei den Krebsen – eine ganze Reihe großer Musiker, Komponisten, Maler, Dichter, Tänzer, Schauspieler, Philosophen, Visionäre usw., die jene bitter-süße Sehnsucht der Wasserwelt mit ihren unendlichen Tiefen zum Ausdruck gebracht haben. Dionysos öffnet das Tor zum mystisch-religiösen Bereich so wie es Christus, sein historischer Nachfolger, tut – beiden liegt die gleiche Symbolik zugrunde, doch Dionysos ist im Christentum zu einer Art Schatten-Christus geworden.

Fische-Betonte neigen sehr stark dazu, sich als Opfer der Mitmenschen und des Lebens zu sehen oder sich als Erlöser, der die Leidenden rettet, darzustellen. Sie vermitteln das Bild der »hilflosen und empfindsamen Seele«. Empfindsamkeit ist ihnen angeboren, hilflos sind sie nicht, denn sie können wie kein anderes Zeichen ihre Mitmenschen manipulieren und das gibt ihnen eine enorme Macht.

Die Fische sehnen sich nach jenem Ort, wo sie das Gefühl des Getrenntseins verlieren. Und, um diesen Zustand zu erreichen, werden mannigfache Wege eingeschlagen: Meditation, Alkohol, Drogen, Flucht in die Welt des Zaubers, des Glanzes und Schimmers, der grenzenlosen Phantasien, der Selbstaufopferung – all diese Wege können in der Selbstaufgabe enden.

Schlüsselworte, die sich aus den betrachteten Bildern ergeben: Auflösung, Nichtgetrenntsein, Rückverbindung mit dem All (religio), Urinstinkt, Opfer – Erlösung, Sinnlichkeit – Grausamkeit, Leidenschaft – Errettung, Ekstase – Spiritualität, schöpferischer Wahnsinn, Mystisch-Religiöses, tiefes Einfühlungsvermögen, starke künstlerische Ausdruckskraft, Meister der Verführung und Manipulation, Welt der Phantasien und Illusionen, Gefühl der Schutzlosigkeit, enorme Anpassungsfähigkeit, Selbstaufgabe.

Der Aszendent

Achsenkreuz und Häusersystem

Die Stellung der Planeten in den Tierkreiszeichen ist für alle Menschen, die am selben Tag geboren sind, ungefähr gleich; sie hängt mit der Drehung der Erde um die Sonne (aus geozentrischer Sicht mit der Drehung der Sonne um die Erde) zusammen und kann aus den Ephemeriden (Planetenstandstabellen) entnommen werden.

Die Einmaligkeit des *individuellen* Horoskops ergibt sich erst durch die Einbeziehung von *Ort* und *Zeit* der Geburt. Durch die Berücksichtigung von Raum (Ort) und Zeit entsteht auf der Ekliptik[45] das Achsenkreuz: Die horizontale Achse mit den Schnittpunkten Aszendent (AC) und Deszendent (DC) und die vertikale Achse mit den Schnittpunkten Medium Coeli (MC) und Imum coeli (IC). Andere Bezeichnungen für die Schnittpunkte sind unter »Erklärung astrologischer Begriffe« im Anhang dieses Buches zu finden. Die horizontale Achse ergibt sich durch den östlichen und westlichen Schnittpunkt von Äquator beziehungsweise Horizont des Geburtsortes mit der Ekliptik und die vertikale Achse durch den nördlichen und südlichen Schnittpunkt von Hauptmeridian beziehungsweise Ortsmeridian mit der Ekliptik.

Dieses Achsenkreuz (siehe Abb. 5), das also aus zwei Hauptachsen (Horizontachse: AC – DC, Vertikalachse (Meridian): MC – IC) besteht, bildet die Grundlage für das Häusersystem und damit die Basis für die individuelle Aussage eines Horoskops.

Die zwei Hauptachsen – auch als Kardinalachsen bezeichnet – teilen das Horoskop in vier Quadranten. Und diese horizontale und vertikale Achse sind astronomisch bedingt, weil ihre Berechnung der Drehung der Erde um die eigene Achse und auf der Drehung der Erde um die Sonne beruht und ihre genaue Berechnung immer abhänigig von Ort und Zeit des (Geburts-) Ereignisses ist. In bezug auf die Geburtszeit ist der erste Atemzug ausschlaggebend.

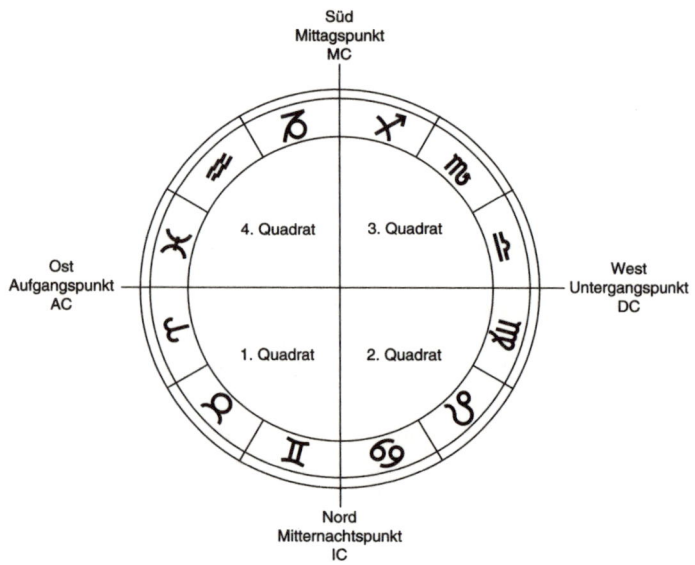

Abb. 5: Das Achsenkreuz

Die vier Quadranten werden dann nochmals in sogenannte Häuser oder Felder unterteilt, so dass ein Quadrant dreigliedrig wird und zwölf Häuser entstehen (siehe Abb. 1 und 2). Die Art, wie man einen Quadranten unterteilt, ist persönlichen Unterteilungsideen unterworfen und das führt zu verschiedenen Häusersystemen in der Astrologie. Die populärsten Häusersysteme sind Placidus und Koch. Es gibt dann auch noch die Campanus-, Regiomontanus- und die äqualen Häuser.

Alle Häusersysteme haben jedoch die gleichen Hauptachsen, denn sie sind astronomisch zwingend; die Zwischenachsen basieren auf mathematischen Unterteilungsideen.

Die Entstehung des Achsenkreuzes fußt also auf zwei Bewegungen. Die Erde bewegt sich um die Sonne. Im Horoskop sieht es aus, als ob die Sonne um die Erde wandert und zwar einen Grad pro Tag; in 360 Tagen durchwandert sie den ganzen Tierkreis. Diese Bewegung zeigt im Horoskop also den Sonnenstand in bezug auf den *Jahreszeitrhythmus* an (siehe Abb. 6). Die Sonnen-Bewegung

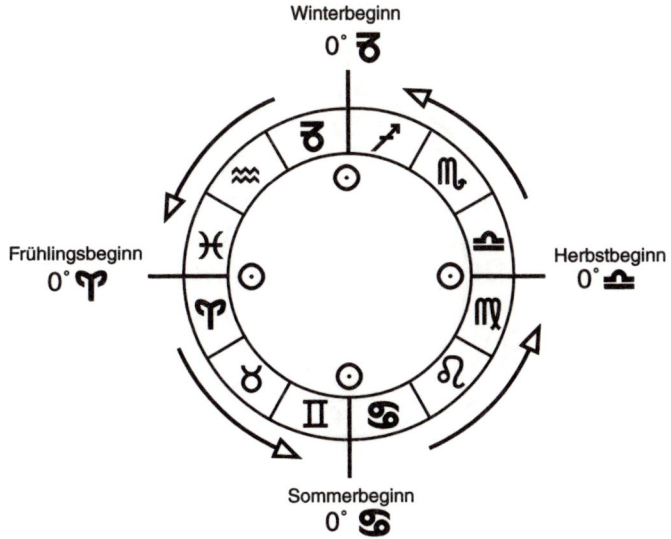

Abb. 6: Sonnenstand und Jahreszeiten.
Jährliche Drehung der Erde um die Sonne
→ *Jahreszeitrhythmus: Sonne wandert 1°/Tag im Tierkreis*
gegen den Uhrzeigersinn

im Horoskop beziehungsweise im Tierkreis erscheint gegen den Uhrzeigersinn. Eine Drehung der Erde um die Sonne beziehungsweise eine Wanderung der Sonne durch den Tierkreis ist das, was wir ein Jahr nennen.

Die Erde bewegt sich gleichzeitig auch um die eigene Achse, dadurch entstehen Sonnenaufgang und Sonnenuntergang bezogen auf verschiedene Orte auf der Erdkugel. Die tägliche Drehung der Erde um ihre eigene Achse macht also den *Tag-Nacht-Rhythmus* aus (siehe Abb. 7). Die tägliche Sonnen-Bewegung im Horoskop erscheint hier im Uhrzeigersinn. Eine Drehung der Erde um ihre eigene Achse ist das, was wir einen Tag nennen.

Da die Astrologie mit einem geozentrischen Weltbild arbeitet,[46] sieht es aus als ob sich der Tierkreis und die Sonne um die Erde drehen. Das heißt, die Erde wird zum Fixpunkt in der Mitte des

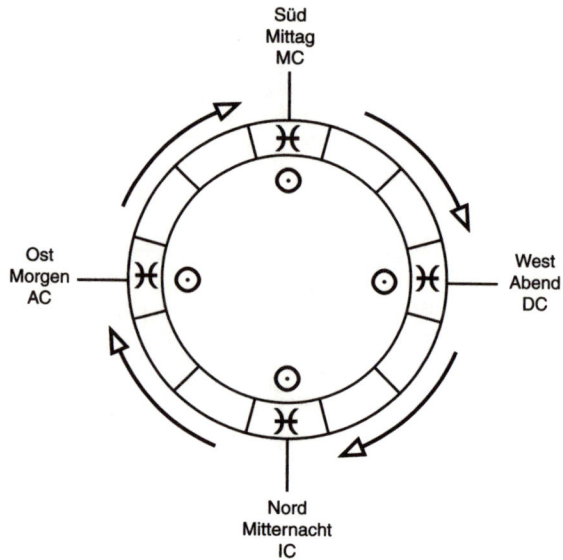

Abb. 7: Sonnenstand und Tag-Nacht-Rhythmus.
Tägliche Drehung der Erde um sich selbst
→ *Tag-Nacht-Rhythmus: Erde dreht sich 360°/Tag im Uhrzeigersinn*

Horoskops gemacht (siehe Abb. 8), weil wir die Sonne – von der Erde aus betrachtet – auf- und untergehen sehen. In Wirklichkeit bleiben jedoch der Tierkreis und die Sonne konstant, denn die Erde dreht sich tatsächlich um die Sonne und um ihre die eigene Achse. Die Bewegung der Erde um die Sonne und insbesondere ihre Drehung um die eigene Achse bilden also die Grundlage für die Berechnung des Achsenkreuzes beziehungsweise der Häusersysteme.

Während die Sonne an einem bestimmten Tag auf einem bestimmten Grad im Tierkreis (genauer Ekliptik) – z.B. 15° Fische – steht (nur bei Sonnenaufgang ist sie im Osten, zu Mittag im Süden, bei Sonnenuntergang im Westen und um Mitternacht im Norden – siehe Abb. 9), durchwandern die Hauptachsen (Achsenkreuz) beziehungsweise die optischen Schnittpunkte (AC, MC, DC, IC) den gesamten Tierkreis einmal pro Tag. [47]

Im Osten steigt nicht nur die Sonne auf, sondern auch bestimmte

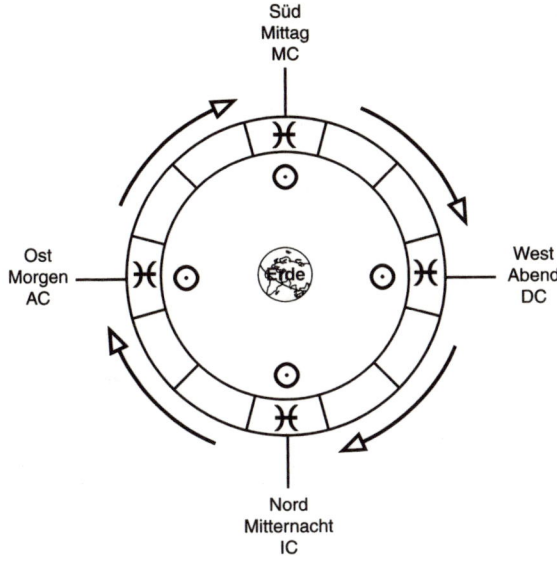

Abb. 8: Geozentrisches Weltbild

Tierkreiszeichen. Wenn die Sonne in den Fischen steht, steigen bei Sonnenaufgang die Fische am Osthorizont auf. Und während die Sonne in den Fischen bleibt, steigen zu Mittag am Osthorizont die Zwillinge auf, bei Sonnenuntergang steigt die Jungfrau am Osthorizont auf und zu Mitternacht steigt der Schütze am Osthorizont auf. Und bei Sonnenaufgang am nächsten Tag steigen wieder die Fische am Osthorizont auf (siehe Abb. 9). All das sehen wir, wenn die Sonne in den Fischen steht.

Wenn die Sonne im Widder steht, steigt bei Sonnenaufgang am Osthorizont der Widder auf und zu Mittag steigt dann der Krebs am Osthorizont auf, während die Sonne im Widder bleibt usw. Diese Darstellung ist sehr modellhaft. Für die Äquatorgegend trifft dieses Modell auch tatsächlich zu. Warum es in anderen Breiten zu Abweichungen kommt, werde ich im folgenden Kapitel ausführen.

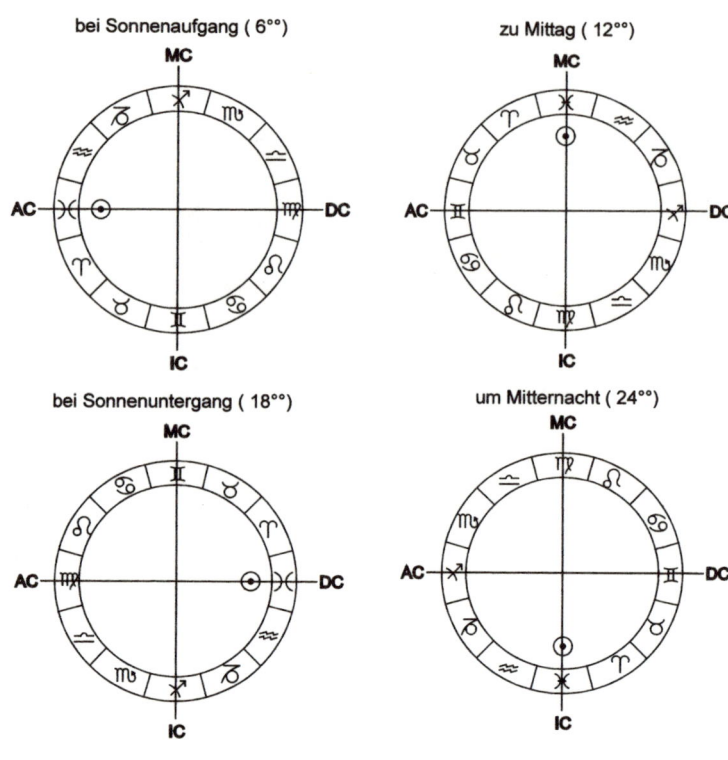

*Abb. 9: Sonnenstand und Hauptachsenbewegung
bei der Sonne auf 15° ♓ bezogen auf einen Tag*

Astronomische Defintion des Aszendenten

Der gesamte Tierkreis wandert also pro Tag durch die vier Schnittpunkte (auch kurz als Ecken bezeichnet) oder genauer: die vier
Schnittpunkte durchwandern pro Tag den ganzen Tierkreis. Den
Schnittpunkt am Osthorizont bezeichnen wir als Aszendent – *ascendere* bedeutet im Lateinischen *aufsteigen*.

Der Aszendent (AC) ist der Schnittpunkt von Osthorizont und
Ekliptik (Tierkreis). Er kann auf jeden der 360 Grade der Ekliptik

(Tierkreis) fallen. Ausschlaggebend für seine genaue Berechnung ist die Geburtszeit (Längengrad) und der Geburtsort (Breitengrad). Kurz gesagt: Der Aszendent ist das am Osthorizont *aufsteigende Zeichen* zum Zeitpunkt des (Geburts-) Ereignisses.

Aus der scheinbaren Drehung der Ekliptik um die Erde in 24 Stunden ergibt sich, dass durchschnittlich alle zwei Stunden ein neues Tierkreiszeichen am Osthorizont aufsteigt, außer in den Polarbreiten, wo bestimmte Zeichen weder auf- noch untergehen. Am Äquator herrscht Regelmäßigkeit – dort geht alle zwei Stunden ein Zeichen auf. Doch je weiter der Ort vom Äquator entfernt ist, desto stärker werden die Abweichungen, bedingt durch die *Schiefe* der Ekliptik (siehe Abb. 3); Äquator und Ekliptik bilden nämlich einen Winkel von 23 ½ Grad.

Zeichen, die für den Aufgang weniger lang brauchen, nennt man *schnell aufsteigende Zeichen* und Zeichen, die langsamer aufsteigen, nennt man *langsam aufsteigende Zeichen*. In Mitteleuropa steigt das Zeichen Fische etwa in einer halben Stunde auf, während das Zeichen Jungfrau für den Aufgang etwa drei Stunden braucht. Südlich des Äquators ist die Situation etwa umgekehrt, weil dort die Jahreszeiten denen der nördlichen Hemissphäre entgegengesetzt sind.

Der Aszendent wird gradgenau angegeben. Auf 0° und 29° ist der Ausdruck irgendeines Zeichens am typischsten.

Energetische Situation des Aszendenten

Die Berücksichtigung der unterschiedlichen energetischen Situation von Planeten und Häuserspitzen ist wichtig für die Horoskopinterpretation. Der Aszendent ist kein Planet und somit kein Erzeuger von dynamischer (aktiver) Energie, sondern eher ein Energieempfänger beziehungsweise ein Anzeiger, ein Wegweiser, ein Führer, der uns auf unserer Lebensreise begleitet. Auch die anderen drei Schnittpunkte der Ekliptik (Ecken) sind keine Energieerzeuger, sondern eher Energieempfänger, Anzeiger. Die Ecken in den verschiedenen Tierkreiszeichen zeigen an, aus welcher Substanz wir gemacht sind und welche Erfahrungen wir in der äußeren Welt antreffen. Die Planeten in den verschiedenen Tierkreiszeichen hingegen sagen uns, wer wir innerlich sind.

Das geheimnisvolle persönliche Schicksal [48]

So wie wir heute die gesamte Seelenlandkarte als Horoskop bezeichnen, so haben die griechisch-römischen Astrologen und Philosophen den Aszendent als *Horoskop* bezeichnet. Das Wort Horoskop meint *Blick in die Stunde* [49], es ist ein Blick auf den Himmel in einem bestimmten Moment.

Und in einem gewissen Sinne ist der Aszendent auch ein Horoskop, denn es scheint, als beinhalte der Aszendent das geheimnisvolle persönliche Schicksal, eine Art Schicksalsgeist. Sokrates nannte diesen Schicksalsgeist *daimon*. Unserem persönlichen Los, dem Kernthema unserer *persönlichen* Bestimmung können wir nicht entfliehen – es treibt uns im Leben voran, um im Zusammenspiel mit der Sonne – unserem Wesenskern – unsere *persönliche* Berufung zu erfüllen. Wir können das Kernthema des Aszendenten auch als Wegweiser sehen, der uns zur Sonne führt.

Grundsätzlich können wir den Aszendenten auf zwei Ebenen betrachten: Jene, die eher eine oberflächliche, äußere Charakteristik aufweist, und jene tiefe Ebene (Kernthema), die uns hilft, das zu werden, was die Sonne symbolisch ausdrückt. Der Aszendent ist auf dieser Ebene ein Wegweiser, ein Führer zur Sonne. Beginnen wir zunächst mit der oberflächlichen, äußeren Ebene und gehen dann auf die tiefe, innere Ebene ein.

Der leibliche Typus

An den Ecken – AC, IC, DC, MC – inkarnieren wir, hier werden wir geboren, hier treten wir in eine manifeste Beziehung mit der Welt. Und die Qualität der Zeichen, in denen die vier Ecken stehen, spiegeln daher auch gewöhnlich unseren leiblichen (körperlichen) Typus wider; meist ist er eine Mischung. Auch Planeten, die – von beiden Seiten her – Konjunktionen mit den Spitzen der Eckhäuser bilden, drücken ihre Energien gewöhnlich in sehr konkreter Form aus. Im geringeren Ausmaß kann auch der Mond, als körperlicher Planet, und im noch geringeren Ausmaß die Sonne mitmischen, selbst wenn sie mit den Ecken nicht in Konjunktion stehen.

Dass bei der Betrachtung des leiblichen Typus beziehungsweise

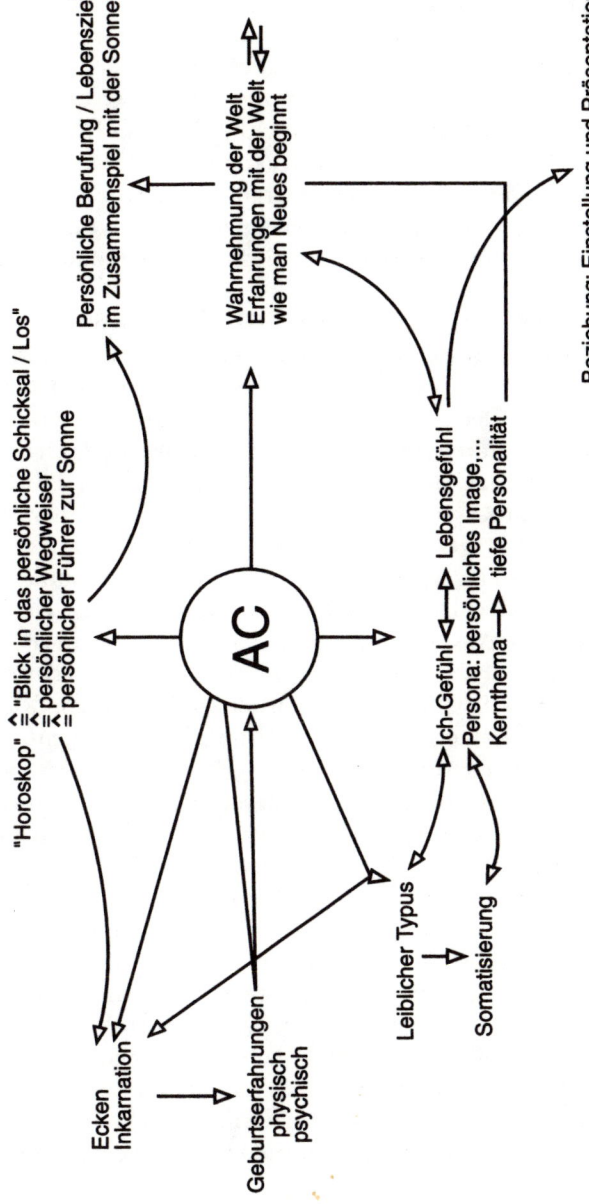

Aszendenten-Themen
modifiziert nach Dr. Liz Greene

"Horoskop" ❮≝ "Blick in das persönliche Schicksal / Los"
≝❮ = persönlicher Wegweiser
= persönlicher Führer zur Sonne

Persönliche Berufung / Lebensziel
im Zusammenspiel mit der Sonne

Wahrnehmung der Welt
Erfahrungen mit der Welt
wie man Neues beginnt

Beziehung: Einstellung und Präsentation

AC

Ich-Gefühl ➤ Lebensgefühl
Persona: persönliches Image,....
Kernthema ➤ tiefe Personalität

Leiblicher Typus ➤
Somatisierung ➤

Ecken
Inkarnation ➤

Geburtserfahrungen
physisch
psychisch ➤

113

der äußeren Erscheinung all diese Punkte in Betracht gezogen werden müssen, wissen leider viele Astrologen nicht – auch prominente Astrologen wissen das leider oft nicht.

Von Lady Diana Spencer waren mehrere Geburtszeiten im Umlauf. Einmal wurde der Zeitpunkt mit 19.45 Uhr (MEZ), bei dem ein Schütze-Aszendent herauskommt, und ein andermal mit 14.00 Uhr und wieder ein andermal mit 14.15 Uhr kolportiert. Bei den letzten beiden Geburtszeiten ergibt sich ein Waage-Aszendent. Diana selbst soll diese unterschiedlichen Zeitpunkte angegeben haben.

In der Ausgabe Dezember 1997/Januar 1998 eines renommierten astrologischen Journals[50] erschien, nach dem Tod von Lady Diana, ein Artikel von einem bekannten Astrologen, in dem die Geburtszeit von Diana auf 13.47 Uhr (MEZ) berichtigt wurde. Der Autor, dem alle unterschiedlichen Zeitpunkte bekannt waren, nahm einen Waage-Aszendenten an, weil er der Ansicht ist, dass eine Frau, die in einem Ausmaß wie kaum eine andere Titelblätter von Illustrierten und Magazinen schmückte, eher dem Waage-Aszendenten zuzuordnen ist, während er von einer Frau mit Schütze-Aszendenten und einer Planeten-Ballung im neunten Haus ein urtümliches, »wildes« Aussehen (mit großen Schneidezähnen) erwarten würde. Der Autor dieses Artikels, der mit dem Koch-Häuser-System arbeitet, gesteht dann, dass nach der Placidus-Methode die »übermäßige« Schütze-neunte-Haus-Thematik nicht auftritt.

Hätte der Autor die Geburtszeit 19.45 Uhr verwendet und miteinbezogen, dass sich der körperliche Typ beziehungsweise das äußere Erscheinungsbild nicht nur vom Zeichen, in dem der Aszendent steht, ausdrückt, sondern sich auch durch die Zeichenqualität der anderen kardinalen Häuserspitzen manifestieren könnte, dann hätte er die äußere Erscheinung – die Anmut und Schönheit – von Diana im Medium Coeli in der Waage erkennen können. Außerdem weist der Stand der transitierenden Planeten am Todestag von Diana im Vergleich zu ihrem Geburtshoroskop mit der Geburtszeit 19.45 Uhr auf eine sehr hohe Wahrscheinlichkeit der Richtigkeit dieses Geburtszeitpunkts hin. Dies näher zu erläutern würde heißen, vom Thema abzuschweifen. Doch eines sei noch gesagt: Der physische Tod kann nie und nimmer vorausgesagt werden.

Die physischen und psychischen Geburtserfahrungen

Von den vier Ecken ist der Aszendent der persönlichste und eindeutigste Punkt. Es ist der Punkt, wo sich die physische Welt mit der inneren individuellen Welt, also mit der persönlichen psychischen Welt trifft.

Am Aszendenten werden wir also geboren, da ist ein Anfangspunkt, ein Neubeginn, da machen wir den ersten selbständigen Atemzug, da inkarnieren wir in die Welt. Und die Geburt, die Inkarnation in die Welt, hat immer mit physischen und psychischen, also körperlichen und seelischen Erfahrungen zu tun.

Der Aszendent – und irgendwie auch das erste Haus – ist eine Art Linse, durch die sozusagen ein nach innen gerichteter und ein nach außen gerichteter Strom fließt. Der nach innen gerichtete Strom bezieht sich auf die Wahrnehmungen und Erfahrungen, die das Individuum mit der Welt macht; der nach außen gerichtete Strom bezieht sich auf die eigenen Eigenschaften, auf die äußere Personalität, das Ich-Gefühl[51], auf das Verhalten, auf die Einstellung dem Leben gegenüber (Lebensgefühl) und auf die Art, wie man Neues in Angriff nimmt.

Die grundsätzliche Einstellung dem Leben gegenüber beginnt bereits mit der Geburt. Die physischen und psychischen Erfahrungen während des Geburtsprozesses entsprechen den Qualitäten, die durch das Zeichen, in dem der Aszendent steht und den Energien der Planeten, die eventuell in der Nähe des Aszendenten oder im ersten Haus stehen[52], ausgedrückt werden. Dazu nun einige Beispiele:

Menschen mit Skorpion-Aszendenten oder mit Pluto in der Nähe des Aszendenten berichten häufig, dass sie bei der Geburt die Nabelschnur um den Hals gehabt oder sonst eine schwere, verzögerte Geburt hatten. Fruchtwasservergiftungen (grünes Fruchtwasser!) und Aufenthalt in einem Inkubator gehören auch hier her. Einige erzählen, dass ihre Geburt aus irgendeinem Grund nicht gerade erwünscht war, oder dass in der Mutter beziehungsweise in der Familie gerade eine verzweifelte und/oder todesähnliche Stimmung herrschte, die das Neugeborene mitbekommen hat. So eine Geburt hat einfach das Thema »Kampf ums Überleben« – physisch und psychisch.

Und so wird der Mensch mit Skorpion-Aszendenten oder mit Pluto in der Nähe des Aszendenten das Leben immer irgendwie als

»Kampf ums Überleben« wahrnehmen und erfahren. Und er wird sagen: »Ich bin vorsichtig gegenüber den Motivationen anderer Menschen, und ich zeige meine Gefühle nicht eher, bis ich genau weiß, mit wem ich es zu tun habe, denn meine Erfahrungen haben mich gelehrt, dass das Leben und die Menschen eine dunkle Seite haben, und dass sie dich verletzen und zerstören wollen – und deshalb musst du auf der Hut sein!«

Dieses misstrauische Lebensgefühl beginnt bereits bei der Geburt. Und wenn sich dieser »Kampf ums Überleben« nur auf der seelischen Ebene abgespielt haben sollte, dann können jene Menschen diese Erfahrung bestätigen, die in einer Therapie ihre Geburt wiedererlebt haben. Vielleicht war man *nur!* als Mädchen nicht willkommen, denn die Eltern haben einen Buben erwartet. Dieses Nichtwillkommensein als Mädchen ist als psychischer Kampf ums Überleben anzusehen.

Auch Menschen mit Steinbock-Aszendenten oder Saturn in der Nähe des Aszendenten erzählen oft, dass sie eine verzögerte, beschwerliche Geburt hatten. Vor allem wenn Saturn am Aszendenten steht, kann es zu einer sehr beschwerlichen Geburt gekommen sein. Diese Menschen berichten, sie hätten eine Zangengeburt und Saugglockengeburt gehabt. Von einer Nabelschnur um den Hals wird auch bei dieser Konstellation berichtet.

Irgend etwas Beschränkendes oder Blockierendes wird den Eintritt in das Leben erschweren. Häufig ist es die beschränkte Bindung an die Mutter, weil diese vielleicht krank oder depressiv war; oder das Kind war selbst krank und musste in einem Inkubator liegen.

Die wesentliche Einstellung dieser Person gegenüber dem Leben wird diese beschränkende, kalte, harte Erfahrung beim Eintritt ins Leben reflektieren. Dieses Individuum wird normalerweise über viele Jahre das Gefühl haben, durch die äußere Welt behindert zu werden, und auch dieses Individuum wird den Menschen nicht besonders vertrauen. Jeder Versuch, sich selbst zum Ausdruck zu bringen oder etwas Neues zu beginnen, wird von der Erwartung begleitet sein, dass es ein harter Start und ein beschwerlicher Weg sein wird.

Bei Menschen mit Chiron in der Nähe des Aszendenten werden ebenfalls dramatische Geburten beobachtet. Und immer wieder höre ich von Klienten mit Chiron am Aszendenten oder im ersten Haus: »Irgendwie habe ich das Gefühl, überhaupt nicht existieren zu dürfen – ich bin ein Außenseiter!« Und es fehlt ihnen an Initiative und Durchsetzungskraft vor allem in bezug auf die eigene Person – für andere können sie eher in Aktion treten und Hilfe anbieten.

Bei Kindern mit Widder-Aszendenten oder Mars in Konjunktion zum Aszendenten erfolgt die Geburt wahrscheinlich ziemlich spontan und kämpferisch, wobei Mars am Aszendenten auch auf einen Kaiserschnitt hindeuten kann oder eine Operation war unmittelbar nach der Geburt oder in den ersten Jahren notwendig.

Ein Wassermann oder Uranus am Aszendenten wird die Geburt als eine befreiende Erfahrung empfunden haben. Mitunter erfolgte die Geburt hier sehr »künstlich« durch Kaiserschnitt oder Gabe von Wehenmitteln (Saturn ist Mitherrscher!). Geburten durch Kaiserschnitt und Wehenmittelgabe sind auch bei Pluto am Aszendenten zu beobachten.

Menschen, die durch Kaiserschnitt auf die Welt kommen, bleibt der »intitiale Kampf« durch den Geburtskanal vorenthalten, und sie versuchen im späteren Leben in der Regel, den leichtesten Weg zu gehen.

Mit Fische-Aszendent oder Neptun in Nähe des Aszendenten kann das Geborenwerden als Vorgang erfahren werden, bei dem man keinen Willen und keine Wahl hat. Hier fehlt meist die Komponente des Kämpfens (Mars-Widder), die zum Geburtsprozess gehört. Es wird immer wieder beobachtet, dass die Mütter dieser Kinder während der Geburt mit Medikamenten betäubt wurden. Diese Betäubung bekommen auch die Kinder ab, und im späteren Leben gehen diese Kinder die äußere Realität auch mit Passivität an; sie stehen Auswahlmöglichkeiten und Herausforderungen ziemlich kraftlos und ängstlich gegenüber, besonders wenn die Gefahr besteht, getrennt oder verlassen zu werden. Kraft kann zeitweise auch vorgetäuscht werden, wenn sich das Individuum in die Erlöserrolle begibt. Hier besteht also die Neigung, sich wie ein Chamäleon zu verhalten.

Erster Lebenseindruck – Lebensgefühl – Ich-Gefühl

Die physische und psychische Geburtserfahrungen prägen also den ersten Lebenseindruck, das Lebensgefühl und das Ich-Gefühl gemäß dem aufsteigenden Zeichen (und eventuell vorhandener

Planeten in der Nähe des Aszendenten). Dieser erste Lebenseindruck wird auf dem Weg durch das Leben mitgenommen. Alle wesentlichen Wahrnehmungen und Erfahrungen im Leben, die von außen zu kommen scheinen, scheinen sich schicksalhaft zu wiederholen – sie reihen sich aneinander wie Perlen auf einer Schnur, auch wenn sie wechselnde Farben tragen – der Aszendent ist die Schnur, die Perlen sind die sich wiederholenden Erfahrungen, die erste Perle ist die Geburtserfahrung. Das Leben fordert uns immer wieder auf, die Qualitäten des Aszendenten zu entwickeln, indem es uns mit Angelegenheiten in der Umwelt konfrontiert, die charakteristisch für jene Qualitäten sind, und zwar so lange, bis wir erkennen, dass die Erfahrungen unser persönliches »Los« darstellen, das es zu verinnerlichen gilt.

Zu solchen Aufforderungen, die sich in äußeren Ereignissen (oft handelt es sich um Somatisierungen[53] einschließlich Unfälle) und inneren Erfahrungen manifestieren können, kommt es, wenn langsam laufende Planeten, die Mondknoten oder Eklipsen den Aszendenten oder seinen/seine Herrscher in einem wichtigen Aspekt transitieren. Auch progressive Planeten über den Aszendenten in der Radix haben mit solchen Angelegenheit zu tun. Planeten eines anderen Menschen, mit dem wir in irgendeiner Beziehung stehen, die beim Horoskopvergleich auf unserem eigenen Aszendenten stehen, haben ebenfalls eine auslösende Wirkung. Die Ereignisse und Erfahrungen, die immer im symbolischen Zusammenhang mit unserem Zeichen am Aszendenten stehen, wollen uns jedoch nicht übel – sie fordern uns nur auf, die Qualitäten des Aszendenten auf eine bewusstere Ebene zu bringen, um unser persönliches Los, das Kernthema unserer individuellen Bestimmung, unsere persönliche Lebensaufgabe erfüllen zu können. Konjunktionsaspekte wirken am stärksten. Solche Übergänge beschreiben symbolisch einen Geburtsprozeß; sie rütteln äußerst kräftig, damit die tiefe Ebene des Aszendenten die Möglichkeit hat, ins Bewusstsein zu gelangen. Bei Oppositionsaspekten manifestiert sich die Wirkung meist über eine andere Person, die als Katalysator dient; letztendlich ist es jedoch eine Aufforderung an uns selbst, unsere eigenen aszendierenden Qualitäten in ihrer Tiefe zu erkennen und zu entfalten.

Persona: Persönliches Image, Auftreten, Verhalten

Das Ich-Gefühl steht in Beziehung zur *Persona*. Das ist ein Begriff, den Jung aus der griechischen Tragödie entlehnt hat. Persona meint Maske; der Schauspieler trug eine Maske, um dem Publikum seine Rolle zu verdeutlichen – im griechischen Theater gab es keine weiblichen Darsteller. Die Persona beinhaltet das persönliche Image (Kleidung, Haarstil usw.), Auftreten und Verhalten – jeder Mensch stellt sich entsprechend seinem Aszendenten der näheren Umwelt und entsprechend seinem Medium Coeli in öffentlichen Situationen dar. Bei einigen Menschen ist die Kluft zwischen Aszendent und Medium Coeli ziemlich klein, bei anderen hingegen recht groß, wenn beispielsweise zwischen den beiden Zeichen, in dem der Aszendent und das Medium Coeli stehen, eine Reibung besteht oder zwischen Planeten am Aszendenten und am Medium Coeli eine Quadratur vorliegt.

Jung definierte die Persona als ein Anpassungssystem oder jene Manier, in der wir mit der Welt verkehren. Wir können sie auch als Ich-Hülle bezeichnen. Die Persona ist jedoch mit dem Ich (Sonne) nicht identisch, sondern sie ist ein Kompromiss zwischen Individuum und Umwelt, also ein Kompromiss zwischen den inneren Bedürfnissen des Individuums und den Forderungen der Umwelt.

Dem Ich wird also ein freundliches Verhaltens-Mäntelchen umgehängt, es schlüpft in eine Rolle: »So möchte ich mich der Umwelt zeigen, so möchte ich erscheinen, so möchte ich gesehen werden!« Das Umhängen des Mäntelchens ist nicht negativ zu bewerten, wenn das Individuum nicht den Fehler begeht, sich mit dieser selbstdarstellenden Rolle zu stark zu identifizieren. Identifiziert man sich mit dieser Rolle zu stark, dann erstarrt man in ihr und liefert sich damit den verborgenen trügerischen Seiten der Psyche aus. Diese Erstarrung hängt mit einem stark unterdrückten Ich (Sonne) zusammen.

Wenn der Mensch die Rolle einigermaßen leicht und locker nimmt, wird er im Laufe der Jahre Zugang zu seiner tiefen Aszendentenebene (Kernthema) bekommen.

Der Aszendent in der ersten und zweiten Lebenshälfte

Der Aszendent braucht zur Entfaltung – wie ein guter Wein – viel Zeit. In der ersten Lebenshälfte drückt sich der Aszendent eigentlich nur auf der körperlichen Ebene und in immer wiederkehrenden charakteristischen Erfahrungen mit der Umwelt aus. Zunächst scheint es eher als repräsentiere die äußere Welt unseren Aszendenten und nicht wir selbst. Die Qualitäten, die das aufsteigende Zeichen symbolisiert, werden oft für lange Zeit nicht als die »eigenen« empfunden, im Gegensatz zu denjenigen von Sonne und Mond[54], insbesondere dann nicht, wenn beispielsweise das Element, in dem der Aszendent steht, für das restliche Horoskop nicht verlockend ist. Unsere Persona entspricht zwar normalerweise den Qualitäten des jeweiligen Aszendenten, aber innerlich fühlen sie sich für gewöhnlich nicht als zu uns gehörend an – vor allem nicht die weniger schönen, die sind uns zunächst total fremd. Ein junger Mensch mit Widder-Aszendenten wird sagen: »Mir begegnen immer wieder aggressive Menschen; ich selbst bin nicht aggressiv und diese Aggressivität ist so unangenehm!« Wenn wir das Aszendentenzeichen nicht mögen, dann projizieren wir auch die positiven Züge in die unmittelbare Umgebung. Im ersten Teil unseres Lebens lebt der Großteil von uns – wenn überhaupt – nur die oberflächliche, äußere Ebene des Aszendenten.

Bis zum Eintritt in das Erwachsenenalter haben wir eine Ich-Hülle (Persona) kreiert, die die Geburtserfahrung und alle »schicksalhaften« Erfahrungen, die wir inzwischen erlebt haben, widerhallen lässt, und wir sind überzeugt, dass unsere Persona und unsere Lebenseinstellung durch diese Erfahrungen, die wir mit der äußeren Welt gemacht haben, geformt wurden. Doch jetzt sollten wir allmählich erkennen, dass das, was von »da draußen« auf uns zukommt, unser persönliches Los beziehungsweise das Kernthema unsere persönliche Bestimmung anzeigt, die es zu erfüllen gilt – wir können unserem tiefen Aszendententhema nicht entrinnen. Und wenn wir dieses »Los« annehmen, wenn wir unsere individuelle Bestimmung im Zusammenspiel mit der Sonne entwickeln, dann erreicht auch die Persona ihre volle Blüte.

Das Zusammenspiel von Aszendent und Sonne

Das aufsteigende Zeichen zeigt uns unser persönliches Los beziehungsweise das Kernthema unserer persönlichen Bestimmung an, das es im Zusammenspiel mit der Sonne zu entwickeln gilt. Oder bildhaft ausgedrückt: Die Sonne – unser Wesenskern – ist der Held, der eine individuelle Aufgabe (gemäß der Sonnenkonstellation in Haus, Zeichen und Aspekten) zu erfüllen hat. Der Aszendent jedoch zeigt uns anhand des Kernthemas (des jeweiligen Zeichens) den Weg, wie wir dort hingelangen. Um dieses überhaupt zu erkennen, müssen wir in der äußeren Welt viele Erfahrungen machen.

Wenn zum Beispiel jemand im Widder geboren ist und sein Aszendent im Steinbock steht, dann sollte er Führungsqualitäten (Widder) entwickeln. Die Entfaltung dieser angeborenen Fähigkeit wird sich jedoch erst dann kreativ gestalten, wenn er Disziplin, Struktur und Selbstrespekt (Steinbock) erlernt. Zunächst wird ihm die steinböckische Qualität jedoch als begrenzendes Prinzip aus der Umwelt entgegenkommen und zwar solange, bis er erkennt, dass er die Steinbock-Qualitäten in sich selbst entwickeln muss.

Das aufsteigende Zeichen zeigt uns also unser Kernthema an, das wir entwickeln und mit der Sonne als Träger verbinden sollten. Dies ist unsere persönliche Lebensaufgabe, unsere persönliche Berufung, unser persönliches Ziel. Die Einbeziehung des Kernthemas unseres Aszendenten in unser eigenes Wertesystem hat nicht nur eine integrierende Wirkung auf die Sonne, sondern auf die ganze Persönlichkeit. Und wir werden zumindest im Nachhinein zweifelsohne erkennen, dass wir durch all diese »schicksalhaften« Erfahrungen gehen und den geforderten Preis zahlen mussten.

Dass wir das Kernthema des Aszendenten im Zusammenspiel mit der Sonne in eine *persönliche* Berufung umwandeln können, sehen wir, wenn wir uns eine Gruppe von bekannten Persönlichkeiten mit gleichem Aszendenten anschauen; hier können wir das Thema sehen, mit dem sie ein Leben lang gerungen haben. Goethe, Freud, Adler, Lawrence, Nietzsche und Mussolini hatten beispielsweise einen Skorpion-Aszendenten – sie alle haben auf irgendeine Art und Weise mit dem Thema Stirb und Werde, Leben-und-Todes-Kampf, Leidenschaftlichkeit, Sexualität und Spiritualität oder Macht- und Erkenntnisdrang gerungen – dieses Thema hat sie völlig in Anspruch genommen.

Sigmund Freud hatte eine Stiersonne, aber der Bereich, der ihn ganz besonders intensive interessierte, mit dem er rang, um ihn zu verstehen und den er zu verdichten suchte, war skorpionisch. Diesen skorpionischen Bereich nannte er das *Es* (Unterbewusstes). Und die zwei Instinkte, denen er die größte Wichtigkeit in der menschlichen Psychologie zuschrieb, waren der Sexual- und der Todestrieb. Freud bezeichnete seine psychologische Lehre zwar als »Naturwissenschaft« (Stier-Sonne!), aber wovon er sich getrieben fühlte, es zu erforschen, es zu verstehen, es zu interpretieren und in einen *Ruf* zu verwandeln, diese Energie kommt vom Skorpion-Aszendenten. Die ganze Freudsche psychoanalytische Literatur ist skorpionisch. Jung hatte einen Wassermann-Aszendenten; vorausschauend sagte er: »Sexualität ist nicht alles, da gibt es auch noch ein kollektives Unbewusstes und es gibt auch spirituelle Werte.« Das ist der wassermännische Körper der Jungschen psychologischen Theorie.

Alfred Adler, ein Schüler von Freud, versuchte ebenfalls den Bereich des *Es* zu verstehen. Sein psychologisches Lehrgebäude fußt jedoch auf dem Machtstreben aufgrund von Minderwertigkeitskomplexen – körperlicher oder sonstiger Art. Und er war der Ansicht, dass das Machtstreben durch das Sich- Einfügen in die Gemeinschaft (Wassermann-Sonne!) abzubauen sei.

David Herbert Lawrence war ein Schriftsteller (Jungfrau-Sonne!) und Anhänger von Freud. Er schrieb ebenfalls über Sexualität und Tod. Die siedende Welt der Leidenschaften und die unterirdischen Kräfte waren seine Wahrnehmung von der grundlegenden Realität im Leben. Das ganze Werk von Lawrence ist skorpionisch, auch sein Stil ist skorpionisch – hypnotisch und schwer.

Johann Wolfgang Goethe war viel fließender. Aber Faust, sein Lebenswerk, ist skorpionisch: »Kontrolldrang über die Macht des Wissens». Goethe verbrachte sein ganzes Leben damit, dieses Werk zu vollenden; es hat ihn voll in Anspruch genommen. Das faustische Thema hat ihn getrieben, er hat damit auf literarischer Ebene (Jungfrau-Sonne!) gerungen, er versuchte es zu verstehen. Goethe ist in die Dunkelheit hinabgestiegen und hat das »Dunkle« von unten nach oben geholt und gelernt, es verantwortlich – und nicht subtil und manipulativ – zu nutzen.

Friedrich Nietzsche rang ebenfalls lebenslang mit skorpionischen Themen; beispielsweise der »Übermensch« als Inbegriff des »Willens zur Macht« in Zarathustra und seinem Haß gegenüber dem Christentum, »dem Schandfleck der Menschheit«.

Benito Mussolini (Il Duce) wurde vor allem von Nietzsches »Übermenschen« beeinflusst. Mussolini repräsentiert die Urzelle des Faschismus, dessen Grundgedanke ein autoritärer oder totalitärer Einparteienstaat ist. Der Faschismus fordert von den Angehörigen der Bewegung Disziplin, Wille und Glaube und verherrlicht Gewalt, Kampf und Gefahr – alles ist sehr extrem, absolut, also skorpionisch.

Solche grundlegenden Beobachtungen können wir bei allen Aszendenten-Zeichen machen, nicht nur bei Menschen mit Skorpion-Aszendenten! Besonders bei Schriftstellern lässt sich dies sehr gut nachvollziehen. Wenn wir uns die Werke dieser Schriftsteller anschauen, werden wir erkennen, dass ihre Werke jeweils ihr eigenes Kernthema enthält, das sie zu verstehen versuchten und das sie in eine persönliche Berufung verwandelt haben.

Die Umwandlung des Kernthemas in eine persönliche Berufung bietet die kreativste Variante an, unser persönliches Los zu erfüllen. Damit sei jedoch nicht gesagt, dass uns dieser Weg vor den nötigen »schicksalhaften« Erfahrungen schützt, denn nur über sie gelangen wir zur tiefen Ebene, zum Kernthema des Aszendenten und zu seiner Integration.

An dieser Stelle möchte ich noch klarstellen, dass das Medium Coeli nicht unsere *persönliche* Berufung symbolisiert, sondern die Rolle, die wir in der Gesellschaft spielen wollen, welches berufliche Ziel wir dort erstreben, denn wenn ein starker Transit über das Medium Coeli geht, dann wird man seine beruflichen Ziele oder seinen Beruf wechseln; ein starker Transit über den Aszendenten enthüllt jedoch mehr vom wahren Wesen, das viel mehr im Aszendenten und in der Sonne liegt.

Die Aszendenten-Deszendenten-Achse

Das aufsteigende Zeichen (der Aszendent) beschreibt die Einstellung zu Beziehungen und wie man sich in Beziehungen präsentiert. Das deszendierende Zeichen (der Deszendent) beschreibt die Erwartungen an den anderen, weil uns diese Qualitäten für lange Zeit sehr unbewusst sind – auch die positiven. Der Deszendent liegt eben im »Schatten« des Aszendenten und deshalb identifizieren wir uns normalerweise nicht mit seinen Eigenschaften, sondern projizieren sie auf den anderen. Doch früher oder später ist die Identifikation mit diesen Qualitäten notwendig, um eine ausbalanciertere Perspektive zu gewinnen. Hinweise auf unsere Beziehungsmuster gibt uns jedoch nicht nur der Deszendent, sondern da spielen auch noch andere Faktoren mit.

Aszendent und erstes Haus

Alles, was im ersten Haus steht, hat eine Beziehung zum Aszendenten, denn das erste Haus wird vom Aszendenten regiert. Die Planeten in einem angeschnittenen oder eingeschlossenen Zeichen können nur durch den Aszendenten arbeiten, das heißt, diese Planeten sind abhängig vom Zeichen, das am Aszendenten steht; sie können sich nur entwickeln, wenn man sich mit dem aufsteigenden Zeichen beschäftigt. Das Aszendenten-Zeichen ist letztendlich der Faden, der alle wichtigen Erfahrungen in unserem Leben verbindet. Es zeigt uns das Kernthema an, das uns zur Sonne führen und die Integration der ganzen Persönlichkeit ermöglichen kann.

Planeten in der Nähe des Aszendenten

Im Gegensatz zum Kernthema, das *nur* durch das aufsteigende Zeichen angezeigt wird, haben die Planeten, die in der Nähe des Aszendenten oder im ersten Haus stehen, eine ergänzende Wirkung auf alle anderen Aszendenten-Themen wie Geburtserfahrung, leiblicher Typus, Persona usw.; je näher sie dem Aszendenten sind, umso stärker ist ihre Wirkung. Bei Planeten, die noch im zwölften Haus stehen, gilt ein Orbis von 10°. Planeten in Konjunktion mit dem Aszendenten können Konflikte bedeuten, wenn ihre Energien im Widerspruch zum Aszendenten-Zeichen stehen. Ein Neptun am Löwe-Aszendenten wird den Drang nach Individualität (Löwe) sicherlich stark verwässern, den Neptun repräsentiert ein Prinzip das nach Auflösung der Ich-Grenze strebt.

In bezug auf das Kernthema des Aszendenten wirken die dynamischen Energien der Planeten insofern, indem sie die Art und Weise der Entwicklung des Kernthemas färben. Beispielsweise muss ein Individuum mit Steinbock-Aszendent das Kernthema des Steinbocks entwickeln; es wird dies jedoch auf eine extreme, intensiv-leidenschaftliche und manchmal explosive Art und Weise tun, wenn Uranus und Pluto in der Nähe des Aszendenten stehen.

Aszendentenherrscher – Geburtsherrscher

Bei der Deutung des Aszendenten ist es auch wichtig, die Position des Aszendentenherrschers (Geburtsherrscher) zu betrachten. Die Hausposition des Geburtsherrschers zeigt an, in welchem Lebensbereich sich die Qualitäten des Aszendentenzeichens am besten entwickeln können. Der Aszendentenherrscher ist ein Teil des Aszendenten, er ist der Gott, der über das aufsteigende Zeichen herrscht; beide – Aszendentenherrscher und aufsteigendes Zeichen – haben mit unserer persönlichen Bestimmung zu tun.

Wenn zum Beispiel der Aszendent in der Jungfrau steht, dann ist Merkur der Geburtsherrscher. Und wenn Merkur im vierten Haus steht, dann wird dieser Mensch sein Kernthema (persönliche Integrität) über das Verstehen lernen seiner Wurzeln, seines familiären Hintergrundes (viertes Haus) am besten entwickeln können.

Checkliste zur Interpretation des Aszendenten

- Das Aszendenten-Zeichen (auf oberflächlicher und tiefer Ebene)
- Der Aszendent in bezug zu den anderen Ecken (MC, IC, DC)
- Der Aszendent in Beziehung zur Sonne
- Die Haus-Position des Aszendenten-Herrschers
- Planeten in der Nähe des Aszendenten
- Transit- und Progressions-Aspekte zum Aszendent und seinem Herrscher
- sowie zu seinem Mitherrscher (bei einem kollektiven Zeichen) für die   Betrachtung der aktuellen Situation des Horoskopeigners.

Der Aszendent
in den einzelnen Tierkreiszeichen

Wenn wir nun den Aszendenten in den einzelnen Zeichen auf der oberflächlichen und tiefen Ebene besprechen, so sei vorausgeschickt, dass sich die sogenannte oberflächliche (unechte, unreife) Ebene mit der tiefen (echten, reifen) Ebene natürlich immer etwas überschneidet. Das heißt, im Laufe der Entwicklung lebt man nicht ausschließlich zuerst die oberflächliche und dann plötzlich nur noch die tiefe Ebene. Aus didaktischen Gründen werde ich jedoch versuchen, die beiden Ebenen des jeweiligen Zeichens möglichst isoliert darzustellen – tatsächlich handelt es sich um graduelle Übergänge.

Und ich möchte nochmals daran erinnern (siehe Kapitel »Der Aszendent in der ersten und zweiten Lebenshälfte«), dass wir die Qualitäten, die das aufsteigende Zeichen symbolisiert, in der ersten Lebensphase oft nicht als die »eigenen« empfinden.

Die Aszendenten im Element Feuer

Widder-Aszendent: Wenn der Aszendent im Zeichen Widder steht, dann kommt man mit der (unbewussten) Absicht in die Welt, sich hier aktiv, mutig und direkt durchzusetzen, selbst die Initiative zu ergreifen – so irgendwie unter dem Motto: »Jetzt komme ich – es kann losgehen! Ich bin mutig und will der Erste sein! Ich will meine Kraft spüren und in Taten umsetzen, ich will die Welt erobern, ich will die Unterdrückten retten!«

Der Widder tut dies zuerst mal oft auf eine sehr tolpatschige, unpassende, rüppelhafte Art und Weise und eckt damit in seiner

Umgebung an, weil diese seine Direktheit als aggressiv empfindet. Der Widdertypus ist in unserer Gesellschaft nicht geschätzt. Und mit der Zeit bekommt er dann deshalb oft das Gefühl, dass dieses Verhalten nichts bringt. Sie oder er lässt sich dann ständig auf Kompromisse ein und steckt seine Tatkraft und Selbstbehauptung weitgehend zurück, das heißt, man lebt nun weitgehend das gegenüberliegende Zeichen Waage auf der oberflächlichen, unreifen Ebene.

Das ständige Eingehen auf Kompromisse und die Unterdrückung der Tatkraft und Selbstbehauptung führt aber dann dazu, dass in ihm ein Energiestau entsteht, und dieser führt dann tatsächlich zu einer oft ungeahnten starken Aggressivität, die sich in unsinnigen Wutausbrüchen, Kopfschmerzen, Gesichtsneuralgien, Hirnhautentzündungen und anderes mehr ausdrückt.

Wenn der Widder die Selbstbehauptung nicht lebt, zieht er oft Menschen oder Ereignisse an, in denen sich dieser Archetypus nicht auf die angenehmste Weise spiegelt. Man erfährt beispielsweise einen dominanten und einschränkenden Vater, auf den ein tyrannischer Lehrer oder Vorgesetzter folgt; bei Widder-Frauen ist es häufig ein dominierender oder tyrannischer Ehemann oder ein tyrannisches Kind. Ein Brand könnte beispielsweise ein widdriges Ereignis sein.

Deshalb der Rat an Menschen mit Widder-Aszendenten (und alle anderen Widderbetonten): Geht aus euch heraus, behauptet euch, geht nicht ständig Kompromisse ein, ihr selbst seid wichtig. Und sucht nach keinen Entschuldigungen: »Ich kann nicht wegen der Eltern, dem Partner, den Kindern, dem Geschäft, der Gruppe etc.« Das hört sich zwar alles sehr einfach an, tatsächlich ist die Umsetzung des Widderprinzips jedoch sehr schwierig.

Mit einem Widder-Aszendeten ist man also zur Selbstbehauptung, zu eigenem schöpferischen Tun und Handeln aufgerufen; man sollte nicht zuwarten, bis etwas geschieht. Man muss die eigene Energie, die eigene Kraft vornehmlich nach dem eigenen Willen umsetzen, man muss eine Neuordnung nach eigenen Maßstäben schaffen – und das hat seinen Preis.

Und der Preis ist: Die Kompromißbereitschaft minimieren (nicht ganz aufgeben!), sich von der Identifikation mit den väterlich-kollektiven Maßstäben lösen, sich von der Identifikation mit der Umgebung lösen, eigenständige Handlungen gemäß dem eigenen Willen setzen und dafür die alleinige Verantwortung tragen, und die Einstellung gewinnen: »Ich selbst bin wichtig!« Dabei sollte man jedoch nicht in Selbstüberhebung gleiten. Man muss die Bereitschaft entwickeln, mutig ins Leben hinauszugehen, Risiken einzugehen und Konflikte mit anderen Menschen auszutragen, und ihre »Feindschaft« nicht zu fürchten, selbst wenn man zunächst allein und isoliert dasteht.

In der Isolation – die nicht unbedingt physisch zu sehen ist – erfolgt dann die individuelle Geburt, die geistige Reifung, die individuelle geistige Identität – und das ist das Kernthema, die tiefe, echte und reife Ebene der Menschen, die unter dem Widder geboren wurden.

Das alles hört sich – wie schon erwähnt – sehr einfach an, aber es ist tatsächlich sehr schwierig: All die schrecklichen Verwirrungen und Verletzungen, die entstehen, wenn man sich so verhält; eine Verhaltensweise, die in unserer Gesellschaft als purer Egoismus abgestempelt wird. Über diese negative Klassifikation muss man sich jedoch hinwegsetzen, man muss sie aushalten.

Äußeres Erscheinungsbild: Der Widdertypus drückt sich durch ein lebhaftes, energisches Gesicht mit einem interessierten und wachen, aber häufig unsteten Blick aus. Die Lippen sind eher schmal und die Haare meist dunkel kleingelockt oder kraus (»wie ein Schaf«). Sein Körper ist hager bis kräftig, kernig-muskulös (der später auch an Volumen zunehmen kann) und weist meist eine geringe Körpergröße auf. Sein Verhalten ist fröhlich und direkt und keineswegs feindselig; für langsames Denken und Handeln anderer hat er jedoch kein Verständnis. Die Bewegungen sind meist rasch und impulsiv. Er wirkt lange jugendlich. Mit Vorliebe trägt er sportliche Kleidung.

Ich möchte hier nochmals darauf hinweisen, dass sich der leibliche Typus beziehungsweise das äußere Erscheinungsbild auch in anderen Horoskopfaktoren spiegeln kann (siehe Seite 112) und deshalb muss ein Mensch mit Widder-AC nicht unbedingt ein widderhaftes Aussehen haben. Dies gilt auch für alle anderen Aszendenten-Zeichen.

Zugeordneter Körperbereich: Dem Widder werden der Kopf, die Zähne, die quergestreifte Muskulatur, die Arterien, die Nägel, die

Haare, die Nebennieren und die Gallenblase zugeordnet. Der Widder geht oft »mit dem Kopf durch die Wand« (unüberlegte Durchsetzung). Die Zähne symbolisieren die »Messerschneide«. Die quergestreifte Muskulatur benötigt er für die Aktion, für den Kampf. Die Arterien enthalten frisches, sauerstoffreiches Blut, das den Körper vitalisiert. Die Nägel können als Kampfinstrument dienen und die Haare (samt Bart) symbolisieren den Sitz der Potenz. In den Nebennieren wird Adrenalin produziert; das ist ein Streßhormon und wird für den Kampf oder die Flucht benötigt. In der Gallenblase wird die Galle gespeichert (vor Wut und Zorn »Gift und Galle spucken«), und dort können sich Gallensteine bilden (Steinbock!). Dem Widder werden auch entzündliche und fiebrige Prozesse zugeordnet. Die Entzündung ist ein Ausdruck nicht gelebter Aggression und das Fieber symbolisiert »Abwehrkraft« des Körpers. Hier geht es also um das Prinzip Angriff, Abwehr, Durchsetzung, Aggression.

Somatisierungsmöglichkeiten: Wenn man die Widderenergien nicht lebt oder sie nur unbewusst lebt, dann leidet man vielleicht an Schlafstörungen (durch innere Unruhe), Kopfschmerzen, Migräne, Gesichtsneuralgien, Hirnhautentzündung, Gehirnarteriosklerose, Gehirnschlag, Muskelzerrungen und -rissen, chronische Gereiztheit, unsinnigen Wutausbrüchen, Schwindelanfällen (durch Ohnmachtsgefühle), Allergien (als Ausdruck von Gereiztheit), brüchigen Nägeln, Haarausfall und entzündlichen Hauterosionen. Vielleicht knirscht man auch nachts mit den Zähnen und hat permanente Zahnprobleme oder Gallenkoliken. Manchmal rutscht man aber auch in eine Depression.

Bevor ich zum nächsten Feuerzeichen übergehe, möchte ich noch einige Ausführungen in bezug auf Aggressivität, Überkompensation und Nichtleben des Feuers machen:

Der Widder ist in sich nicht aggressiv! Aggressivität entsteht durch Überkompensation! Ein aggressives Verhalten maskiert sehr oft eine riesige Furcht vor Selbstbehauptung, Selbstdurchsetzung. Sehr aggressive Menschen sind jene, deren Ego (Identität, Individualität) ganz schwach entwickelt ist; sie fühlen sich innerlich nicht als Widder, nicht als eigenständiges Individuum. Mit ihrem aggressiven Verhalten geben sie sich der Illusion hin, sie lebten ihre Widderenergien und das glauben auch die anderen. Dahinter steckt jedoch eine tiefe persönliche Unsicherheit und Abhängigkeit von anderen, von kollektiven Maßstäben. Der echte Widder muss wirklich lernen, für sich alleine dazustehen, anstatt den Abstand zu den anderen beziehungsweise die Selbstdurchsetzung bloß durch aggressives Verhalten auszudrücken. Diese Menschen minimieren nicht die Kompromisse, sondern machen überhaupt keine; sie legen nur ein plumpes Entweder-Oder-Gebaren an den Tag und neigen zur Willkür und Gewalt.

Es kann auch sein, dass das übrige Horoskop ziemlich feurig ist; vielleicht steht der Widder-Aszendent in Konjunktion mit dem Mars oder Sonne und Mond stehen im Widder etc. Hier besteht dann die Gefahr, dass die Horoskopeignerin beziehungsweise der Horoskopeigner sehr ungestüm und/oder egozentrisch ist. Es ist sicherlich besser, der Selbstbehauptung und Selbstdurchsetzung zunächst freien Lauf zu lassen, denn wenn man seine eigene Kraft entdeckt und den Mut gefunden hat, sich selbst zu sein, kann man sich allmählich die kreativeren und reiferen Eigenschaften des Zeichens aneignen.

Wenn das übrige Horoskop sehr feurig ist, kann es auch sein, dass sich der Horoskopeigner beziehungsweise die Horoskopeignerin ihr Feuer gar nicht zu leben getrauen, weil sie Angst haben vor der eigenen »Feurigkeit«. Bei Unterdrückung des Feuers kommt es dann immer wieder mal zur Somatisierung oder anderen äußeren Ereignissen: Vielleicht begegnet man aggressiven Mitmenschen oder man nimmt sich einen aggressiven Partner, der die eigenen, aber angestauten Energien widerspiegelt.

Wenn andere Komponenten im Horoskop auf ein sanftes oder zurückhaltendes Wesen hinweisen oder wenn Mars verletzt ist[55], wird es einige Kämpfe kosten, die Widder-Eigenschaften zu entwickeln. Auch hier kommt es dann immer wieder mal zur Somatisierung oder anderen, äußeren Ereignissen.

Löwe-Aszendent: Wenn der Aszendent im Zeichen Löwe steht, dann kommt man mit dem (unbewussten) Vorsatz in die Welt, sich selbst darstellen zu wollen – so irgendwie unter der Devise: »Schaut her – ich bin der König! Ich strahle und leuchte, ich gebe Wärme und Liebe ab – seid dankbar dafür – dafür will ich gebührende Anerkennung!«

Menschen mit Löwe-Aszendenten stellen sich vielleicht zunächst ziemlich prahlerisch, pompös, dominant, selbstgefällig, überheblich und theatralisch dar. Und häufig machen sie dramatische Versuche, Führerschaft zu erlangen. Hinter diesem Darstellungs- und Führungsdrang steht häufig eine Überkompensation für das schmerzliche Gefühl der eigenen Unsicherheit beziehungsweise eine übersteigerte Egozentrik.

Das Bedürfnis nach Anerkennung ist ungemein groß, man möchte so sehr etwas Besonderes sein, dass die Gefahr besteht, dass man letztendlich nur die Wünsche und die Bedingungen der anderen erfüllt, um zu jemanden zu gehören, um »anerkannt zu werden«.

Marilyn Monroe – zum Beispiel – hat immer das gemacht, was das Film-Studio von ihr erwartet hat, was der Agent von ihr erwartet hat, was das Publikum von ihr erwartet hat, was ihre diversen Ehemänner von ihr erwartet haben, was die Kennedy-Brüder von ihr erwartet haben. Sie hat sich jedoch nie ihre einzigartige Individualität bewusst gemacht und ausgedrückt. Der Glanz, mit dem sie sich dargestellt hat, war auf der tiefen persönlichen Ebene nicht echt.

Menschen mit Löwe-Aszendenten haben jedoch die Aufgabe, sich ihrer einzigartigen Individualität bewusst zu werden und diese Einzigartigkeit auch kreativ auszudrücken, was letztendlich (wie beim Widder) mit individueller Reifung zu tun hat – und die hat ihren Preis.

Und der Preis ist: Sich vom starken Zugehörigkeitsbedürfnis zu einer Gemeinschaft oder Gruppe zu lösen, nicht nur ausschließlich oder vorwiegend die Erwartungen anderer zu erfüllen. Man muss bereit sein, allein und isoliert dazustehen ohne Beifall von anderen, und zunächst den damit verbundenen Schmerz der Einsamkeit auszuhalten. Die Einsamkeit ist nicht unbedingt physisch zu sehen; man kann sich in einer Gemeinschaft befinden und dennoch einsam sein, weil sich die eigenen intellektuellen oder emotionalen oder sogar physischen Vorstellungen von denen der anderen unterscheiden. Und wenn man das »Eigene« ausdrückt, gerät man zweifelsohne in eine gewisse Isolation.

In der Einsamkeit kann jedoch individuelle Reifung geschehen, hier kann man sich selbst in seiner Einzigartigkeit wirklich schätzen und lieben lernen – die Liebe muss man im eigenen Herzen finden. Das kreative Ausdrücken der einzigartigen Individualität, ist das Kernthema der Menschen (Männer wie Frauen), die unten dem Löwen geboren wurden. Entwickeln sie dieses tiefe Thema, dann werden sie von anderen echte Anerkennung bekommen und werden anderen echtes Mitgefühl entgegenbringen können – dann ist sich der Sohn selbst ein Vater geworden, dann ist der Sohn zum König gereift – dann hat er seine instinkthaften Wurzeln gezähmt.

Äußeres Erscheinungsbild: Der unter dem Zeichen Löwe Geborene hat meist ein strahlendes Gesicht mit stark ausgebildetem Kinn und Kiefer und funkelnde Augen. Man erkennt ihn oft an seiner herrlichen Haarmähne. Sein Körper ist groß und muskulös, er hat breite Schultern, einen kräftigen Brustkorb und schmale Hüften; manchmal ist er auch untersetzt. Er imponiert durch seine aufrechte, stolze Haltung und durch sein majestätisches Auftreten. Sein Verhalten ist offen, direkt und freundlich, zuweilen auch sehr selbstgefällig und überheblich. Die Bewegungen sind geschmeidig. Die Kleidung ist dekorativ bis pompös; auffälliger Goldschmuck wird ebenfalls gerne getragen.

Zugeordneter Körperbereich: Dem Löwen werden die Augen (Iris) und das Herz samt Blutkreislauf zugeordnet. Dass die Augen sonnenhaft sind, wußte auch Goethe dichterisch zu formulieren: »Wär' nicht das Auge sonnenhaft, die Sonne könnt' es nie erblicken.« Das Herz ist das Zentrum des Blutkreislaufes, von dessen Funktion unser physisches Leben abhängt. Wem das Herz »wehtut«, der muss wach werden für die Anliegen seines Herzens. Ein lebendiges, mitfühlendes Herz kann nie brechen; wer an »gebrochenem Herzen« stirbt, wollte eigentlich nicht mehr leben.

Somatisierungsmöglichkeiten: Wenn die Löwenenergien nicht oder nur unbewusst gelebt werden, neigt der Mensch zu Weit- oder Kurzsichtigkeit samt möglicher Erblindung. Am häufigsten treten Kreislauferkrankungen wie Bluthochdruck und Herzerkrankungen auf; auch Anämie und Schwächezustände sind zu beobachten. Alles in allem kann die Vitalität erheblich gestört werden.

Schütze-Aszendent: Wenn der Aszendent im Zeichen Schütze steht, dann kommt man mit der (unbewussten) Erwartung in die Welt, hier Weite, Expansion, Fülle, Großzügigkeit, Gerechtigkeit und Freiheit zu erfahren – so irgendwie mit dem Leitgedanken:

»Leben und leben lassen!« oder »Es wird schon alles werden!« oder »Ich habe großes Vertrauen in das Leben und in Gott!«

Man schätzt sich selbst als vorbildlich weltoffen, weltgewandt, liberal, großzügig, tolerant, optimistisch und enthusiastisch ein und ist sehr reiselustig. Auf andere wirkt man jedoch mitunter auch selbstgerecht, unerträglich arrogant, großspurig, überheblich, maßlos, extravagant, pauschalisierend und missionarisch moralisierend. Die Gefahr der Überheblichkeit, Übertreibung und so weiter besteht vor allem dann, wenn wenig Erde da ist und/oder der Saturn schwach gestellt ist.

Menschen mit Schütze-Aszendenten jagen gerne dem gesellschaftlichen Trend nach. Sie umgeben sich mit »wichtigen, richtigen Leuten«, besuchen beispielsweise die »richtigen Restaurants« und knüpfen dort »richtige, wichtige Verbindungen« an, mit denen sie dann hausieren gehen. Damit wollen sie sich selbst und die anderen beeindrucken.

Die Problematik dieser Einstellung beziehungsweise Verhaltensweise liegt in der Schwierigkeit, sich den Grenzen der Realität anzupassen. Schützen glauben meist mehr sein zu müssen, als sie sind, und deshalb ist es auch schwer für sie, ihre eigene Identität zu finden. Sie werden dann aus ganz unbewussten Unzulänglichkeitsgefühlen heraus lieber zum »Trittbrettfahrer« bei berühmten Leuten. Oder sie sonnen sich als großzügige Wohltäter, und machen oft uneinlösbare Versprechen, die ihnen dann über den Kopf wachsen. Diese Verhaltensweise stellt hauptsächlich die oberflächliche Seite des Schützen dar, die instinkthaft-animalische Seite, die durch den Pferdeleib symbolisiert wird.

Zur oberflächlichen Seite des Schützen gehört auch die Tendenz, sich nur nach dem Oben, nach dem Universellen, nach dem göttlichen Geist ausrichten zu wollen; das Triebhafte, die Wunde, die er in seinem animalischen Teil trägt, möchte er verleugnen. Er möchte die Tatsache, dass er auch verwundet und verletzt ist, nicht an die Oberfläche kommen lassen, denn das würde doch zur hellen und optimistischen Seite des Schützens und seines Herrschers Zeus nicht passen; das kann er nicht zulassen, das wäre zu schmerzhaft.

Von Menschen mit Schütze-Aszendenten kann man immer wieder folgende Äußerungen hören: »Mir geht es ja so gut, ich habe so großes Vertrauen ins Leben, das Leben ist so sinnvoll, man muss nur fest darauf vertrauen, dann wird einem die Gnade Gottes schon zuteil werden!« Die darunterliegende Wunde, die oft tiefe Bitterkeit und Verletztheit, wird verdrängt!

Dieses angeborene Urvertrauen wird dann – wenn man es sich nicht immer wieder aufs Neue verdient beziehungsweise sich nicht um die tiefe Ebene des Schützen kümmert – meist um die Lebensmitte herum durch unangenehme Ereignisse erschüttert, die zur Fragestellung nach der dahinterliegenden Bedeutung, nach den tieferen Zusammenhängen aufrufen, die Schütze-Betonte sehr gut intuitiv erkennen können.

Menschen, die unter dem Zeichen Schütze geboren wurden, haben die Aufgabe, sich die verdrängte Wunde in ihrem animalischen Anteil bewusst zu machen und nach einem tieferen Sinn im Leben zu suchen, und dieses höhere Wissen an andere weiterzugeben. Letztendlich hat auch diese Aufgabe (Kernthema) mit individueller Reifung (wie beim Widder und Löwen) zu tun – und dafür ist ein Preis zu zahlen.

Und der Preis ist: Den lange vernachlässigten Körper lieben zu lernen. Erkennen, dass man auch einen triebhaften, verwundeten und verletzten Teil in sich trägt, dass man diese Wunde zulassen und sich nach dem tieferen Sinn der Wunde fragen muß. Man muss (wie bei den beiden anderen Feuerzeichen) bereit sein, allein und isoliert dazustehen – ohne den »wichtigen und richtigen Leuten«. Und den damit zunächst einhergehenden Schmerz der Einsamkeit muss man aushalten. Wenn man sich vom rein extrovertierten Leben mehr nach innen kehrt, wenn man eine andere »Wahrheit« findet als die anderen, dann werden diese anderen nicht mehr sagen: »Du bist einer von uns!«

Doch in der Isolation geschieht individuelle Entwicklung. Hier wird man zum wirklich Suchenden nach den tiefen Zusammenhängen, hier kann sich echte Weisheit, echte Philosophie[56] entwickeln. Echte Weisheit kann man sich nicht nur aus Büchern aneignen; letztlich kann sie sich nur aus der Annahme vergangener und künftiger schmerzhafter Erfahrungen und der Fragestellung nach dem tieferen Sinn der chironischen Wunde und des Lebens im allgemeinen herausentwickeln, ansonst gibt man nur philosophische Floskeln von sich und missioniert, man hat aber die tiefen Zusammenhänge nicht verstanden. Dem echten Lehrer – zu dem der Schütze sich entfalten sollte – ist die Synthese zwischen dem unvergänglichen Leben des Geistes und dem ebenso göttlichen Leben des Leibes gelungen, und gerade wegen seiner angenommenen Wunde kann er Hoffnung und Zuversicht in sich und anderen erzeugen.

Äußeres Erscheinungsbild: Der unter dem Zeichen Schütze Geborene hat meist ein rechteckiges und frisches Gesicht mit edlen Zügen, hoher Stirn, offenen, freundlichen Augen, großem Mund und vollen Lippen. Die Zähne sind oft etwas länger und stark ausgeprägt (»Pferdegebiß«). Der Körper ist groß und gut gebaut; er hat breite Schultern, einen kräftigen Brustkorb, die Hüften sind jedoch breiter als beim Löwen (bei Frauen oft sehr breit) und die Schenkel sind muskulös. Schützen neigen zu Gewichtsproblemen, denn dieses Zeichen liebt die Expansion. Es gibt jedoch auch einen schmaleren, »vergeistigten« Typus. Die Körperhaltung ist aufrecht und das Auftreten aristokratisch. Sein Verhalten ist freundlich und extrovertiert, mitunter auch arrogant und großspurig. Das Bedürfnis, viel zu sprechen und aufzuschneiden, ist groß. Die Kleidung steht unter dem Motto »Der Duft der großen, weiten Welt«; alles ist groß (Ornamente, Karos, …) und wallend.

Zugeordneter Körperbereich: Dem Schützen werden der Hüft-Kreuzbein-Bereich, die Oberschenkel und die Leber zugeordnet. Die Hüften sind die breitesten Knochen. Das Schützehafte hat mit Größe und Weite zu tun! Der Hüft-Kreuzbein-Bereich ist die Nahtstelle zwischen unten und oben; Die Verbreiterung der Hüftknochen und die Zunahme der Hüft-(Gesäß-)Muskulatur ermöglicht – unter anderem – die aufrechte Haltung des Menschen. Diese Aufrichtung des Körpers ist in der physischen Gestalt des Menschen das Symbol für die Erhebung vom Tier zum Menschen und entspricht damit sinngemäß dem Schützebild. Der Oberschenkelknochen und die Oberschenkelmuskulatur imponieren ebenfalls größen- und leistungsmäßig. Die Leber ist das größte Organ und ihre Aufgaben sind vielfältig. Hier erfolgt beispielsweise der Kohlenhydrat-, der Eiweiß-, der Fettstoffwechsel inklusive des Cholesterinstoffwechsels, die Bildung von Gallensäuren aus Cholesterin, die Inaktivierung von Hormonen und Entgiftung von Schadstoffen. All diese Bereiche stehen prinzipiell für Expansion, Synthese, Wachstum und Wohlbefinden (durch Entgiftung).

Somatisierungsmöglichkeiten: Wenn die Schützeenergien nicht oder nur auf oberflächlicher Ebene gelebt werden, dann manifestieren sich Hüftleiden wie zum Beispiel Schmerzen im Kreuz-Darmbein-Gelenk, Ischiasleiden, Rheuma, Koxarthrose, Hüftgelenkluxation; Becken- oder Oberschenkelhals-Brüche; Leberkrankheiten wie beispielsweise Hepatitis, Leberabszeß, Leberhämangiom, Lebertumoren, Fettleber, Zirrhose. Eine Funktionsstörung der Leber kann auch mit Gallenstau und erhöhtem Cholesterinspiegel und so weiter zu tun haben. Viele Leberkrankungen sind auf ein Übermaß an Fett- und Alkoholzufuhr zurückzuführen.

Alle drei Feuerzeichen haben mit dem Thema der individuellen Geburt zu tun. Man muss auf die eine oder andere Weise Selbstausdruck entwickeln. Und das bedeutet Trennung von der Gemeinschaft, von der Gruppe, von den Eltern – auf physischer, emotionaler und intellektueller Ebene – und das hat zunächst immer mit einer schmerzhaften Isolation zu tun, die es auszuhalten gilt.

Die Aszendenten im Element Erde

Stier Aszendent: Wenn der Aszendent im Zeichen Stier steht, dann kommt man mit dem (unbewussten) Streben in die Welt, hier konkrete, realistische, materielle Werte – wie Geld, Haus, Landbesitz, gut bezahlten Job, Titel, Diplom, akademischen Grad, Heiratsurkunde und so weiter zu erwerben beziehungsweise zu finden. Mit diesen Dingen baut man dann sein Ich-Gefühl auf. Und diese Dinge möchte man auch dauerhaft machen – sie scheinen Sicherheit und Stabilität zu verleihen. Sein Wahlspruch ist: »Hast du was, dann bist du was!«

Der Stier hält sich auch gern in Gruppen auf – die Gruppe gibt im Sicherheit! Und diese Sicherheit hat weniger mit gefühlsmäßiger Nahrung zu tun als vielmehr mit dem Gefühl, dass dadurch Stabilität im Leben aufrechterhalten werden könne, dass das gewohnte Leben im Schutz der Gruppe nicht zerstört werden würde.

Menschen mit Stier-Aszendent haben auch eine große Liebe für schöne Dinge, Sinnesfreuden und Ruhe und Gemütlichkeit – die hedonistische Tendenz ist groß. Man ist liebenswürdig, freundlich, treu und sehr kompromißbereit, um die Sicherheit und Stabilität aufrechtzuerhalten.

Menschen, die unter dem Stier geboren wurden, weisen eine große Beständigkeit auf. Wenn andere Menschen allen möglichen Blödsinn machen, wenn es in der Umwelt kriselt, wenn das Leben verrückt spielt, dann gibt sich der Stier meist immer noch recht heiter, ruhig und phlegmatisch; er flippt nicht aus, wird nicht hysterisch – zumindest an der Oberfläche erscheint er stabil, gelassen und ruhig.

Der Wunsch nach materiellen Werten, Sicherheit und Stabilität ist eng verbunden mit dem Selbstwertgefühl. Mit einem Stier-Aszendenten mißt man fürs erste sein Selbstwertgefühl irgendwie an den äußeren Werten.

Menschen, die unter dem Zeichen Stier geboren wurden, haben jedoch die Aufgabe (Kernthema), auch ein echtes, inneres Selbstwertgefühl aufzubauen, das einem dann wirklich niemand mehr wegnehmen kann. Um auf diese tiefe Ebene zu kommen, muss man dafür einen Preis zahlen.

Und der Preis ist: Aus einem Sicherheitsstreben heraus nicht ständig Kompromisse einzugehen, vor allem nicht in bezug auf den Körper. Man muss bereit sein, von den äußeren Verzierungen loszulassen, die anscheinend den Selbstwert begründen: Geld, Haus, gut bezahlter Job, Heiratsurkunde und so weiter.

Das alles ist für den Stier aber erstmal sehr, sehr schwer – abgesehen von reinen Lippenbekenntnissen. Wenn man aber wirklich von »Nichts« beginnen müßte, dann sieht die Sache schon anders aus. Hier können wir das Echo des Skorpion sehen: »Stirb und werde wieder nackt geboren!« – ohne Geld, ohne Haus, ohne Titel, ohne Heiratsurkunde oder was immer es war, mit dem man sich im Leben sicher gefühlt hat.

Wahrscheinlich werden diese Menschen irgendwann von außen gezwungen, von ihren äußeren Verzierungen – oder zumindest von einigen – loszulassen, denn sonst würden sie niemals wissen, wer sie ohne diese Verzierungen wirklich sind. Und dieses absolute Wertempfinden beginnt immer beim Körper – es beginnt damit, dass man seinen Körper lieben und schätzen lernt und im sexuellen Bereich keine Kompromisse eingeht.

Wenn wir die tiefere Ebene des Zeichens verstehen wollen, müssen wir uns die Göttin, die Herrscherin dieses Zeichens – Aphrodite anschauen. Aphrodite ist die einzige Göttin im Griechischen Pantheon (Tempel der Götter), die sich ohne jegliche Scham nackt zeigt – auch den Sterblichen. Alle anderen Göttinnen zeigen sich nur bekleidet oder halb-bekleidet. Für die meisten Olympier ist der Körper unrein. Aphrodite kann nackt sein, während alle anderen Göttinnen Verzierungen, Hüllen brauchen. Und das soll ausdrücken: Sie ist sich ihrer eigenen Werte absolut sicher, sie kann nicht gekauft werden, sie geht in bezug auf ihren Körper keine Kompromisse ein. Und dieses absolute Wertempfinden beginnt mit dem Körper – es ist die Basis für Selbstliebe und Selbstwert.

Können auch wir (im weitesten Sinne gilt das für uns alle) von uns behaupten, dass wir keine Kompromisse eingehen – gerade in bezug auf Sexualität? Wie oft in unserem Leben haben wir dem Drängen eines Partners nachgegeben, obwohl wir ihn im allgemeinen gar nicht so mochten, oder weil es in diesem Moment einfacher war als einen Streit zu entfachen, oder weil es einfach erwartet wurde, oder weil man dachte, ihn sonst (samt seinem Titel und Besitz) zu verlieren oder man tat es, weil man vielleicht sonst für egoistisch gehalten wird, weil es der andere jetzt braucht, obwohl der eigene Körper nach Ruhe und Erholung schrie? Darüber sollten wir alle einmal nachdenken!

Häufig ist es die Kompromissbereitschaft in bezug auf die körperlichen Sexualität, die bei Menschen mit Stier-Aszendenten aufgegeben werden muss, denn die absolute Treue zu seinem eigenen Wert beginnt mit der Aufgabe der Kompromissbereitschaft in bezug auf den Körper. Es gibt viele Beziehungen, die eigentlich nie wirklich funktionierende Beziehungen waren oder keine mehr sind und dennoch lässt man nicht los, weil man die Sicherheit in der Beziehung nicht aufgeben will. Wenn die Bereitschaft zu Kompromissen nachlässt, ergeben sich oft massive Beziehungsprobleme, die dann der Auslöser sind, um den unechten, oberflächlichen Stier auffliegen zu lassen.

In vieler Hinsicht ist es für den Menschen mit Stier-Aszendenten angemessen, irdische Werte aufzubauen, die ihm ein Gefühl von Sicherheit und Stabilität geben und zu diesem Wunsch auch zu stehen. Zu sagen, dass einem dies nichts bedeutet, käme einer Verdrängung gleich. Wenn man sich jedoch dann nur noch mit diesen äußeren Werten, äußeren Verzierungen identifiziert, zu sehr an ihnen festhält, wird irgendwann das Schicksal für das Loslassen sorgen, weil man sonst nie erfahren würde, was man ohne sie ist.

Äußeres Erscheinungsbild: Bei Menschen mit Stier-Aszendenten sind zwei Typen zu beobachten. Der häufigere Typ ist breitschultrig, korpulent und untersetzt und hat einen kräftigen, aber kurzen Nacken (»Stiernacken«) – an ihm ist alles »rund«. Der zierlichere Typ hat fein geformte Züge und einen reinen Teint. Beide Typen haben meist große und runde Augen (»Kuhaugen«) und volle, sinnliche Lippen. Der Schritt wirkt trotz der Erdenschwere meist tänzerisch, leicht; die Bewegungen sind gemächlich. Das Verhalten beider Stier-Typen ist umgänglich und freundlich, wenn auch zunächst etwas reserviert. Die Kleidung ist gediegen, sicherlich nicht auffällig.

Zugeordneter Körperbereich: Dem Stier werden die Geschmackspapillen auf der Zunge und den Lippen, die Speicheldrüsen, der Gaumen, der Rachen, die Schlundmuskulatur und die Speiseröhre zugeordnet. All diese Orange haben mit Nahrungsaufnahme, Beurteilung des Geschmacks, Beginn der Verdauung und dem Schluckakt zu tun. Der Stier ist wählerisch und hat einen guten Geschmack; ein »echter« Stier wird nur das schlucken, was ihm bekömmlich erscheint, und das genießt er dann. Die Mandeln, die die Ausgänge des Mund- und Nasenraums in den Rachen umgeben, unterstehen ebenfalls dem Stier; sie haben eine Abwehrfunktion gegen Krankheitserreger. Die Hals- und Nackenmuskulatur wird gleichfalls dem Stier zugeordnet. Ein gesunder Stier lädt sich gerne vieles auf, erkennt aber auch, wenn es zu viel wird. Auch der Kehlkopf und die Stimmbänder sowie die Schilddrüse werden vom Stier beherrscht.

Somatisierungsmöglichkeiten: Wenn die Stierenergien nicht oder nur auf unechter Ebene gelebt werden, dann leidet man an Geschmacks- und Schluckstörung, Mandel-, Rachen- und Speiseröhrenerkrankungen, Verspannungen der Nackenmuskulatur (Ausstrahlung in die Schultern) und Sprachstörungen (Stottern). Halsleiden können mit Geldverlust oder Furcht vor Geldverlust zu tun haben. Genuß- und Besitzgier bewirken eine Art körperlicher Übersättigung bis hin zur Stauung und Verstopfung – da kommt einem die Lust abhanden. Eine Schilddrüsendysfunktion wirkt sich auf die Stimmungslage (gesteigerte Erregbarkeit oder Trägheit, Apathie, Depression) und das Körpergewicht (Abmagerung oder Fettsucht mit Kropf) aus.

Jungfrau-Aszendent: Wenn der Aszendent im Zeichen der Jungfrau steht, kommt man mit dem (unbewussten) Anliegen in die Welt, dass das Leben hier ordentlich, präzise und korrekt verlaufen möge. Man will alles analysieren, klassifizieren, einteilen und überprüfen, um eine maximale (äußere!) Ordnung zu erreichen. Und damit das Leben dann auch so verläuft, werden Grenzen erstellt – so irgendwie unter dem Motto: »Von dann bis dann arbeite ich, dieses Quantum an Zeit und Mitteln habe ich, um mich gesund zu erhalten, soviel Zeit und Mittel habe ich, um mich weiterzubilden, diesen Anteil an Zeit und Mitteln habe ich für das Gesellschaftsleben, soviel Zeit bleibt für das Privatleben und den Rest der Zeit habe ich zum Schlafen. Um Punkt 6 Uhr 30 schellt der Wecker, um Punkt 12 Uhr 10 wird gegessen; dies und jenes darf ich essen und trinken, das andere lass ich lieber bleiben und an diesen Plan halte ich mich! Ich verabscheue Unordnung, Chaos und Verschwendung von Zeit und Substanz. Und damit mir niemand zu nahe kommt – denn da könnte ja Chaos in mein Leben treten – kritisiere ich gerne und viel. Konventionelle Moralbegriffe halte ich hoch!«

Und so entsteht der Eindruck von jemanden, der es verstanden hat, wie man Mittel, Energie und Zeit ordnet und wie man die Energie zum Fließen bringt gemäß den natürlichen Zyklen (Ebbe und Flut, Jahreszeiten). Es bleibt jedoch fürs erste meist nur beim Eindruck – die fließende, reife Ebene ist noch nicht erkannt und entwickelt worden.

Das Bedürfnis, durch Aufstellen von Grenzen, Ordnung herzustellen und das Leben absichern zu wollen, und sich mit konventionellen Moralbegriffen zu identifizieren, ist die unreife oberflächliche Ebene der Jungfrau. Und diese unreife oberflächliche Ebene wird auch oft zwanghaft in starren Ritualen[57] gelebt, weil die Furcht vor Unordnung und Chaos enorm groß ist. Dabei geht jedoch die Spontaneität verloren – der Fluß des Lebens stockt.

Menschen mit Jungfrau-Aszendenten haben die Aufgabe (Kernthema), persönliche Integrität zu entwickeln; sie müssen ein eigenes (!) inneres Moralgefühl entwickeln und sich nicht mit kollektiven Moralstrukturen identifizieren – und dafür ist ein Preis zu zahlen.

Und der Preis ist: Vom oberflächlichen, rigiden Ordnungs- und Kontrollsystem (starren Ritualen) loszulassen und sich der natürlichen Ordnung, den natürlichen Rhythmen anzuvertrauen. Die Jungfrau muss bereit sein, auch Chaos zuzulassen (Fische liegen gegenüber), um ein Gefühl für die wahre Intelligenz, die im Leben am Werk ist, zu bekommen. Wahre Intelligenz ist nicht nur scharfer linkshemisphärischer Intellekt.[58] Sie muss lernen, die spirituelle Welt in die materielle Welt zu integrieren und innere Ordnung inmitten von Chaos zu schaffen.

Die persönliche Integrität kann ebenfalls nur erreicht werden, wenn man sich auch im partnerschaftlichen und beruflichen Bereich für einen fruchtbaren Weg und nicht für einen nur sicheren und besser bezahlten Job oder die Absicherung in der Ehe entscheidet. Die mythologische Jungfrau symbolisiert die *freie Frau* (gilt auch für den Mann); sie steht nicht für Verfügbarkeit und Ausverkauf. Manchmal muss man eine Lebensperiode »schicksalhaft« alleine verbringen, um eins-mit-sich-selbst-zu-werden.

Die persönliche Integrität ist also nicht durch den Intellekt allein oder durch materielle Organisation und Errichten von Grenzen zu erreichen, sondern durch das Zulassen von Chaos. Das heißt, persönliche Integrität geschieht durch etwas, was man normalerweise als »die fischige Bereitwilligkeit, sich fallen zu lassen« bezeichnet, die Bereitschaft, auch einmal ein Durcheinander zuzulassen, die Bereitwilligkeit verrückt, ekstatisch, unmoralisch und unrein zu sein (Dionysos!).

Die Jungfrau hat schreckliche Angst, sich zu irren oder etwas Falsches zu tun. Doch die tiefe Ebene der Jungfrau, die persönliche Integrität, erreicht man nicht, indem man krampfhaft versucht, den Dingen, die einen unrein machen könnten, auszuweichen. Aber man erreicht sie, wenn man in die Gewässer der Fische (unbewusste Seele) eintaucht, denn dort kann herausgefunden werden, was tatsächlich persönliche Rechtschaffenheit ausmacht. In diese Gewässer lässt sich die Jungfrau jedoch meist erst dann fallen, wenn sie in die Enge getrieben wird. Zunächst hat man wahrscheinlich das Gefühl, beschmutzt zu sein. Allmählich empfindet man es als reinigendes Bad – am Ende steht immer »Reinheit«, denn nun identifiziert man sich nicht mehr mit konventionellen Moralvorschriften, sondern mit einem eigenen inneren Moralgefühl.

142

Äußeres Erscheinungsbild: Der Jungfrau-Typus hat meist ein ovales Gesicht mit feinen, regelmäßigen Zügen, heller Haut, feingezeichneten Lippen und mittelgroßen Augen, die intelligent funkeln; manchmal ist der Blick auch sehr kritisch. Der Körper ist meist mittelgroß, schlank und wohlgeformt; mit den Jahren können sie etwas an Volumen zunehmen, was aber dank der guten Proportionen nicht weiter stört. Die Jungfrau sieht meist wesentlich jünger aus, als sie ist, und sie bewahrt sich ihre jungendliche Erscheinung meist bis ins höhere Alter. Der Gang ist aufrecht, die Bewegungen sind rasch, mühelos und harmonisch und das Auftreten eher schüchtern. Sie verhält sich höflich und vorsichtig, mitunter auch spröde, schulmeisterisch und pedantisch. Die Kleidung ist zweckbestimmt, schlicht, adrett; die Farben sind gedeckt.

Zugeordneter Körperbereich: Der Jungfrau werden der Dünndarm und Dickdarm (samt Blinddarm und Wurmfortsatz) sowie der exkretorische Anteil der Bauchspeicheldrüse (Pankreas) zugeordnet. Im oberen Dünndarm mündet der Gallen- und Pankreasgang. Im Dünndarm erfolgt die Aufspaltung der Nahrung durch Verdauungsenzyme – die in der Bauchspeicheldrüse gebildet werden – in kleinste Bestandteile (Glukose, Aminosäuren, Glyzerin und Fettsäuren), die dann von den Darmzotten resorbiert werden und über die Pfortader und den Lymphgang, der in eine Vene mündet, in das zentrale Stoffwechselorgan, die Leber, gelangen. Der Dünndarm nimmt nicht nur die gelösten Nährstoffe, sondern auch Wasser, Salze und Vitamine auf. Im Dickdarm, der keine Darmzotten mehr hat, wird der Nahrungsbrei durch Wasserentzug eingedickt. Die Aufspaltung der Nahrung und ihre Resorption entspricht auf der abstrakten Ebene dem Bedürfnis der Jungfrau für Detailarbeit, Analyse und Verwertung.

Somatisierungsmöglichkeiten: Verdauungsstörungen, Resorptionsstörungen, Darmentzündungen (z.B. akute Entzündungen oder Colitis ulcerosa, Morbus Crohn), Darmpolypen, Darmtumoren. Pankreaserkankungen (Entzündungen, Tumor).

Die Jungfrau neigt ganz besonders dazu, psychische Konflikte zu somatisieren. Ihre körperliche Konstitution und Vitalität sind nicht besonders stark. Aber meist weiß sie mit ihren Kräften zu haushalten. Sie neigt auch zur Hypochondrie; sie kann fast alle Krankheiten bekommen, die sie sich – bewusst oder unbewusst – wünscht.

Steinbock-Aszendent: Wenn der Aszendent im Zeichen Steinbock steht, dann kommt man mit dem (unbewussten) Ziel in die Welt, Dingen, die den materiell-sozial-moralischen Bereich betreffen, eine Form zu geben und dauerhafte Strukturen zu errichten, Disziplin zu üben, konservative, zurückhaltende Verhaltenweisen zu schätzen, Verpflichtungen einzugehen, Verantwortung zu übernehmen und die Einhaltung der errichteten Gesetze zu kontrollieren. Die Lebenseinstellung beziehungsweise das Ich-Gefühl spiegelt sich so irgendwie unter dem Motto: »Ich bin vorsichtig und zurückhaltend, denn die Erfahrungen haben mich gelehrt, dass das reale Leben das verlangt! Das Leben ist mit Beschränkungen, harter Arbeit, Mühe, Disziplin, Verpflichtungen, Verantwortung und Gesetzen verbunden. Es wird einem wirklich nichts geschenkt; ich begegne immer wieder Menschen oder Situationen, die mich behindern.«

Menschen mit Steinbock-Aszendenten – wie auch andere Steinbock-Betonte – hört man oft sagen, dass sie ein starkes Gefühl für Verpflichtung und Verantwortung haben, und dass dieses Gefühl ganz tief in ihnen verwurzelt sei.

Sicherlich ist dem Steinbockmenschen das Gefühl von Verpflichtung und Verantwortung angeboren. Verpflichtung und Verantwortung zu übernehmen, sollte sich jedoch zunächst auf die eigene Person beziehen: Der Sohn sollte sich selbst ein gnädiger Vater werden – autonom und selbstbewusst.

Ist man sich nicht selbst ein Vater, dann errichtet man eine »Eltern-Vorgesetzten-Rolle«, das heißt, man übernimmt für andere Verantwortung, weil man denkt, sie seien schwach und selbst ist man stark. Das ist jedoch nicht pflichtgemäß und verantwortlich, sondern eine Schutzmaßnahme beziehungsweise Überkompensation, um die eigene Schwäche und das daraus resultierende eigene Machtstreben und Kontrollbedürfnis zu überdecken.

Oder man wird von einer »Vorgesetzten-Figur« behindert; das heißt, man bekommt einen restriktiven Vater, Mann und/oder Vorgesetzte vorgesetzt, von denen man eingeschränkt, mißbraucht, geknechtet und gefangengenommen wird. Da entstehen dann elterliche, eheliche und berufliche Gefängnisse. All diese Muster haben nichts mit Pflicht und Verantwortung zu tun.

Steinböcke fühlen sich auch dem Partner und nicht selten dem

Land und Staat gegenüber sehr verpflichtet – so irgendwie unter der Devise: »Wenn ich mich meinem Partner gegenüber nicht verpflichtet fühle, wird er es nicht schaffen, wenn ich mich meinem Land gegenüber nicht verpflichtet fühle, wird es zusammenbrechen – mein Partner und mein Land würden ohne mich im Chaos enden!« Sie sollten jedoch erkennen, dass Pflicht und Loyalität nicht dasselbe sind.

Steinbockbetonte Menschen haben ebenfalls eine enorme Furcht vor Chaos. Im Gegensatz zur Jungfrau, die Furcht vor persönlichem Chaos hat, bezieht sich beim Steinbock die Furcht vor Chaos und Unordnung auf den kollektiven, gesellschaftlichen Bereich. Und bei den Steinböcken ist es nicht nur eine Furcht vor gesellschaftlichem Chaos, sondern auch eine Furcht vor der Auflösung der individuellen Existenz.

Und so werden weltliche Gesetze und Kontrollstrukturen errichtet: Selbstkontrolle, Kontrolle der Umgebung, Kontrolle der Gesellschaft. Dahinter steckt ein Machtstreben als Überkompensation, weil man zu stolz ist, die eigene Schwäche zuzugeben.

Wir sollten uns auch von einem Steinbock nicht täuschen lassen, wenn er sagt, dass er ein Anarchist sei und die festgefahrene, konservative, gesellschaftliche, soziale Ordnung stürzen wolle, denn neben den sehr konservativen Steinböcken, die eine enorme Furcht vor gesetzlosem Zustand und Chaos haben, gibt es auch Steinböcke, die wild gegen die öffentliche Autorität rebellieren und dagegen ankämpfen, um später eine eigene Machtstruktur zu errichten. Josef Stalin, der in seinem Horoskop einen Steinbock-Aszendenten und eine Steinbock-Sonne hat, ist ein gutes Beispiel. Er hat – ähnlich wie Chronos in der Mythologie – den alten König gestürzt. Kaum hatte er die Situation unter Kontrolle, benahm er sich gleich schrecklich wie jener, den er gestürzt hatte.

Für Steinböcke haben Begriffe wie Verpflichtung und Verantwortung anderen gegenüber, Gesetz und Kontrolle einen hohen Stellenwert – das ist jedoch die unreife oberflächliche Ebene.

Menschen mit Steinbock-Aszendenten haben die Aufgabe (Kernthema), das Vaterprinzip in sich selbst zu entwickeln: Autonomie, Selbstverantwortung, Selbstrespekt. Um auf diese reife Ebene zu kommen, muss jedoch ein Preis bezahlt werden.

Und der Preis ist: Vom Verpflichtungs- und Kontrollbedürfnis loszulassen, sich die eigene Schwäche zuzugestehen (der Stolz des Steinbockes ist enorm), sich selbst und anderen gegenüber menschlicher zu werden. Der Steinbock muss entdecken, dass da etwas in ihm überlebt, selbst wenn alles zusammengebrochen ist. Er muss lernen, andere um Hilfe zu bitten, was mit der Aufgabe von Stolz verbunden ist. Am tiefsten Punkt, im Zustand der Verzweiflung und Depression, wird sich aus dem, was überlebt hat, etwas Unzerstörbares herausentwickeln – nun ist keine Kontrolle mehr nötig, denn die Furcht vor der Vernichtung existiert nicht mehr. Nun ist sich der Sohn ein nachsichtiger Vater geworden: Der Mann oder die Frau ist gereift, und aus ihren Augen strahlt nie geahnte Lebensfreude, Würde und Klarheit – der Steinbock hat Autonomie, Selbstverantwortung und Selbstrespekt entwickelt.

Äußeres Erscheinungsbild: Der Steinbocktypus hat meist ein längliches, knochiges Gesicht mit hohen Backenknochen, bleicher Hautfarbe und schmalen Lippen; er neigt zur Faltenbildung und die Mundwinkel sind eher nach unten als nach oben gezogen. Die Nase ist meist lang, mitunter höckrig; manchmal auch kurz und stupsig. Die Haare sind fein und eher spärlich. Sein Körper ist meist mittelgroß, hager und drahtig; in späteren Jahren könnte er an Gewicht zunehmen. Das Auftreten ist stolz, aristokratisch; manchmal auch gebeugt. Der Gang ist bedächtig und leicht schleppend, aber unermüdlich. Steinböcke verhalten sich bescheiden und zunächst reserviert. Die Kleidung ist konservativ – je nach Geldbeutel elegant oder preiswert.

Zugeordneter Körperbereich: Dem Steinbock werden die Knie, das Skelett, die Sehnen und Bänder, die Haut samt Haare und Nägel, der Zahnschmelz, die Ohren und die Milz zugeordnet. Die Knie haben Bewegungsfunktion; man kann sich entweder entschlossen auf den Weg nach oben machen oder die Knie beugen, also niederknien, sich unterwerfen. Beim Aufwärtsschreiten bleiben die Knie in Bewegung, indem sie sich abwechselnd strecken und beugen; beim ständigen Niederknien tritt mit der Zeit Steifheit ein. Das Skelett, die Sehnen und Bänder haben Stützfunktion und Haltefunktion. Im Knochenmark entstehen Blutzellen. Die Haut hat hier – im Unterschied zur Waage – eine abgrenzende Funktion. Haare und Nägel sind hornig verhärtete Hautanhangsgebilde und haben eine Schutzfunktion; ihr Zustand ist in gewisser Weise ein

Parameter für das, was man sonst nicht auf den ersten Blick sieht. Der Zahnschmelz ist die härteste Substanz des menschlichen Körpers – Härte und Festigkeit assoziieren wir mit Steinbock-Saturn. Der Sinnesreiz wird im Ohr auf sehr mechanische Weise (Steinbock-Saturn) weitergeleitet. Auch das Gleichgewichtsorgan, das für die aufrechte Haltung zuständig ist, liegt im Ohr. In der Milz werden ebenfalls Blutzellen gebildet, die eine Abwehrfunktion haben. Hier erfolgt auch der Abbau der Erythrozyten, die für den Sauerstofftransport zuständig sind.

Somatisierungsmöglichkeiten: Wenn man die Steinbockenergien nicht oder nur auf unechter Ebene lebt, dann manifestieren sich vielleicht Knieverletzungen, Verhärtungen und Einschränkungen im Bewegungsapparat, Sklerosen in Gefäßen und Nervenmarkscheiden (Multiple Sklerose auch bei Fische-Neptun), Gelenkrheuma, Knochenerkrankungen, Hauterkrankungen mit Schuppenbildung (z.B. Psoriasis – auch bei Fische-Neptun), Steinleiden (Nieren-, Blasen-, Gallensteine) Mangelkrankheiten (Vitamin-, Mineral-, Eiweißmangel). Auch zu Haarausfall, brüchigen Nägeln, Zahnkaries, Tinnitus (Ohrgeräusche), Schwerhörigkeit, Taubheit, Gleichgewichtsstörungen, erhöhtem Abbau von Erythrozyten und Speicherkrankheiten in der Milz kann es kommen.

Alle drei Erdzeichen haben mit den Thema Materie zu tun. Auf die eine oder andere Art und Weise ist die Beschäftigung mit Materie angesagt. Übertriebenes materielles Sicherheitsstreben wird irgendwann aufgegeben werden müssen.

Die Aszendenten im Element Luft

Zwillings-Aszendent: Wenn der Aszendent im Zeichen Zwillinge steht, dann kommt man mit dem (unbewussten) Wunsch in die Welt, alles wissen zu wollen, viele kommunikative, aber distanzierte Kontakte zu knüpfen, Informationen zu sammeln und weiter zu vermitteln (zuweilen werden diese auch verdreht), und überall die Finger im Spiel zu haben – so irgendwie mit dem Lebensgefühl: »Ich bin neugierig und bemüht, alle wundersamen Dinge dieser Welt beim Namen nennen zu können, deshalb kann ich mich bei

einem Ding gar nicht lange aufhalten, und mich um den zugrunde-
liegenden Sinn kümmern – die Dinge in ihrer Tiefe interessieren
mich eigentlich gar nicht. Ich bin geistig und körperlich sehr beweglich und geschickt, ich weiß alles, und was ich nicht weiß,
macht mich ganz heiß. Zu Intelligenztests fühle ich mich sehr hingezogen; sie bestätigen, dass ich absolut alles weiß. Gefühle halte
ich lieber etwas in Distanz, denn zu viele Gefühle überschwemmen
den Schmetterling, welcher das wahre Bildnis meiner emporstre-
benden Seele ist – ich liebe das »Licht« und nicht den »Schatten«,
der mein Bruder ist!«

Zwillinge-Menschen verfügen zunächst nur über ein scheinbares
Verstehen, über ein scheinbares Wissen, über ein funktionales Wissen; es fehlt ihnen das inhaltliche Detailwissen der Jungfrau und
das symbolische Wissen, die Fähigkeit zur Synthese und der Ge-
samtüberblick des Schützen.

René Descartes – Begründer des Rationalismus und ein Vertreter des eher unentwickelten Zwillingsprinzips – sagte: »Cogito,
ergo sum (Ich denke, also bin ich)!« Das rationale, funktionale
Wissen kann bei den Zwillingen – vor allem wenn das Element
Luft im Horoskop überwiegt – zu einer schrecklichen Überkompensation werden, das sich in Oberflächlichkeit, Geschwätzigkeit,
Rastlosigkeit, Unkonzentriertheit und Gedankenwirrwarr verliert.

Menschen mit Zwillings-Aszendenten haben die Aufgabe (Kernthema), den Drang nach absolutem Wissen aufzugeben und bereit
zu sein, wie der Weisheitslehrer Sokrates zu sagen: »Ich weiß, dass
ich nichts weiß!« oder wie Salman Rushdie[59] zu sagen: »Wissen ist
relativ!« Um auf diese tiefe Ebene des Zwillings-Aszendenten
kommen zu können, muss man einen Preis zahlen.

Und der Preis ist: Nicht »Hans Dampf in allen Gassen« zu sein;
lernen, dass man nicht tausend Dinge gleichzeitig tun kann. Der
Drang nach absoluten Antworten muss aufgegeben werden. Man
muss von der Einstellung loslassen, dass man durch Kontakte mit
sogenannten »intelligenten« Leuten »die« Antwort bekommen
kann. Außerdem muss man vom starken Bedürfnis, als intelligent
erscheinen zu wollen, loslassen und die Erkenntnis gewinnen, dass
nicht alle Fragen beantwortbar sind, dass Wissen auch etwas Mys-
tisches, etwas Undefinierbares ist, dass nicht alles Wissen artiku-

lierbar ist, dass Wissen eben relativ ist – man weiß, aber man weiß doch nichts.

Aus dieser Erkenntnis heraus entwickelt sich eine Art Vision, eine Art Vertrauen, die die Zwillinge auf eine höhere Ebene bringen – dann werden sie echte Vermittler, echte Lehrer, die keinen Wert mehr auf Intelligenztests mehr legen, dann werden sie auch ihren »dunklen Bruder« bewusst in sich aufnehmen können, dann kann die helle Seite von der dunklen etwas lernen.

Äußeres Erscheinungsbild: Der unter dem Zeichen Zwillinge Geborene hat meist ein schmales, längliches, manchmal auch dreieckiges Gesicht mit schmaler Nase und großen Augen, die neugierig und schelmisch umherblicken. Sein Körper ist feingliedrig, leicht beweglich. Mit seinen schlanken Händen gestikuliert er gerne lebhaft; die Finger sind lang und sehr geschickt. Der Zwillingstypus sieht im höheren Alter immer noch jugendlich aus. Sein Verhalten ist fröhlich und freundlich; mitunter kann er auch sehr scharfzüngig sein. Zwillinge bekleiden sich nach dem Motto: »Was man überall tragen kann – das Leben ist ein Wanderfest«; die Farben sind luftig und fröhlich.

Zugeordneter Körperbereich: Den Zwillingen werden der Schultergürtel, Arme und Hände, der Kehlkopf samt Stimmbänder, die Luftröhre, die Bronchien und Alveolen (Lungen), die Blutkapillaren, das periphäre Nervensystem (Nervenbahnen) und das Lymphsystem (zusammen mit Krebs-Mond) zugeordnet. All diese Bereiche stehen für das Prinzip Bewegung, Geschicklichkeit, Kommunikation, Austausch, Information, Nachrichtenvermittlung. Der Kehlkopf samt Stimmbändern dient der Stimmbildung, ohne die wir verbal nicht kommunizieren könnten. Luftröhre, Bronchien, Alveolen und Blutkapillaren ermöglichen den lebenswichtigen Austausch von Sauerstoff und Kohlendioxyd. Die informierenden sensiblen (afferent) Nervenfasern stehen mit den aktivierenden, motorischen (efferenten) Nervenfasern über das zentrale Nervensystem (Gehirn und Rückenmark) in Verbindung. Das Lymphsystem ist ein Transportsystem; da werden alle möglichen Stoffe transportiert. Bronchialbaum, Nervenbahnen und Lymphsystem entsprechen auch von ihrer Signatur her (viele feine Verzweigungen, Verästelungen) dem Zwillingsprinzip.

Somatisierungsmöglichkeiten: Wenn man die Zwillingsenergien nicht oder nur auf oberflächlicher Ebene lebt, dann leidet man vielleicht an Sprachstörungen, Interaktionsstörungen, Atemstörungen, Erkrankungen der Atemwege, der Lunge (z.B. Bronchitis, Pneumonie, Emphysem, Asthma, Tbc), des oberen Bewegungsapparates und der Nervenbahnen, Gereiztheit, Neurasthenie, Lymphstau.

Waage-Aszendent: Wenn der Aszendent im Zeichen Waage steht, kommt man mit dem (unbewussten) Bestreben in die Welt, dass die Dinge hier harmonisch, gerecht und perfekt verlaufen mögen. Menschen mit Waage-Aszendenten verhalten sich nett, liebenswürdig, charmant, kooperativ und fair anderen gegenüber, denn das – so glauben sie fürs erste – erhält die Harmonie.

Waagen haben eine hohe Gerechtigkeitsvorstellung, ein großes Bedürfnis, eine ideale, perfekte Welt (von einem persönlichen Standpunkt aus) zu erschaffen, und sie erwarten von anderen, ihren Ideen, Visionen und Idealen zu folgen, mit ihnen zu kooperieren. Wenn die anderen ihren Idealen nicht Folge leisten, fühlen sie sich verfolgt; sie werden dann sehr kritisch und erklären ihnen auf irgendeine Art und Weise den »Krieg«.

Dass große Führer – wie beispielsweise Alexander der Große, Hitler, Churchill und Bill Clinton – häufig einen Waage-Aszendenten haben, sollte uns zeigen, dass dieses Zeichen nicht so zart und zerbrechlich ist – ästhetisch ja! All diese Figuren haben einen ausgeprägten Sinn für Schönheit und Kunst – sie sind aber nicht zart und anpassungsbereit.

Waagen sind also nicht so sanft, zerbrechlich und anpassungsbereit, sondern oft große (Kriegs-) Strategen, und dies nicht nur im politischen und gesellschaftlichen, sondern auch im privaten Bereich. Und gegen das ist grundsätzlich nichts einzuwenden – diese Eigenschaft ist wertfrei und neutral.

Menschen mit Waage-Aszendenten projizieren jedoch ihre eigene Kraft und Stärke, ihre Entscheidungsfähigkeit zunächst auf andere und sie wollen ihre eigenen Bedürfnisse und Vorstellungen zunächst nicht zugeben, denn das könnte ja die Harmonie – von der sie auf der unreifen Ebene sehr abhängig sind – zerstören und mit Konsequenzen verbunden sein.

Andere Menschen spüren jedoch auf feinstofflicher Ebene die

Kraft und Stärke der Waage und werden dann ärgerlich, wenn sie sich in ein sanftes Image einhüllt. Und dann denkt die Waage: »Ich bin ja so kompromissbereit und so friedfertig, warum hacken andere so auf mir herum, warum sind die anderen (z.B. Partner) so aggressiv und destruktiv?« Irgendwann baut sich da dann ein Circulus vitiosus (Teufelskreis) auf: Man wird dann auch äußerlich oder nur innerlich immer aggressiver und zwar im negativen Sinne und das macht das Gegenüber auch immer ärgerlicher usw.

Und sehr oft kann man beobachten – ähnlich wie bei Wassermannbetonten -, dass es vielen Menschen mit Waage-Aszendenten schwer fällt »Ich« zu sagen; immer wieder hört man sie sagen: »Das würden wir brauchen oder das würde uns gut tun!«, obwohl häufig nur eigene Bedürfnisse dahinterstecken. Das friedfertige und kompromissbereite Verhalten der Waage repräsentiert jedoch nur die unechte, oberflächliche Ebene.

Menschen mit Waage-Aszendenten haben jedoch die Aufgabe, die tiefe Ebene (Kernthema) des Zeichens zu entwickeln, was sicherlich mit der Begründung (kardinales Zeichen!) einer gerechten, idealen, perfekten Welt, mit menschlicher Gerechtigkeit, persönlicher Ethik und innerer Harmonie zu tun hat. Die hohen Ideale müssen jedoch aus eigener Kraft umgesetzt werden. Um die reife Ebene entfalten zu können, muss wie immer ein Preis bezahlt werden.

Und der Preis ist: Zu erkennen, dass man von äußerer Harmonie sehr abhängig ist. Man muss lernen, von der Meinung anderer Menschen unabhängig zu werden und sich selbst gegenüber ehrlich zu sein. Innerlich ist man nämlich nicht so kompromißbereit, anpassungsfähig und friedfertig wie man das gerne sehen würde. Das offene Eingestehen, was man für sich selbst haben möchte und die Bereitschaft, dafür in die Unausgewogenheit zu gehen, ist enorm wichtig. Und man muss sich auch eingestehen, dass man der Welt großartige Visionen »andrehen« möchte, die jedoch aus der eigenen Stärke umgesetzt werden müssen. Man sollte sich also von anderen nicht verfolgt oder bekämpft glauben, wenn sie den großartigen Ideen nicht oder nicht immer Folge leisten. Wenn die Waage gelernt hat, die eigenen Gerechtigkeitsvorstellungen nicht mehr ins Leben zu projizieren, wenn sie ihre hohen Ideale aus eigener Kraft verwirklicht und dafür die Konsequenzen trägt, dann kann echte Harmonie entstehen.

Wollen Waage-Menschen diesen Preis nicht zahlen, werden sie immer wieder in unliebsame Entscheidungen und Konsequenzen verstrickt sein.

Da es der Waage so schwer fällt, sich zu entscheiden, kann man immer wieder beobachten, dass sie in typische Dreiecksgeschichten verstrickt ist, die oft mit einem quälenden emotionalen und zuweilen auch mit einem finanziellen Dilemma verbunden sind.

Äußeres Erscheinungsbild: Der Waagetypus imponiert – vor allem wenn Venus gut konstelliert ist – durch Anmut und Schönheit. Aus dem ovalen, zarten Gesicht mit pfirsichfarbener, samtig schimmernder, reiner Haut strahlen wundervolle, große Augen. Die Nase ist gerade und fein geschnitten, der Mund ist klein und die Lippen sind weich und wohlgeformt. Die Ohren sind mittelgroß bis klein und von sehr feiner Bildung. Die hohe Stirn wird von weichem, duftigem Haar gekränzt. Auch der Körper ist wohlproportioniert und wirkt sehr graziös, aber nie mager, so zierlich er auch sein mag. Selbst wenn der Waagetypus mit den Jahren durch Bequemlichkeit an Gewicht zunimmt, wird er nie auf unschöne Art »dick«. Das Verhalten ist vornehm, taktvoll und charmant, doch von einer etwas distanzierten Ausstrahlung begleitet. Ob die Waage sich für konventionelle oder ausgefallene Kleidung entscheidet, sie ist stets geschmackvoll und elegant. Waagemänner wirken etwas weichlich und weiblich; an ihnen ist nichts Derbes.

Zugeordneter Körperbereich: Der Waage werden die Nieren, die Harnleiter, die Venen, die Haut, der innersekretorische Anteil der Bauchspeicheldrüse und das Endokrinsystem (Hormone) allgemein zugeordnet. All diese Bereiche haben mit dem Prinzip Ausgleich, Balance, Regulation, Kontakt zu tun. Die Nieren dienen vor allem dem Ausgleich, der Balancehaltung des Salz-(Elektrolyt-) und Wasserhaushalts, der Regulation des Säure-Basen-Gleichgewichts und der Ausscheidung von unnützen oder schädlichen Substanzen, die über die Harnleiter in die Harnblase geleitet werden. Die Venen dienen ebenfalls zur Erhaltung der Balance; sie leiten sauerstoffarmes Blut ab, welches dann mit der Blut-Luft-Schranke in den Alveolen in Kontakt tritt. Die Haut hat hier eine Berührungs-, Beziehungs- und Kontaktfunktion im Gegensatz zur steinbock-saturnischen Begrenzungsfunktion. Im Pankreas werden (neben Verdauungsenzymen, die der Jungfrau unterstehen) zwei

Hormone gebildet (Insulin und Glukagon), die an der Regulierung des Auf- und Abbaues von Glykogen (Glukose (Zucker) in Speicherform) in der Leber beteiligt sind. Hormone im allgemeinen haben Anteil bei der Regulierung von Organfunktionen und Stoffwechselvorgängen.

Somatisierungsmöglichkeiten: Wenn man die Waageenergien nicht oder nur auf unreifer Ebene lebt, dann können sich Nieren-, Venen- oder Hauterkrankungen manifestieren. Man kann auch an Diabetes mellitus oder venerischen Krankheiten (Syphilis, Gonorrhoe, Aids) leiden. Der Begriff »venerisch« leitet sich von der Herrscherin dieses Zeichens, der Venus, ab.

Wassermann-Aszendent: Wenn der Aszendent im Zeichen Wassermann steht, dann kommt man mit der (unbewussten) Absicht in die Welt, die Menschheit zu reformieren, ein neues Zeitalter (New Age) zu erschaffen, in dem Freundlichkeit, Toleranz, Freiheit, Gleichheit, Brüderlichkeit herrschen – so irgendwie unter der Devise: »Einer für alle, alle für einen – wir sind eine menschliche Familie und diese Familie, diese Gesellschaft sollte perfekt sein – ohne all der Übel aus der Büchse, die Pandora geöffnet hat. Das Individuelle[60] muss ausgerottet werden, Selbsterfüllung darf nicht sein – es lebe die klassenlose, universelle, menschliche Familie – sie lebe in Freiheit, Gleichheit und Freundlichkeit! Und diese hohen Ideale, Visionen halten *wir* (anstatt »Ich«) hoch!«[61]

Wassermänner sind in der Tat meist nette, freundliche, unkonventionelle, gesellige und hilfsbereite Menschen, obgleich es für sie zunächst sehr schwierig ist, einen emotionalen Kontakt zuzulassen und eine wirkliche Beziehung zu anderen Menschen aufzubauen – zumindest bis die Sonne, die für Individualität steht, zu arbeiten beginnt. Diese Menschen können am besten über den Verstand erreicht werden.

Zum Wassermann gehören also die »New-Age-Gedanken«: »Freiheit, Gleichheit, Brüderlichkeit! Nur keine Schatten haben – die müssen alle wegmeditiert oder wegtherapiert werden! Wir sind eine Gemeinschaft: Einer für alle – alle für einen!« Dahinter versteckt sich aber oft – wie bereits erwähnt – eine enorme Schwierigkeit, mit Menschen wirklich in Beziehung zu treten, und ungeheuerlich große Machtthemen können da am Werk sein. Beispielsweise wird mit Hilfe von bestimmten Gruppen eine neue politische Ideologie (Weltanschauung) in Bewegung gebracht (Uranus), um die alte zu stürzen und die eigene Macht zu stärken (Saturn). Dieses Muster ist vor allem bei einem politischen Umsturz von einem konservativen in ein kommunistisches Regime gut zu beobachten. Da ist dann einer, der diktiert; das Volk ist gleichberechtigt, aber persönliche Wertvorstellungen sind nicht erlaubt. Da baut sich jedoch dann viel Ärger auf, den jeder Mensch möchte in seiner Einzigartigkeit geschätzt und für seine Leistungen entsprechend belohnt werden. Das ist mit ein der Grund, warum kommunistisch-sozialistische Regierungssysteme sich auf die Dauer nicht halten können.

Freundlichkeit, Toleranz, das Interesse an verschiedensten Menschen- und Splittergruppen, das intellektuelle Interesse alles für die Menschheit, für die Schwächeren, für die Verlierer tun zu wollen, sind sicherlich erstrebenswerte Ideale und sie erscheinen an der Oberfläche als sehr echt. Doch sind all diese hohen Ideale auch tatsächlich so ohne weiteres erfüllbar?

Im Wassermann herrschen Uranus und Saturn. Uranus steht für neue, fantastische Ideen, hohe Ideale und Prometheus wird zusätzlich menschliche Möglichkeiten anbieten. Saturn repräsentiert das realistische Los menschlicher Grenzen; das heißt, Saturn hilft uns, das Uranische auf das Machbare zu überprüfen, ihm Struktur zu geben.

Menschen mit Wassermann-Aszendenten haben die Aufgabe (Kernthema), die Grenzen der Realität zu erkennen und das Individuelle mit dem Kollektiven zu verbinden. Um auf die reife Ebene des Wassermannes zu kommen, müssen wir einen Preis zahlen.

Und der Preis ist: Den Traum, die Idee von der idealen, perfekten Welt aufzugeben beziehungsweise die Grenzen der Realität anzuerkennen und die Unvollkommenheit der Menschen, der Natur, der Welt anzunehmen – das mußte auch Prometheus tun. Auch die eigene Einsamkeit in der Mitte der Gruppe (zu der man gehört) muss erkannt und angenommen werden. Es ist bedeutsam, zu erkennen, dass individuelle Wichtigkeit und Selbsterfüllung notwendig sind, denn die Gruppe wird einem letztendlich nicht helfen können. Man muss einsehen, dass man der Gruppe, der Menschheit erst wirklich etwas geben kann, wenn es von einer authentischen Person kommt, von einer Person, die gelernt hat, sich selbst wichtig zu nehmen, sich selbst zu erfüllen – das ist das primäre Ziel.

Wenn Wassermann-Menschen das erkannt und gelernt haben, dann können sie einen wirklichen Beitrag in die Gruppe, in die Menschheit einbringen, ohne dafür – bewusst oder unbewusst – eine Gegenleistung zu erwarten. Das Individuelle mit dem Kollektiven in Einklang zu bringen, einen persönlichen Beitrag in die menschliche Gemeinschaft einzubringen, der mit neuen Ideen, mit ganzheitlichem Wissen zu tun hat, ist das Endziel.

Äußeres Erscheinungsbild: Der Wassermanntypus hat ein ovales Gesicht mit heller, blasser Haut, feinen Zügen, hoher »Denkerstirn« und klassischer Nase. Der wache Blick lässt die Augen größer erscheinen als sie tatsächlich sind und mit den feinen Haaren hat er meist Probleme. Sein Körper ist zierlich bis kräftig und mittelgroß bis groß. Die Bewegungen sind nervös und sprunghaft. Häufig ist in der Aura eine elektrische Ladung zu spüren. Durch seine Intelligenz und seinem trockenen Humor wirkt er einnehmend, doch liegt in seinem Verhalten eine gewisse Distanz (Luftzeichen!). Die Kleidung ist unkonventionell und wahrscheinlich auffällig. Selbst die »Managerkleidung« ist meist exzentrisch; manchmal ist es vielleicht nur das Mascherl (Fliege), das von der konventionellen Kleidung abweicht.

Zugeordneter Körperbereich: Dem Wassermann werden das zentrale Nervensystem, die Unterschenkelknochen, die Wadenmuskulatur, das Sprunggelenk und die Gelenke allgemein zugeordnet. Hier stehen die uranischen Funktionen (elektrische) Kommunikation und (plötzliche) Unterbrechung im Vordergrund. Das zentrale Nervensystem (Gehirn und Rückenmark) ist die übergeordnete Schaltstelle für die Informationen, die aus der Umwelt oder dem Körperinnern (Organe, Drüsen, Gefäße) kommen; als Antwort gibt es entsprechende Befehle an die willkürliche und unwillkürliche Muskulatur. Die Informationen und Befehle erfolgen durch (elektrische) Reizleitung. Die Waden und das Sprunggelenk braucht man zum Springen; der Wassermann ist immer zum Abheben bereit. Ohne den erdigen Kontakt (Saturn) springt er in irrationale Visionen. Gelenke im allgemeinen symbolisieren Unterbrechung der Kontinuität.

Somatisierungsmöglichkeiten: Wenn man die Wassermannenergien nicht oder nur auf einer unreifen Ebene lebt, können sich plötzliche Erkrankungen des zentralen Nervensystems einstellen (z.B. Veitstanz, Epilepsie, Schlaganfall). Es besteht auch eine Neigung zu Wadenkrämpfen und Krampfadern (auch Waage-Venus, weil ihr die Venen unterstehen). Oft sind auch Brüche und Unfälle zu beobachten – eine eingefahrene Sache muss unterbrochen werden.

Alle drei Luftzeichen haben mit dem Thema Kommunikation und Wissen zu tun. Auf die eine oder andere Art und Weise ist man aufgerufen, sich mit Kommunikation und Wissen zu beschäftigen. Und irgendwann muss man die Kommunikation, das Wissen nach innen kehren.

Die Aszendenten im Element Wasser

Krebs-Aszendent: Wenn der Aszendent im Zeichen Krebs steht, kommt man mit dem (unbewussten) Anliegen in die Welt, hier gefühlsmäßige Geborgenheit im vertrauten Kreis zu finden und seiner Familie, seinen Lieben nahe zu sein.

Krebse verhalten sich sehr nett, freundlich, heimelig, fürsorglich und hilfsbereit; sie sind extrem sensibel und stimmungsabhängig (launisch). Krebse möchten alle Menschen in ihrer Umgebung bemuttern (seltener wollen sie selbst bemuttert werden) und ja niemanden verletzen, denn sonst könnten sie ja selbst (gefühlsmäßig) verletzt und allein gelassen werden. Die große Furcht vor gefühlsmäßiger Verletzung und gefühlsmäßiger Einsamkeit hält sie fürs erste davon ab, ihre eigenen Bedürfnisse offen zu leben. Und das Bedürfnis, von anderen gebraucht zu werden, ist unheimlich groß. Wenn niemand da ist, der einen braucht, dann fühlt man sich überflüssig und nutzlos; das ist die unreife, oberflächliche Ebene.

Diese Art von Bemutterung – ohne sie innerlich in sich selbst zu finden – kann zu einer massiven Kompensation werden; das heißt, das eigene Gefühlsleben, das Ich-Gefühl ist dann absolut abhängig von den Menschen in der Umgebung.

Andererseits haben Krebse eine enorme Fähigkeit, instinktiv zu erspüren, was andere Menschen fühlen, was innerlich in ihnen vorgeht, was sie brauchen, und damit ist auch die große Gefahr verbunden, andere zu manipulieren. Dieses enorme Einfühlungsvermögen wird zunächst meist auf der unkreativen Ebene des Manipulierens gelebt – alle Wasserzeichen sind Meister im Manipulieren.

Wenn sich der Aszendent im Zeichen Krebs befindet, sollten wir ganz besonders daran denken, dass der Aszendent die Spitze des ersten Hauses bildet, das im archetypischen Horoskop dem Widder-Mars-Prinzip zugeordnet ist. Steht das Widder-Mars-Prinzip in Verbindung mit dem Krebs-Mond-Prinzip, dann liegt die Assoziation mit der Mondgöttin Artemis nahe. Sie ist die Beschützerin der wilden Tiere und sie wird von den Amazonen verehrt. Die Amazonen sind ein kriegerischer Frauenstamm, der vom Kriegsgott Ares abstammt. Dieser Frauenstamm ist feurig, wild und grausam und sicherlich nicht mütterlich. Männer werden als Samenspender benutzt und die männlichen Nachkommen werden versklavt oder getötet. Die weiblichen Nachkommen werden zu Priesterinnen der Göttin Artemis und Kriegerinnen herangezogen. Der Name »Amazone« leitet sich aus dem Griechischen ab und bedeutet »brustlos«; den Töchtern wurde die rechte Brust abgenommen, damit sie den Bogen besser halten konnten. Die Mondgöttin Artemis und die Amazonen stellen ein mächtiges archetypisches Muster dar, das für Frauen wie auch für Männer Gültigkeit hat und darauf hinweist, dass unter der weichen, hingabevollen, krebsischen Hülle emotionale Wildheit und etwas Emanzenhaftes ruht, das dann und wann an die Oberfläche tritt.

Menschen mit Krebs-Aszendenten haben die Aufgabe (Kernthema), echte Hingabefähigkeit zu entwickeln. Um auf diese reife Ebene kommen zu können, muss ein Preis bezahlt werden.

Und der Preis ist: Zu erkennen, dass man vom »Gebrauchtwerden« sehr abhängig ist, und dass man andere meist sehr bewusst manipuliert, um die eigenen Bedürfnisse leben zu können. Es ist auch notwendig zu erkennen, dass andere Menschen auf die Manipulation – bewusst oder unbewusst – ärgerlich reagieren, und man selbst dann verletzt ist und sagt: »Ich bin ja so hilfsbereit und gebe alles – und das ist der Dank dafür!« Das Bedürfnis, von anderen gebraucht zu werden und andere durch Manipulation in Abhängigkeit zu bringen, ist aufzugeben. Die dadurch zunächst entstehende gefühlsmäßige Einsamkeit muss ausgehalten werden. Und dies gelingt am besten, wenn man in das schöpferische Unbewusste eintaucht und die Farben, Bilder und Töne, die daraus aufsteigen, künstlerisch zum Ausdruck bringt. Dadurch wird die enorme Einfühlungs- und Vorstellungskraft der Krebse auf eine kreative Ebene gebracht.

Wenn Menschen mit Krebs-Azendenten diesen Preis zahlen, dann kann sich eine echte Hingabefähigkeit entwickeln – eine echte Hingabefähigkeit sich selbst, dem Schöpferischen und anderen Menschen gegenüber.

Tun sie das nicht freiwillig und bewusst, dann wird ihnen wahrscheinlich früher oder später etwas »Familiäres, Nahes« durch äußere Ereignisse genommen werden, damit sie in der Einsamkeit Verbindung zur schöpferischen Quelle aufnehmen können.

Viele Horoskope von Malern, Musikern und Komponisten, Schriftstellern und Lyrikern weisen einen Krebs-Aszendenten auf. Bei den Malern sind es zum Beispiel Vincent van Gogh, Salvador Dali und Friedensreich Hundertwasser; bei den Musikern/Komponisten Franz Schubert und Richard Strauss; bei den Schriftstellern/Dichtern William Shakespeare, Leo Tolstoi und Jean Cocteau.

Äußeres Erscheinungsbild: Der unter dem Zeichen Krebs Geborene hat meist ein rundes, volles Gesicht (»Mondgesicht«) aus dem erwartungsvoll verträumte Augen blicken. Die Nase ist meist klein und manchmal geradezu stupsig; die Haut ist hell und hat weite Poren. Der Mund ist oft groß und die Lippen voll. Bereits in frühen Jahren neigt der Krebs zu Hängebacken und Doppelkinn. Doch sollte man beim Krebstypus mit physiognomischen Merkmalen besonders vorsichtig sein, denn wie der Mond sein Gesicht vom schmalen Sichelmond bis zum runden Vollmond ändert, so weichen auch die Gesichtsformen der Krebse oft stark voneinander ab. Auch der Körperbau zeigt Abweichungen; meist ist er jedoch klein bis mittelgroß und füllig. Männer haben häufig einen relativ wuchtigen Oberkörper und Frauen einen üppigen Busen – bei beiden ist der Oberkörper gewöhnlich sehr lang. Das lockere quellende Körpergewebe neigt zu Wasserspeicherung, Fettpolstern und Orangenhaut. Vor allem bei Männern kann man jedoch auch immer wieder den »langen Mondtyp« beobachten, der sehr groß ist, verträumte Augen, eine lange, schmale Nase und dünne Lippen hat. Haltung und Gang sind behäbig und gemütlich. Beide Geschlechter ziehen konservative und weiche Kleidung vor; auffallende, knallige Farben gefallen ihnen nicht. »Kindliche Mode« (z.B. Latzhose oder Overall) oder »Modell Vermehrung« wird vom Krebstypus sehr gerne getragen – das Penible liebt er nicht.

Zugeordneter Körperbereich: Dem Krebs werden der Magen, die Brustdrüsen, die Eierstöcke, die Gebärmutter, die Hoden, die Schleimhäute, das Lymphsystem samt Lymphknoten, die Menisci und Bandscheiben zugeordnet. So wie der Mond am Himmel das Sonnenlicht aufnimmt und reflektiert, so nimmt der Magen – der bildlich der offenen Schale des Mondes entspricht – Nahrung auf und stellt sie, nachdem sie vom Magensaft durchtränkt ist – dem Körper zur Verfügung. Auf psychosomatischer Ebene fungiert der Magen – wie Krebs-Mond – als Eindrucksammler. Die weiblichen Brüste nähren das Kind. Eierstöcke und Gebärmutter symbolisieren die Fähigkeit, den Samen empfangen und dem befruchteten Ei eine nährende Mutter sein zu können. Im Hoden wird der Samen (und männliche Geschlechtshormone) gebildet. Schleimhäute haben eine beschützende Funktion. Die Lymphe enthält neben Gewebsflüssigkeit, Fettsäuren, Glyzerin und Eiweiß auch Lymphozyten, die in den Lymphknoten entstehen. Das Lymphsystem in seiner Transportfunktion und aufgrund seiner verzweigten Signatur wird dem Zwilling-Merkur-Prinzip zugeordnet; in seiner aufnehmenden Funktion und Abwehrzellenproduktion (Schutz!) untersteht es dem Krebs-Mond-Prinzip. Die Menisci (Einzahl: Meniskus) sind halbmondförmige bindegewebige Schaltknorpel, die eine »weiche« Bewegung der Kniegelenke ermöglichen und die Bandscheiben wirken als druckelastische Polster bei Bewegungen der Wirbelsäule. All diese Bereiche und Funktionen haben mit Aufnahme, Empfangen, Nähren, Beschützen und der Periodizität zu tun.

Somatisierungsmöglichkeiten: Wenn man die Krebsenergien nicht oder nur auf unreifer oberflächlicher Ebene lebt, dann leidet man möglicherweise an Magenstörungen (Aufstoßen, Sodbrennen, Erbrechen), Magenerkrankungen (Geschwüren, Tumoren), Erkrankungen der Brüste (Mastitis, Mastopathie, Tumoren), Erkrankungen der Gebärmutter, Eierstöcke und Hoden. Es können sich auch Meniscusschäden, Bandscheibenvorfälle, Störungen im Flüssigkeitshaushalt (Ödeme) und Menstruationsbeschwerden manifestieren.

Skorpion-Aszendent: Wenn der Aszendent im Zeichen Skorpion steht, kommt man mit dem (unbewussten) Bestreben in die Welt, die Dinge hier kontrollieren zu wollen, denn das Leben wird als ständiger Kampf wahrgenommen, bei dem es um das persönliche, gefühlsmäßige Überleben geht.

Menschen mit Skorpion-Aszendenten nehmen all die Dunkelheit und das Destruktive in dieser Welt wahr; sie können alles »Darunterliegende« (das Dunkle, Primitive, Instinkthafte) wahrnehmen, nicht nur den persönlichen, sondern auch den kollektiven Bereich – sie fühlen sich von einer unbekannten Macht getrieben.

Und durch die Wahrnehmung des »Darunterliegenden«, nehmen sie auch wahr, dass nichts so ist, wie es erscheint. Und deshalb sind sie sehr misstrauisch und sagen: »Das Leben da draußen ist schrecklich, niemand ist mein Freund, niemandem kann ich vertrauen, jedermann ist ein potentieller Feind! Und deshalb werde ich mich dem gemäß verschlossen und geheimnisvoll verhalten! Von mir selbst werde ich nichts preisgeben, aber ich werde Wissen sammeln, denn Wissen über andere und psychologisch-geistiges Wissen verleiht mir Macht und damit kann ich Kontrolle erlangen. Das gibt mir Schutz und dann werde ich von anderen und vom Leben nicht mehr verletzt werden!« Mit dieser Einstellung stirbt man jedoch letztendlich innerlich ab!

Diese Menschen nehmen das Leben also zunächst mal nicht positiv wahr und kämpfen ständig um das Überleben. Diese Furcht vor Vernichtung erzeugt auch oft eine große Bitterkeit.

Menschen mit Skorpion-Aszendenten haben letztendlich die Aufgabe (Kernthema), das Leben leidenschaftlich zu umarmen und Wissen verantwortlich zu nutzen. Diese reife Ebene können sie jedoch nur entwickeln, wenn sie dafür den geforderten Preis bezahlen.

Und der Preis ist: Sich den inneren Überlebenskampf, der ständig geführt und im hohen Maße auf andere und das Leben selbst projiziert wird, bewusst zu machen und aufzugeben. Man muss vom Kontroll- und Wissenszwang loslassen und lernen, das Leben leidenschaftlich zu umarmen, selbst dann, wenn man der Ansicht ist, dass es einen zerstört. »Stirb und werde und finde heraus, was überlebt, wenn du nicht mehr kontrollierst!«

Das ist etwa das, was auch Goethe (Skorpion-Aszendent) in seinem Lebenswerk *Faust* auf dichterischer Ebene zum Ausdruck gebracht hat. Die Erlösung von Faust beginnt mit seinem Tod; im Augenblick des Todes konnte er von der Gier nach verborgenem Wissen und destruktiver Triebhaftigkeit loslassen und war von Demut und Liebe erfüllt. Im *West-östlichen Divan* schreibt Goethe: »Und so lange du das nicht hast, dieses »Stirb und Werde«, bist du nur ein trüber Gast auf der dunklen Erde!«

Wenn dieses »Stirb und Werde« irgendwie zugelassen und integriert werden kann, erfährt auch die Sexualität und Aggression eine andere Dimension; dann können sich Sexualität, Aggression und Spiritualität auf sehr kreative Weise verbinden.

Äußeres Erscheinungsbild: Bei den unter dem Zeichen Skorpion Geborenen sind zwei Typen zu beobachten. Der eine Typ ist sehr attraktiv; er hat ebenmäßige Gesichtszüge und einen wohlgeformten Körper (Goethe, Sigmund Freud, Jacqueline Kennedy-Onassis). Der zweite Typ ist eher unattraktiv, »hässlich«, aber von einer anziehenden »Hässlichkeit«; er hat ein flaches Gesicht mit breiten Wangenknochen und meist disproportionierte Gesichtszüge. Sein Körper ist kräftig, untersetzt und oft wie die Gesichtszüge unproportioniert. Beiden Typen gemein sind eigenartig glitzernde Augen mit einem durchdringenden Blick und eine magnetische Ausstrahlung – Menschen mit Skorpion-Aszendenten kann man nicht übersehen.

Zugeordneter Körperbereich: Dem Skorpion werden die Sexualorgane (teilweise zusammen mit dem Krebs-Mond-Prinzip), der untere Dickdarmbereich (Sigmoideum und Mastdarm), der After, die Harnblase samt Harnröhre, die Nasennebenhöhlen und die Zahnwurzeln zugeordnet. Die Sexualorgane sind Repräsentanten für die starke instinkthafte Sexualität; sie sind aber auch Repräsentanten für die Zeugung neuen Lebens. Harnblase, Harnröhre, Enddarm und After fungieren als Ausscheidungsorgane giftiger oder toter Stoffe. Beim männlichen Geschlecht gibt die Harnröhre auch den Stoff für neues Leben (Samen) ab. Die Höhlen (Harnblase und Nebenhöhlen) stehen in symbolischer Analogie zum in der Natur lebenden Skorpion, der seine Wohnstätte in Furchen, Löchern und Höhlen hat.

Somatisierungsmöglichkeiten: Wenn man die skorpionischen Energien nicht oder nur auf unreifer Ebene lebt, dann leidet man möglicherweise immer wieder an Harnblasenstörungen und Nebenhöhlenerkrankungen. Es können sich auch Erkrankungen in den Geschlechts- und Ausscheidungsorganen manifestieren. Venerische Erkrankungen kommen bei Problemen mit dem Waage-Venus-Prinzip ebenfalls vor. Fehlgeleitete skorpionische Energien verursachen nicht selten sexuelle Funktionsstörungen (Anorgasmie, Impotenz). Manchmal treten auch Autoaggressionskrankheiten (Colitis ulcerosa, Lupus, M. Werlhof, Myasthenie, MS) auf. Depressionen und Selbstmordtendenzen sind häufig. Aufgrund der Kollektivität dieses Zeichens sind auch immer wieder Erbkrankheiten zu beobachten.

Fische-Aszendent: Wenn der Aszendent im Zeichen Fische steht, kommt man mit dem (unbewussten) Wunsch in die Welt, mit der Umgebung gefühlsmäßig verschmelzen und die Ich-Grenzen auflösen zu wollen. Im Gegensatz zum gegenüberliegenden Zeichen sind die Fische sehr dünnhäutig. Die Jungfrau errichtet Grenzen, die Fische streben nach Auflösung von Grenzen und Transzendenz.

Menschen mit Fische-Aszendenten nehmen die Welt ziemlich verschwommen, illusorisch, verträumt wahr. Und sie verhalten sich sehr passiv, taktvoll, einfühlsam, hingabevoll, hilfsbereit und chamäleonartig anpassungsfähig (ähnlich Krebs) – mitunter auch sehr verführerisch.

Menschen, die unter dem Zeichen Fische geboren wurden, stellen sich als »empfindsame Seele« dar – entweder in der Opfer- oder Erlöserrolle. In der Opferrolle haben sie das Gefühl von Hilflosigkeit, das Gefühl, vom Schicksal schikaniert und von anderen Menschen manipuliert zu werden. Das Selbstmitleid dieser Menschen ist groß, und sie kommen mit den Schwierigkeiten des Alltags nicht so gut zurecht. Am liebsten möchten sie ins Paradies zurückkehren, und deshalb ergreifen viele die Flucht in Alkohol, Drogen oder ähnliche Dinge, um im illusorischen Garten Eden aufgehen zu können. In der Erlöserrolle widmet man sein Leben dem Dienst an anderen Menschen: »Wenn ich den anderen helfe und mit ihnen leide, werde ich Zugehörigkeit empfinden, und so kann ich über meine Vereinzelung und Einsamkeit hinausgelangen.«

Liz Greene schreibt dazu: »*Der erschreckende Schatten dieses*

Lebensbildes besteht darin, dass sie (oder er) unbewusst sehr viel daransetzen, den geliebten Menschen in seinem kranken Zustand zu halten.«[62] Und weiters schreibt Liz Greene: »*Das Individuum könnte süchtig nach Menschen werden, die hilfsbedürftig sind. Das ist ein immer wiederkehrendes Problem bei vielen Menschen in helfenden Berufen.«*[63]

In beiden Rollenbildern drückt sich eine »empfindsame Seele« aus, die – ähnlich wie der Krebs – das Gefühl hat, niemandem etwas zuleide zu tun, selbst jedoch von aggressiven, gefühllosen, undankbaren Menschen herumgestoßen zu werden und dagegen machtlos zu sein.

Diese oberflächlichen Wahrnehmungs- und Erfahrungsmuster entsprechen jedoch nicht der reifen, tiefen Ebene der Fische. Die Fische sind nicht hilflos und machtlos, denn sie haben die Fähigkeit, in jeden menschlichen Gefühlszustand eintreten zu können, und damit haben sie eine enorme Macht: Sie können die menschlichen Gefühle manipulieren *oder* sie in Bildern schildern, sei es durch Dichtung, Musik, bildende Künste, Schauspiel oder Kommunikation.

Menschen mit Fische-Aszendenten haben die Aufgabe (Kernthema), eine gesunde Dosis an persönlicher Identität zu entwickeln und das enorme Vorstellungs- und Einfühlungsvermögen auf eine kreative Ebene zu bringen. Um diese reife Ebene erreichen zu können, ist wie immer ein Preis zu bezahlen.

Und der Preis ist: Die chamäleongleiche Anpassungsfähigkeit zu erkennen und aufzugeben; zu erkennen, welch enorme Macht in einem steckt. Die Darstellung »Hilflosigkeit« und »Machtlosigkeit« muss unbedingt aufgegeben werden. Die Fischetypen müssen erkennen, wie sehr sie andere zu manipulieren vermögen, wie enorm abhängig sie von anderen sind, wie sehr sie nach Auflösung der eigenen Identität streben und deshalb ihre persönlichen Bedürfnisse – zumindest an der Oberfläche – ignorieren. Sie müssen erkennen, dass sich durch diese »Selbstlosigkeit« innerlich enorm viel Frustration, Wut und Hass aufbauen, die sich dann in sogenannten »aggressiven« Menschen in der Umwelt spiegeln.

Schöpferische Betätigungen wie Malen, Singen, Musizieren, Fotographieren, Schauspielen, Tanzen, aber auch die Beschäftigung mit Astrologie, Jungscher Psychologie und klassischer Homöopathie können helfen, die unreifen und destruktiven Fische-Neptun-Energien auf eine reife, konstruktive Ebene bringen.

Wenn also die Fähigkeit, mit dem Ozean menschlicher Gefühle arbeiten zu können, konstruktiv genutzt wird, wird man eine gesunde Dosis an Identitätsgefühl und Selbsterhaltungstrieb entwickeln können, die das Bewusstsein, Teil eines größeren Ganzen zu sein, nicht ausschließen – dann wird man sein eigener Erlöser und ein Sprecher für das Kollektiv.

Ist das Ego robust genug, dann kann man auch die ebenfalls schöpferischen Tätigkeit des Helfens und Heilens aufrichtig erfüllen. Ist die Identität nur schwach entwickelt, wirkt sich das Helfen oft sehr zerstörerisch auf das eigene Leben und das Leben anderer Menschen aus.

Äußeres Erscheinungsbild: Das Gesicht des Fischetypus hat etwas Breites, die Gesichtsfarbe ist bläßlich und die Gesichtszüge sind weich und unscharf. Die wasserhellen, feucht-glänzenden Augen sind meist groß und möglicherweise schräggestellt. Der Blick hat etwas Verträumtes, Romantisches und vielleicht Verführerisches. Die Gestalt ist meist feingliedrig, mittelgroß bis hochgewachsen, mitunter auch aufgeschwemmt. Die Bewegungen sind fließend und schleichend. Die Kleidung hat etwas Fließendes bis Schlottriges; sie lieben blasse, dezente Farben und changierende Stoffe.

Zugeordneter Körperbereich: Den Fischen werden die Füße und die Aura (Ätherkörper) zugeordnet. Im letzten Zeichen des Tierkreises, den Fischen, münden alle Erfahrungen. Im übertragenen Sinne finden sich an den Reflexzonen der Füße alle Körperbereiche wieder. Die Aura ist der »entkörperte Bereich«.

Somatisierungsmöglichkeiten: Wenn die Fische-Energien nicht oder nur auf unreifer Ebene gelebt werden, manifestieren sich Fußleiden (Schwellungen, Entzündungen, Lähmungen, ..) und alle möglichen Erkrankungen, denn sie spiegeln alle Körperbereiche wider. Auch die Tatsache, dass Fische auf alle Umwelteinflüsse seismographisch reagieren, lässt sie anfälliger für körperliche und psychische Beschwerden werden als alle andere Zeichen. Der Versuch vor sich selbst und vor der Realität zu flüchten, bringt oft eine »Flucht in die Krankheit« mit sich. Die »Konversions-Hysterie« findet hier einen guten Boden. Diese Bezeichnung stammt aus dem

19. Jahrhundert und steht für eine Gruppe von körperlichen Symptomen (Lähmungen, Blindheit, Sprachlosigkeit, Allergien, Anfallskrankheiten, emotionale Ausbrüche) ohne ersichtliche organische Ursache. Oft steckt hinter der Hysterie auch eine ungelebte erotische Natur (Dionysos!). Neuere Varianten der Hysterie sind manisch-depressive Psychose, Schizophrenie, Epilepsie (besser: epileptische Persönlichkeit), funktioneller Autismus, Eßstörungen und chronische Müdigkeit. Psychotische Episoden können auch Ausdruck einer spirituellen Krise sein. Eine hysterische Komponente können auch Krankheiten haben, von denen man überzeugt ist, dass sie nur organischen Ursprungs sind (z.B. Krebs, Mononukleose (Drüsenfieber), multiple Sklerose, Neurodermitis, Psoriasis (Schuppenflechte), ..). Die Sehnsucht nach Auflösung und Transzendenz bringt eine sehr starke suizidale Neigung mit sich. Alle Seuchen, Suchtkrankheiten und Vergiftungen unterstehen ebenfalls dem Fische-Neptun-Prinzip.

Alle drei Wasserzeichen haben mit dem Thema Furcht vor gefühlsmäßiger Einsamkeit zu tun. Hier muss man sich auf die eine oder andere Art und Weise mit der gefühlsmäßigen Einsamkeit auseinandersetzen. Und irgendwann wird man das gefühlsmäßige Sicherheitsbedürfnis und die Abhängigkeit aufgeben müssen, und gefühlsmäßige Sicherheit in sich selbst aufbauen müssen.

Acht ausführliche Horoskopbeispiele von Persönlichkeiten aus dem öffentlichen Leben sind bei der Autorin unter folgender Anschrift zu beziehen:

Hermes Institut
Dr. med. Brigitte Herbst
Fischnalerstr. 17/ A4
A-6020 Innsbruck
Tel. und Fax 0043-(0)512-291500

Erklärungen astrologischer Begriffe

Achsenkreuz: Das Horoskop wird von zwei Hauptachsen unterteilt: die Ost-West-Horizontachse und die Süd-Nord-Vertikalachse. Die vier Schnittpunkte, die diese zwei Achsen mit der Ekliptik bilden, sind: Am östlichen Horizont der Ascendent (AC = Sonnenaufgangspunkt), am westlichen Horizont der Deszendent (DC = Sonnenuntergangspunkt), am Zenit das Medium Coeli (MC =Himmelsmitte =Mittagspunkt) und am Nadir das Imum coeli (IC =Himmelstiefe =Mitternachtspunkt). Die Berechnung des Achsenkreuzes ist abhängig von *Ort* und *Zeit* des (Geburts-) Ereignisses. Siehe auch Kapitel »Achsenkreuz und Häusersystem«.

Aspekte: Bedeutsame Distanzverhältnisse (Abstände) zwischen den einzelnen Planeten untereinander und mit den Achsenkreuzpunkten (AC, IC, DC, MC). Siehe auch Kapitel »Kurze Einführung in die Astrologie«.

Aszendent: Von ascendere = aufsteigen. Der Aszendent ist das am Osthorizont aufsteigende Tierkreiszeichen zum Zeitpunkt des (Geburts-) Ereignisses. Siehe auch Kapitel »Achsenkreuz und Häusersystem«.

Aszendentenherrscher: Planet, der im Tierkreiszeichen, in dem der der Aszendent steht, herrscht; zum Beispiel Mars, wenn der AC im Widder steht. Der Stellung dieses Planeten kommt besondere Bedeutung zu. – Siehe auch *Herrscher* und *Mitherrscher*.

Deszendent: Von descendere = absteigen. Das Zeichen, das dem Aszendenten gegenüberliegt und zur Zeit des (Geburts-) Ereignisses am westlichen Horizont untergeht.

Direktionen: Astrologische Berechnung, um zeitliche Abläufe der inneren und äußeren Entwicklung zu erfassen. Man unterscheidet mehrere Direktionen: Primärdirektionen, Sekundärdirektionen, Sonnenbogendirektionen usw. Die Sekundäredirektionen werden auch als Sekundärprogressionen bezeichnet. Direktion bzw. Progression meint Vorschiebung, Vorrückung.

Domizil: Die Stellung eines Planeten in seinem eigenen Zeichen, beispielsweise Mars im Widder oder Mars im Skorpion; siehe auch *Herrscher*.

Ecken: Kurzbezeichnung für die kardinalen Häuserspitzen bzw. für die Schnittpunkte zwischen Horizont und Ekliptik und zwischen Meridian und Ekliptik: Aszendent (AC), Deszendent (DC), Imum coeli (IC), Medium Coeli (MC).

Ekliptik: Andere Bezeichnung für *scheinbare Sonnenbahn*. Siehe auch bei Anmerkungen Nr. 3.

Eklipse: Bezeichnung für Sonnen- oder Mondfinsternis.

Elemente: Im astrologischen Sinn teilen sich die Tierkreiszeichen in vier Elemente auf: Feuer (Widder, Löwe, Schütze), Luft (Zwillinge, Waage, Wassermann), Erde (Stier, Jungfrau, Steinbock), Wasser (Krebs, Skorpion, Fische).

Equale Häuser: Gleich große Häuser; es ist eine antike Methode der Häusereinteilung. Von berechneten Aszendenten aus, werden jedem Haus 30° gegeben. Das Medium Coeli bildet bei diesem Häusersystem meist nie die Spitze des 10. Hauses.

Ephemeriden: Astronomisch errechnete Tabellen, aus denen der Standort der Planeten in den Tierkreiszeichen zu jeder Zeit aus geozentrischer Sicht entnommen werden kann.

Felder: Andere Bezeichnung für *Häuser*.

Fixsterne: Sind Sonnen, die anderen Sonnensystemen angehören. Fixsterne sind von uns unendlich weit entfernt, und sie erscheinen uns – im Unterschied zu den Wandersternen – als scheinbar unbeweglich. Siehe auch Sternbilder.

Geozentrisch: Die Erde im Mittelpunkt. In der Astrologie betrachtet man der Himmel von der Erde aus. Diese Betrachtungsweise stellt den Menschen in Mittelpunkt; er sieht die Sonne auf- und untergehen. Siehe auch *heliozentrisch*.

Geburtsgebieter: Andere Bezeichnung für Aszendentenherrscher.

Geburtsherrscher: Andere Bezeichnung für Aszendentenherrscher.

Geburtsregent: Andere Bezeichnung für Aszendentenherrscher.

Grundhoroskop: Sternenkonstellation zum Zeitpunkt des (Geburts-) Ereignisses, vom Ort des Ereignisses aus betrachtet (auch: Geburtshoroskop, Radix, Kosmogramm, Nativität).

Häuser: Die Einteilung des Horoskops in zwölf Bereiche, die Auskunft über bestimmte Lebens- bzw. Interessensbereiche geben.

Häuserspitze: Der Beginn eines astrologischen Häuses. Der Aszendent bildet die Spitze des ersten Hauses. Die Häuserspitzen laufen – wie auch die Reihenfolge der Tierkreiszeichen – gegen den Uhrzeigersinn.

Häusersysteme: Alle Häusersysteme haben das gleiche Achsenkreuz, denn es ist astronomisch bedingt, da seine Berechnung auf Zeit und Ort des Ereignisses beruht. Die Achsen der Zwischenhäuser sind je nach System unterschiedlich. Dahinter steht eine mathematische Idee, wie man die vier Quadranten, die durch das Achsenkreuz entstehen, unterteilen könnte. Die populärsten Häusersysteme sind Placidus und Koch; bekannt sind auch noch Campanus, Regiomontanus und die equalen Häuser; bei letzteren bildet das MC jedoch meist nicht die Spitze des 10. Hauses (siehe equale Häuser).

Heliozentrisch: Die Sonne im Mittelpunkt. Das ist die Sicht des Universums gemäß der Erkenntnis der Neuzeit. Um die Sonne kreist das Planetensystem. Rechnerisch sind scheinbare Sonnenbahn und wahre Erdbahn letztendlich das gleiche.

Herrscher: In jedem Tierkreiszeichen und in jedem astrologischen Haus herrscht mindestens ein Planet. In diesem bestimmten Zeichen bzw. Haus kommt der Planet zu seiner reinsten Auswirkung. Beispiele: Sonne im Löwen und 5. Haus, Mond im Krebs und 4. Haus, Jupiter im Schützen und 9. Haus, aber auch in den Fischen und 12. Haus.

Imum coeli: Die Himmelstiefe oder Nadir. Der nördlichste Punkt des Horoskops. Dieser Begriff leitet ich aus dem lateinische »imus« (das Untere) ab, und wird richtigerweise mit nur einem »m« geschieben.

Medium Coeli: Die Himmelsmitte oder Zenit. Der südlichste Punkt des Horoskops.

Meridian: Durch Zenit (Südpunkt) und Nadir (Nordpunkt) gehende Achse; geographischer Längenkreis.

Mitherrscher: Bezeichnung für die alten Herrscher im Skorpion (Mars), Wassermann (Saturn) und Fische (Jupiter). Andere Bezeichnung: Nebenherrscher.

Mondknoten: Zwei astronomisch ermittelte Schnittpunkte der Umlaufbahn der Sonne und der Umlaufbahn des Mondes. Diese zwei Schnittpunkte liegen sich im Tierkreis gegenüber (Mondknotenachse) und werden als Nordknoten (aufsteigender Mondknoten) und Südknoten (absteigender Mondknoten) bezeichnet. Der Nordknoten wird auch als Drachenkopf (☊) und der Südknoten als Drachenschwanz (☋) bezeichnet.

Nadir: Himmelstiefe oder Imum coeli (IC).

Nativität: Andere Bezeichnung für Geburtshoroskop, Radix, Kosmogramm.

Nebenherrscher: Andere Bezeichnung für Mitherrscher.

Orbis: Andere Bezeichnung für zulässige Ungenauigkeit, Abweichungstoleranz, Wirkungsbereich bei der Ermittlung von Aspekten. Siehe auch Kapitel »Kurze Einführung in die Astrologie – Aspekte«.

Planeten: Wandersterne im Unterschied zu den Fixsternen.

Progressionen: Siehe Direktionen.

Radix: Andere Bezeichnung für Grundhoroskop. Dieses Wort kommt aus dem Lateinischen und bedeutet »die Wurzel«.

Regent: Andere Bezeichnung für Herrscher.

Siderischer Tierkreis: Siehe bei Anmerkungen Nr. 2.

Stadien: Jedes der vier Elemente kommt in einem anderen Stadium (Qualität) vor: kardinal, fix (fest, stabil), veränderlich (beweglich, flexibel, fallend, labil).

Stellium: Mehrere Planeten im selben Zeichen oder Haus.

Sternbilder: Ein Sternbild formiert sich aus mehreren Fixsternen. Am nächtlichen Sternenhimmel kann man eine große Anzahl von Sternenbildern sehen: Große Bär, Großer Wagen, Schwan, Pegasus, Löwe, Jungfrau usw. Jene zwölf Sternbilder, die den Hintergrund der scheinbaren Sonnenbahn bilden, machen den *siderischen* Tierkreis aus. Siehe auch bei Anmerkungen Nr. 2.

Tierkreis: Ein 16° breites Band (Gürtel), auf dem die zwölf Tierkreiszeichen (von je 30° lang) angeordnet sind. Siehe auch Kapitel »Kurze Einführung in die Astrologie«.

Tierkreiszeichen: Zwölf gleich große Streckenabschnitte (von je 30°), die auf der Ekliptik liegen. Siehe auch bei Anmerkungen Nr. 2.

Im Tierkreiszeichen geboren: meint, dass beispielsweise die *Sonne* zum Zeitpunkt der Geburt im Widder stand; man spricht dann von einem *Widdermenschen. Unter* dem Tierkreiszeichen geboren meint, dass beispielsweise der *Aszendent* zum Zeitpunkt der Geburt Widder stand; man spricht dann vom *Widdertypus* oder *Widdergeborenen.*

Transite: Von transitare = vorübergehen. Übergang der am Himmel weiterlaufenden Planeten über einen Radix-Planeten oder Radix-Faktor (AC, IC, DC, MC; Mondknoten).

Tropischer Tierkreis: Siehe bei Anmerkungen Nr. 2

Zenit: Himmelsmitte oder Medium Coeli (MC)

Zodiakus: Auch *Zodiak*: Alte Bezeichnung für Tierkreis.

Ausgewählte Literatur

Adler, Oskar, Das Testament der Astrologie, Bd. III: Mensch und Erde, München 1993

Banzhaf, Hajo/Haebler, Anna, Schlüsselworte zur Astrologie, München 1994

Barz, Ellynor, Götter und Planeten, Zürich 1988

Barz, Helmut, Vom Wesen der Seele, Stuttgart 1979

Brehms Tierleben in zwölf Bänden, Hamburg 1953

Campbell, Joseph, Der Heros in tausend Gestalten, Frankfurt am Main 1953

dtv-Lexikon der antiken Mythen und Gestalten, München 1980

Filbey, J./Filbey P., Astronomie für Astrologen, St. Gallen 1986

Fontana, David, Symbole, München 1994

Schult, Arthur, Astrosophie, Bietigheim 1986

Goethe, Johann Wolfgang, Faust I-II, Stuttgart 1986

Greene, Liz, Die inneren Planeten, München 1995

Greene, Liz, Jenseits von Saturn, München 1984

Greene, Liz, Kosmos und Seele, Frankfurt am Main 1983

Greene, Liz, Neptun – Die Sehnsucht nach Erlösung, Zollikon 1996

Greene, Liz, Saturn, München 1981

Greene, Liz, Schicksal und Astrologie , München 1985

Greene, Liz, Sonne und Mond, München 1994

Greene, Liz, Uranus im Horoskop, Mössingen 1999

Greene, Liz/Arroyo Stephen, Saturn und Jupiter, München 1989

Greene, Liz/Shareman-Burke, Juliet, The Mythic Journey, Glastonbury 1999

Hillman, James, Pan und die natürliche Angst, Zürich 1995

Hürlimann, Gertrud, Astrologie, Zürich 1994

Jung, Carl Gustav, Gesammelte Werke, Zürich/Olten und Freiburg 1958 ff.

Jung, Carl Gustav, Briefe I-III, herausgegeben von A. Jaffé und G. Adler, Olten) und Freiburg 1972 ff.

Jung, C. G./Kerényi, K., Einführung in das Wesen der Mythologie, Amsterdam/Leipzig 1941

Jung, Emma/Franz, Marie-Luise von, Die Graalslegende in psychologischer Sicht,
Zürich-Stuttgart 1960

Kerényi, Karl, Die Mythologie der Griechen, München 1966

Kerényi, Karl, Dionysos, Stuttgart 1994

Klein, N./Dahlke, R., Das senkrechte Weltbild, München 1991

Kluge; M. / Radler, R. Hauptwerke der deutschen Literatur, München 1974

Neumann, Erich, Ursprungsgeschichte des Bewusstseins, Frankfurt am Main 1984

Otto, Walter, Die Götter Griechenlands, Frankfurt am Main 1987

Otto, Walter, Dionysos, Frankfurt am Main 1960

Ranke-Graves, Robert von, Griechische Mythologie, Hamburg 1960

Riemann, Fritz, Lebenshilfe Astrologie, München 1976

Sasportas, Howard, Astrologische Häuser und Aszendenten, München 1997

Sheldrake Rupert, Das Gedächtnis der Natur, München 1991

Sullivan, Erin, Venus, Mössingen 1998

Taeger, Hans-Hinrich, Internationales Horoskope Lexikon, Freiburg i. Breisgau 1991

Anmerkungen

1   Im archetypischen Horoskop sind die Häuser alle gleich groß.

2   Ein *Sternbild* formiert sich aus mehreren *Fixsternen.* Jene 12 Stern-bilder, die den Hintergrund der scheinbaren Sonnenbahn bilden, machen den *siderischen Tierkreis* aus; siderisch meint *auf die Sterne bezogen.* Etwa um das 5. Jh. v. Chr. waren die 12 Sternbilder, die den Hintergrund der scheinbaren Sonnenbahn bilden, zirka je 30° lang. Da die sogenannten *Fixsterne* nicht so fix sind, wie sie zunächst erscheinen, weisen die Sternbilder heute eine unterschiedliche Länge auf; sie variieren etwa zwischen 19° bis 45°. Das Sternbild des Krebs ist beispielsweise etwa 19° lang und das Sternbild der Jungfrau ist etwa 45° lang. Vor allem aufgrund der Entdeckung der Präzession des Frühlingspunktes durch Hipparchos wurde um 150 v. Chr. der *tropische Tierkreis* festgelegt. Tropisch meint *auf die Sonnenwenden* bzw. *Jahreszeiten* bezogen. Der tropische Tierkreis ist ein idealer, konstanter Meßkreis bestehend aus 12 *Tierkreiszeichen* (Sternzei-chen) von jeweils 30°. Die Namen der Tierkreiszeichen wurden von den Sternbildern übernommen. Wenn die Sonne auf 0° Widder steht, ist Frühlingsbeginn (auf der nördlichen Halbkugel); wenn die Sonne auf 0° Krebs steht, ist Sommerbeginn; wenn die Sonne auf 0° Waage steht, ist Herbstbeginn; wenn die Sonne auf 0° Steinbock steht, ist Winterbeginn. Der tropische Tierkreis wird seit Ptolemaeus (90 bis 160 n. Chr.) für alle astrologischen und Kalenderberechnungen ver-wendet.

3   Die *Ekliptik* bzw. die scheinbare Sonnenbahn ist in Wirklichkeit die Bahn der Erde um die Sonne. In bezug auf die Astrologie sind scheinbare Sonnenbahn und wahre Erdbahn rechnerisch das gleiche.

4   *Achsenkreuz:* Siehe Kapitel »Achsenkreuz und Häusersystem«.

5   Für eine Wanderung durch den Tierkreis braucht die Sonne 1 Jahr, der Mond 28 Tage, Merkur und Venus etwa 1 Jahr, Mars etwa 2 Jahre, Jupiter 12 Jahre, Saturn 30 Jahre, Uranus 84 Jahre, Neptun 165 Jahre, Pluto 248 Jahre.

6 An den Spitzen der kardinalen Häuser stehen der Aszendent (AC), das Imum coeli (IC), der Deszendent (DC), das Medium coeli (MC). Unter Häuserspitze versteht man den Beginn eines astrologischen Hauses. Der AC bildet die Spitze des 1. Hauses, das IC bildet die Spitze des 4. Hauses, der DC bildet die Spitze des 7. Hauses, das MC bildet die Spitze des 10. Hauses. Siehe auch im Anhang bei den Erklärungen astrologischer Begriffe unter *Häuserspitzen* und *Häusersysteme*.

7 Zu Makrokosmos-Mikrokosmos meint Jung: »Vermöge seiner mikrokosmischen Natur ist der Mensch ein Sohn [oder eine Tochter] des Himmels respektive des Makrokosmos.« — » Das Firmament [ist] dem Menschen als (dem) Mikrokosmos eingegeben, indem dieser die Abbilder der Sternennaturen, also als kleinster Teil und Ende des Schöpfungswerkes wiederum das Ganze enthält.« »In moderner Sprache ausgedrückt, würde die Idee des Mikrokosmos, der *die Bilder aller Kreatur* enthält, das kollektive Unbewusste darstellen.« C. G. Jung, GW VIII, S. 526, 524, 528

Jung sieht das kollektive Unbewusste also als Basis, in der die Urmuster (Archetypen) aller menschlichen Erfahrungsmöglichkeiten prädisponiert sind. Diese Archetypen werden uns jedoch erst bewusst, wenn sie in unser Bewusstseinsfeld treten bzw. wenn wir sie außerhalb von uns selbst *anschauen* können: in archetypischen Bildern, astrologischen Symbolen, Erlebnissen, Ereignissen.

8 *Synchronizität* (nicht *Synchronismus*) ist ein Jungscher Terminus für die Analogie (Entsprechung) von Ereignissen (seelische und/oder konkrete), denen keine Kausalität (Ursache-Wirkungs-Beziehung), sondern Akausalität (qualitative Immer-Wenn-Dann-Beziehung) zugrunde liegt. »Was man mit Hilfe der Astrologie feststellen kann, ist die Analogie der [irdischen] Ereignisse [und der Gestirnkonstellationen], aber nicht Ursache oder Wirkung der einen Ereignisserie in bezug auf die andere (die gleiche Konstellation bedeutet z.B. bei derselben Person einmal eine Katastrophe und ein andermal einen Schnupfen [und noch ein andermal eine seelische Unruhe] ...). — Ich habe oft beobachtet, dass eine deutlich umgrenzte psychische Phase oder ein entsprechendes [irdisches, konkretes] Ereignis von einem Gestirnübergang begleitet war. Meine hauptsächliche Kritik an der Astrologie [ist], dass der Astrologe die Indikationen nicht immer nur als Möglichkeit auffaßt. Die Interpretation ist manchmal zu wörtlich und zu wenig symbolisch. Der Zodiakus und die Planeten liefern keine [spezifisch] persönlichen Angaben, sondern objektive Gegebenheiten. Soviel ich beurteilen kann, wäre es zum Vorteil

der Astrologie, wenn sie sich über die Existenz der Psychologie Rechenschaft gäbe, vor allem über die Psychologie der Person und des Unbewussten. Ich bin ziemlich sicher, dass sich manches aus ihrer [Jungschen!] Methode der Symbolinterpretation lernen ließe.« C. G. Jung, Briefe II, S. 401f.

9 C. G. Jung, *Briefe II*, S. 400.

10 C. G. Jung, *Briefe II*, S. 400f.

11 Planeten wie Tierkreiszeichen repräsentieren archetypische Muster. Die Planeten sind jedoch die eigentlich *dynamischen* Symbolträger.

12 C. G. Jung, *Gesammelte Werke Band XI/I*, P. 271.

13 *Akausal* meint auf keiner Ursache-Wirkungs-Beziehung beruhend. Die natürlichen Jahresrhythmen auf der nördlichen Halbkugel symbolisieren nur die Gegebenheiten des Menschen. Wäre eine Wirkung kausal, dann würde ein Mensch, der am 21. März auf der nördlichen Halbkugel geboren wurde, ein Widdermensch sein, weil zu dieser Zeit auf der Nordkugel der Frühling beginnt; ein Mensch, der am 21. März auf der südlichen Halbkugel geboren wurde, würde dann hingegen ein von Waagequalitäten geprägter Mensch sein, denn zu dieser Zeit beginnt auf der Südkugel der Herbst. Dass dem nicht so ist, davon zeugen hinreichende Beobachtungen. Warum gerade die jahreszeitlichen Rhythmen auf der Nordkugel in Analogie zur Gegebenheit des Menschen stehen, konnte bis jetzt – soweit ich es überblicken kann – noch niemand wirklich erklären.

14 Dabei stütze ich mich vor allem auf die Ausführungen bei C. G. Jung (*GW Band V*, S. 105, 160, 295; *Band VI*, S. 126; *Briefe II*, S. 421), C. G. Jung und Karl Kerényi, *Einführung in das Wesen der Mythologie*, Amsterdam/Leipzig 1941 sowie bei Ellynor Barz, *Götter und Planeten*, Zürich 1988, und Liz Greene, *Schicksal und Astrologie*, München 1985.

15 Weitere Ausführungen in bezug auf Symbole und Zeichen sind zu finden in: C.G. Jung, *GW V*, S. 105, 160, 295; Liz Greene, *Kosmos und Seele*, Frankfurt am Main 1983, S. 30-43, und Ellynor Barz, *Götter und Planeten*, Zürich 1988, S. 16-19.

16 In Anlehnung an die Ausführungen von C. G. Jung, *Briefe II*, S. 421, und *GW VI*, S 126.

17 Diese Ausführungen lehnen sich an: Rupert Sheldrake, *Das Gedächtnis der Natur*, S. 308f; und Liz Greene, *Jenseits von Saturn*, S. 25f

18 Helmut Barz, *Vom Wesen der Seele*, Stuttgart 1979, S. 87f: »*Symbole [und Mythen] sind – psychologisch gesehen – das Resultat von Projektionen unbewusster seelischer Gehalte auf äußere Objekte, die entweder als Ganzes oder durch einzelne ihrer Bestandteile als Pro-*

jektträger geeignet sind. [...] Nach der Auffassung der Jungschen Psychologie wird Unbewusstes – außer durch Gefühle und Intuition, die aber weitgehend unfaßbar bleiben – dem Bewusstsein ausschließlich auf dem Weg der Projektion zugänglich.«

19 Karl Kerényi, *Einführung in das Wesen der Mythologie*, Amsterdam-Leipzig 1941, S. 11f.

20 Ebenda, S. 41 »Mythologie ist [jedoch] niemals [eine reale] Lebensgeschichte der Götter [oder Helden], wie sie dem Betrachter oft erscheint.« Das heißt, die mythischen Götter und Helden haben nie real gelebt; sie drücken bildhaft die Urmuster menschlicher Erfahrungen aus.

21 C. G. Jung, *Briefe II*, S. 400.

22 Dabei stütze ich mich vor allem auf die Ausführungen von Liz Greene, *Schicksal und Astrologie*, München 1985; aber auch auf Ellynor Barz, *Götter und Planeten*, Zürich 1988; Karl Kerényi, *Die Mythologie der Griechen*, München 1966; Robert von Ranke-Graves, *Griechische Mythologie*, Hamburg 1960; Walter F. Otto, *Die Götter Griechenlands*, Frankfurt a. M. 1987; Joseph Campbell, *Der Heros in tausend Gestalten*, Frankfurt a. M. 1953; David Fontana, *Symbole*, München 1994; Arthur Schult, *Astrosophie*, Bietigheim 1986; Micheal Grant & John Hazel, *Lexikon der antiken Mythen und Gestalten*, München 1993.

23 Siehe unter *Transite* und *Direktionen* im Anhang: Erklärungen astrologischer Begriffe.

24 *Anima* (latein. *Seele*): Die unbewusste weibliche Seite der Persönlichkeit eines Mannes.

25 Persönliche Ethik wird aus ästhetischen Gesetzen geboren.

26 Im 5. Jhd. v. Chr. repräsentierte Apollon die Aristokratie, Hermes die neu auftauchende Händlerklasse bzw. die Neureichen.

27 Äskulapstab hat eine Schlange und steht für das Symbol der Ärzte

28 Ratschläge seiner Mutter: »Triffst du Männer, die älter und vornehmer sind als du, so vergiß nicht, sie zu grüßen. Wenn dich ein weiser alter Mann etwas lehren will, dann höre seinen Rat und folge ihm. Erweist dir jemand einen Dienst, so belohne ihn dafür. Edle Frauen darfst du mit einem Kuß begrüßen, denn dies ist die höfische Sitte und du bist ein Königssohn. Schenkt dir eine Frau ein Ringlein, so halte es in Ehren: Denn dies ist eine große Gunst. Aber sieh dir die Frau gut an, ehe du sie darum bittest.«

29 Über dieses Thema schreibt Liz Greene sehr ausführlich in: *Schicksal und Astrologie*, München 1985 und *Die inneren Planeten*, München 1995.

30 Von dieser Geschichte schuf Nicolas Poussin (1593-1665) ein Gemälde, das im Metropolitan Museum of Art in New York hängt.

31 Joseph Campbell, *Der Heros in tausend Gestalten*, Frankfurt a. M. 1953.

32 Goethe, *Faust Teil I*

33 Goethe, *Faust Teil II*.

34 Goethe, *Faust Teil II*.

35 In der indischen Mythologie wird der Schütze durch einen (menschlichen) Bogenschützen auf einem Pferderücken sitzend dargestellt.

36 *Puer aeternus* (latein. *ewiger Jüngling*): Ist ein Jungscher Begriff; er beschreibt einen bestimmten Männertyp, der sich zu lange in der Phase der pubertären Psychologie aufhält, die allgemein mit einer starken, unbewussten Bindung an die Mutter assoziiert wird. Sein weibliches Gegenstück ist die *puella aeterna*, das *ewige Mädchen* mit einer entsprechenden Bindung an den Vater. – In der Mehrzahl: *pueri* und *puellae*.

37 *Senex* (latein. *alter Mann*): Ist ein Jungscher Begriff; er wird mit Eigenschaften assoziiert, die sich mit dem vorschreitenden Alter entwickeln. Negative Form: Zynismus, Starre und extremer Konservatismus; positive Form: Ordnung, Selbst-Disziplin und Verantwortung. Eine ausbalancierte Persönlichkeit bewegt sich zwischen der *puer-senex*-Polarität.

38 Die Waldnymphe Penelope ist nicht mit der Tochter des spartanischen Königs Ikarios und der Nymphe Periboia zu verwechseln, die dann mit Odysseus vermählt wurde.

39 In späterer Zeit wurde der Name des Gottes Pan irrtümlich mit dem griechischen Wort *pan*, was »alles« meint, in Zusammenhang gebracht und damit zum Allgott oder Sinnbild des Weltalls erhoben.

40 Nach Hesiod wurden die Menschen (nur Männer) von Prometheus aus Lehm und Wasser geformt und Athene hauchte ihnen Leben ein.

41 Göttlich-solares Feuer entspricht dem Bewusstseins-Potential; es ist der unsterbliche Funke, das Bewusstsein des Selbst, das in jedem Menschen existiert.

42 Nach einer anderen Version sind Persephone und Hades (der unterirdische Zeus) seine Eltern; dieser Version sind wir bereits bei der Betrachtung des Tierkreiszeichens Jungfrau begegnet.

43 Genaue Übersetzung von Zagreus: Wildfänger, weil er lebende Tiere fängt. – Karl Kerényi, *Dionysos*, München 1994.

44 Das Wort Mänade oder Mainade leitet sich von *mainomenos Dionysos* (wahnsinniger oder leidenschaftlicher Dionysos) ab, und bringt die Wirkung, die Dionysos auf Frauen hat, zum Ausdruck. Der psycho-

177

logische Begriff Manie (krankhafte Leidenschaft) kommt vom griechischen *mania*, was zugleich Liebeswut wie Zorneswut bedeutet.

45 *Ekliptik* ist die scheinbare Sonnenbahn; der Tierkreis bildet den Hintergrund der Ekliptik. Siehe auch *Tierkreis* im Kapitel »Kurze Einführung in Tierkreis, Planeten, Häuser, Aspekte«.

46 Rechnerisch sind scheinbare Sonnenbahn (geozentrische Sichtweise) und wahre Erdbahn (heliozentrische Sichtweise) letztendlich das gleiche. Siehe auch *geozentrisch* und *heliozentrisch* unter »Erklärung astrologischer Begriffe« im Anhang dieses Buches.

47 Es ist auch zu beachten, dass im Horoskop der Osten – im Gegensatz zum Atlas – links, der Westen rechts, der Süden oben und der Norden unten liegt.

48 Dabei stütze ich mich vor allem auf die Ausführungen von Liz Greene beim Seminar »The Ascendant« am 25. Juni 1994 in Zürich, und auf meine Beobachtungen, die ich in meiner astrologischen Beratungspraxis gemacht habe.

49 Der Begriff *Horoskop* setzt sich zusammen aus dem lateinischen Wort *hora*, die Stunde und dem griechischen Wort *skopein*, betrachten.

50 Astrologie Heute, Nr. 70, Seite 40; s.a. Nr. 71, Seite 2

51 Das Ich-Gefühl entspricht jedoch nicht dem Ich (Ego), das durch die Sonne symbolisiert wird.

52 Ich habe aber auch bereits eine Reihe von Horoskopen von Menschen gesehen, die eine schwere Geburt hatten, deren Aszendent jedoch keinen Hinweis darauf gab, aber der ganze Geburtsprozeß hat sich an einer anderen Ecke widergespiegelt. Diese Beobachtungen weichen von der traditionellen Lehrmeinung in bezug auf die Geburtssituation ab.

53 *Somatisierung* bedeutet Verkörperlichung und leitet sich vom griechischen Wort *soma* (= Körper) ab. Wenn man die eigenen Energien nicht lebt, wenn man das Kernthema, das in Angriff genommen werden möchte, nicht lebt, wenn man sich gegen die Entwicklung der tiefen Personalität stellt, dann kann sich dieses Thema durch eine physische oder psychische Krankheit ausdrücken; das Thema wird in Form einer Krankheit nach außen projiziert. Somatisierungen ergeben sich oft bei transitären oder progressiven Aspekten zum Aszendenten oder zum Medium coeli oder zur Sonne oder zum Mond. Die Krankheitssymptome, einschließlich körperlicher Schäden bei Unfällen, entsprechen jeweils dem Körperbereich oder der körperlichen Funktion, welche die Astrologie dem jeweiligen Zeichen bzw. Planeten zugeordnet hat.

54 Auch die beiden *Lichter* können sich als fremd anfühlen, wenn sie aus irgendeinem Grund unterdrückt werden. Es ist hier nicht der Ort, auf die verschiedenen möglichen Gründe einzugehen.

55 Mars kann vor allem durch Aspekte zu Saturn, Chiron, Neptun oder Pluto verletzt (geschwächt, gehemmt) sein.

56 Philosophie meint Weisheitsliebe bzw. Liebe zu (höherem) Wissen.

57 *»Die Flucht ins Ritual ist ein faszinierender Ausdruck der uralten, primitiven Neigung, magische Handlungen zu vollziehen, um sich oder die Gemeinschaft gegen das Eindringen des Chaos aus der archetypischen Welt zu schützen.«* Liz Greene, *Schicksal und Astrologie*, S. 173

58 »Der scharfe [linkshemisphärische] Intellekt dient als Bastion gegen das Chaos.« Liz Greene, *Schicksal und Astrologie*, S. 173

59 Die Botschaft des Schriftstellers Salman Rushdie (durch die *Satanischen Verse* weltbekannt geworden) ist: »Wissen ist relativ!« Sein Aszendent steht in den Zwillingen (auch Sonne, Mond, Venus und Uranus – Quelle: *Taegers Horoskope Lexikon*, S. 1319).

60 Das wassermännisch-uranische Prinzip befaßt sich nicht mit der individuellen Entwicklung; es ist kollektiver Natur und kann sich gegenüber persönlichen Wertvorstellungen sogar als feindselig erweisen. Das Zeichen Wassermann liegt dem Zeichen Löwe, das von der Sonne regiert wird, gegenüber; das allein symbolisiert bereits den Gegensatz zum individuellen, solaren Ausdruck. Das Individuum wird von der Gruppe übertönt. Der Wassermann Mensch kann exzentrisch und unkonventionell sein, doch dies bedeutet nicht individuell. Zum Thema »Unkonventionalität und Individualität« empfehle ich das Buch von Liz Greene, *Uranus im Horoskop*, Mössingen 1999

61 Die Waage sieht die hohen Ideale von einem persönlichen Standpunkt aus; der Wassermann hingegen von einem kollektiven Standpunkt.

62 Liz Greene, *Schicksal und Astrologie*, S. 376

63 Liz Greene, *Neptun – Die Sehnsucht nach Erlösung*, S. 367

179

Über die Verfasserin

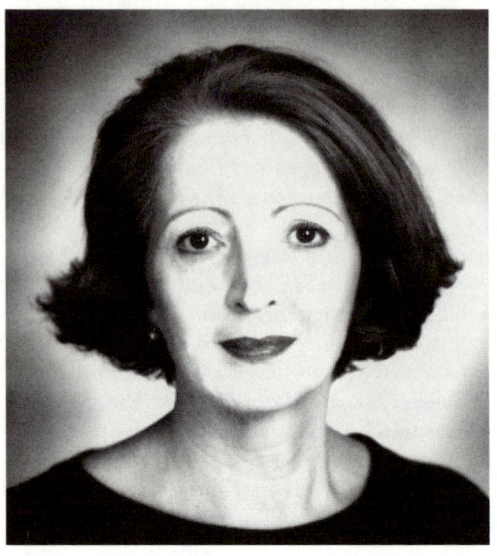

Dr. med. Brigitte Herbst wurde in Innsbruck geboren. Sie promovierte an der Universität Innsbruck zum Doktor der gesamten Heilkunde. Schon während des Medizinstudiums hat sie sich intensiv mit Psychologie auseinandergesetzt, vor allem mit dem Werk von C. G. Jung. Seit 1995 arbeitet sie in einer eigenen psychologisch-astrologischen Beratungspraxis und leitet Astrologieausbildungsseminare unter Einbeziehung der Mythologie und Psychologie.

HERMES INSTITUT
DR. MED. UNIV. BRIGITTE HERBST

- Ausbildungsseminare in Astrologie unter Einbeziehung der Mythologie und Psychologie

- Psychologische - astrologische Beratung

INFORMATION / ANMELDUNG:

FISCHNALERSTR.17/A4
A-6020 INNSBRUCK
TEL. / FAX 0043 (0)512 29 15 00

Standardwerke der Astrologie

LIZ GREENE

Abwehr und Abgrenzung

*als positive Seite des Lebens und
die Entsprechungen im Horoskop
Broschur, 314 Seiten, 5 Abbildungen*

ISBN 3-925100-33-4

Wir verwenden den Begriff »Abwehr« oft recht sorglos. Schreiben wir jemand eine Abwehrhaltung zu, so bedeutet dies in Wirklichkeit meist, daß er unsere Sichtweise nicht teilt. Aber Abgrenzung ist nicht von vorne herein negativ, denn ohne diese könnten wir nicht existieren. Die Autorin geht aus von der klassischen Beschreibung der Abwehrmechanismen und stellt diese in Beziehung zu den Elementen. Ebenso werden die typischen Abwehrhaltungen, die in den Tierkreiszeichen und den Planeten zum Ausdruck kommen untersucht. Im zweiten Teil geht Liz Greene besonders auf die Erfahrungen mit Saturn und Chiron ein. Die Abgrenzungen durch Saturn werden eingehend diskutiert. Dabei wird vor allem die konstruktive Aufgabe Saturns in den Vordergrund gestellt. Chiron und seine Bedeutung für menschliche Verhaltensmuster werden untersucht, wobei hier vor allem die schwierige Frage der kollektiven Wunde zur Sprache kommt.
Liz Greene zeigt dem Leser die positive Seite der Abwehrhaltungen auf und wie er diese positiv in sein Leben integrieren kann. Sie zeigt Wege, wie wir dem Teil in uns kreativ begegnen können, der ursprünglich unser größter Mangel war.

Standardwerke der Astrologie

LIZ GREENE

Uranus im Horoskop

Prometheus und die Kunst,
das Feuer zu stehlen
320 Seiten, 12 Abbildungen, Broschur

ISBN 3-925100-44-X

Uranus ist immer für eine Überraschung
gut! Vor allem lässt sich seine astrologi-
sche Bedeutung nicht einfach festlegen. Gerne wird er mit dem Begriff »Individualität« gleichgesetzt, doch damit werden die uranischen Kräfte nicht umfassend beschrieben.
In dem vorliegenden Buch zeigt Liz Greene die Querverbindungen
zu mythologischen Bildern und zu historischen Ereignissen auf. Dabei stützt sie sich vor allem auf den Mythos des Prometheus, der den
Göttern das Feuer der Kreativität stiehlt und den Menschen damit
die Möglichkeit zur Bewusstseinserweiterung gibt. Die Strafe des
Prometheus steht für den Preis, den wir für nicht gelebtes uranisches
Wissen bezahlen.
Uranus' Bedeutung im Geburtshoroskop wird ausführlich besprochen. Dabei stehen vor allem die Stellung in den Häusern, die Aspekte zu den persönlichen Planeten sowie sein Bezug zum Körperbe-
wusstsein im Mittelpunkt.
Im zweiten Teil werden die Transite von Uranus und Saturn untersucht. Indem Li Greene einen mythologischen und psychologischen
Zugang wählt, eröffnet sie dem Leser die Möglichkeit, über eine
oberflächliche Deutung anhand von Schlüsselbegriffen hinaus zu gelangen. Ein umfassendes und in die Tiefe gehendes Buch über den
Planten Uranus im Horoskop, das seinesgleichen sucht.

CHIRON VERLAG

Standardwerke der Astrologie

LIZ GREENE

Prognose und psychologische Dynamik

Das Horoskop und was es offenbart
280 Seiten, 14 Abbildungen, Broschur

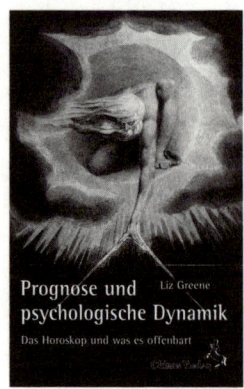

ISBN 3-925100-53-9

In diesem Buch untersucht Liz Greene die psychische Dynamik, die hinter konkreten Ereignissen steckt. Komplexe und Projektionen sind sowohl innere Antriebskräfte, als auch archetypische Bilder für persönliches Schicksal. Mittels astrologischer Prognose können wir erkennen, wann und wie diese Kräfte zum Ausdruck gebracht werden und wie wir diese positiv ausleben können. Wichtig ist dabei zu wissen, dass Transite und Progressionen auf unterschiedlichen Ebenen erlebt werden können. Wann kommt es zu einem Ereignis? Wann ist es für den Betroffenen real? Transite und Progressionen enthüllen uns die zeitliche Entfaltung des Geburtshoroskops und spiegeln die Auslösung der Komplexe wider. Die Autorin zeigt dabei vor allem, wie der Geborene sich seine eigene Realität erschaffen kann. Darüber hinaus hat er aber auch die Möglichkeit, Geschehnisse zu ändern oder zu transformieren. So erfährt der Leser, wie sich innere und äußere Wirklichkeit in Einklang bringen lassen.

»Abgesehen von dem fundierten psychoanalytischen Wissen, das auch dieses Buch als Standarwerk der modernen Astrologie auszeichnet, gefällt mir vor allem die Verknüpfung von psychologischer und prognostischer Astrologie.« *Meridian*

Standardwerke der Astrologie

ERNST OTT
Der Deszendent
Das Tor zur Partnerschaft im Horoskop
Broschur, 265 Seiten, 38 Abbildungen

ISBN 3-925100-43-1

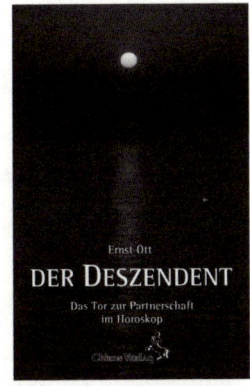

Der Deszendent entspricht dem Westhorizont, an dem die Sonne untergeht. Gibt es
ein schöneres Bild für die Liebe als einen
romantischen Sonnenuntergang? Während der Aszendent unser
Selbstbild darlegt, ist der Deszendent das Symbol für unser Partnerbild. Mit der Himmelsrichtung Westen ist aber auch die Faszination
der Macht verknüpft, denn der Ort der untergehenden Sonne weckt
die Lust zu erobern. Zudem stehen wir am Deszendenten am Scheideweg, denn es stellt sich die Frage, ob und wieweit wir uns auf den
Partner einlassen wollen. Bei einer genauen Kenntnis des Deszendenten erfahren wir alles über die innere Bereitschaft zur Liebe.

– Warum fühlen wir uns zu einem bestimmten Menschen hingezogen?
– Was wollen wir in der Liebe erobern?
– Welche Machtspiele treten in der Beziehung auf?
– Was bedeutet es sich zu binden?
– An welche Grenzen geraten wir in einer Beziehung?

Der Leser erhält ausgiebige Beschreibungen des Deszendenten in den
Tierkreiszeichen, jeweils mit dem dazugehörigen Selbstbild und
Partnerbild. Anhand vieler Beispiele wird gezeigt, wie sie die Themen des Deszendenten entwickeln können. Wenn Sie besser verstehen wollen, was Ihnen begegnet und wenn Sie mit mehr Zufriedenheit leben wollen, so können Sie von Deszendenten Ihres Horoskops
viel Wichtiges dazu erfahren.

CHIRON VERLAG

Standardwerke der Astrologie

MELANIE REINHART

Die Mondknoten

Das innere Gleichgewicht im Horoskop
162 Seiten, 15 Abbildungen, Broschur

ISBN 3-925100-41-5

Die Bahnen von Sonne und Mond über-
schneiden sich an zwei im Tierkreis gegenüberliegenden Stellen: den Mond-
knoten. Die Mondknoten bilden somit eine wichtige Achse im Horoskop. Eine häufig gestellte Frage lautet aber: wie soll man die
Mondknoten zuverlässig deuten? Meistens wird der südliche Mondknoten als Vergangenheit im persönlichen wie auch im karmischen
Sinne betrachtet und der Nordknoten als die Zukunft. Melanie Reinhart zeigt jedoch, daß dies nur eine eingeschränkte Sichtweise der
Mondknotenachse bedeutet. In den Mondknoten tauschen sich die
Prinzipien von Sonne, Mond und Erde aus. Die beiden Knoten ergänzen sich und schaffen so ein inneres Gleichgewicht.
Sie untersucht den rückläufigen Zyklus und zeigt dessen Bedeutung
als Weg zur inneren Balance. Gerade diese Sichtweise auf die Mond-
knoten als ein Faktor zum Ausgleich der Gegensätze zeichnet das
Buch besonders aus. Anhand leicht nachvollziehbarer Fallstudien er-
hält der Leser Anleitungen zur Deutung der Mondknoten und gelangt zu einem erweiterten Verständnis dieser wichtigen Achse im
Horoskop. Endlich ein Buch mit einer lebensnahen Auslegung der
Mondknotenachse.

CHIRON VERLAG

Standardwerke der Astrologie

RAFAEL GIL BRAND
Lehrbuch der klassischen Astrologie

gebunden
424 Seiten, 20 Abbildungen.

ISBN 3-925100-47-7

Sich mit der antiken und mittelalterlichen Astrologie zu befassen mag manchem überholt erscheinen. Schließlich haben sich die Zeiten verändert, und unser gesamtes Weltbild hat wenig gemein mit den Anschauungen unserer Vorfahren. Dennoch zeigt sich gerade in jüngster Zeit weltweit eine stärkere Hinwendung zu den frühesten Quellen. Mit dem vorliegenden Buch wird es ermöglicht, die Techniken und Arbeitsweise der griechischen und mittelalterlichen Astrologie kennen zu lernen und zu verstehen. Dabei geht der Autor weit über das hinaus, was gemeinhin als klassische Astrologie bezeichnet wird. Als fundierter Kenner der Originalschriften hebt er besonders die in Vergessenheit geratenen oder scheinbar überholten Deutungselemente hervor. Es gelingt ihm, auch solche Methoden, die uns fremd erscheinen, aus der damaligen Weltanschauung heraus zu entziffern und zu verstehen. Die antiken Methoden werden umfassend dargestellt und so wiedergegeben, dass sie auch für den heutzutage an Astrologie interessierten Leser nachvollziehbar sind und leicht anzuwenden sind, was eine Erweiterung der bisherigen Deutungsmöglichkeiten verspricht.

Die astrologische Gemeinschaft ist Gil Brand zu großem Dank verpflichtet. Jeder seriöse Astrologe sollte dieses Werk lesen. Meridian

CHIRON VERLAG

Standardwerke der Astrologie

ERIN SULLIVAN

Venus

Planet der Liebe und Sinnlichkeit
Broschur, 176 Seiten, 7 Abbildungen

ISBN 3-925100-35-0

Untersuchen wir Venus im Horoskop, so achten wir zuerst auf die Tierkreiszeichen Stier und Waage. Erin Sullivan zeigt, daß sich diese Dualität bereits in der antiken Mythologie nachweisen läßt, denn es gibt zwei Ursprungsmythen für die Göttin der Liebe. Alle Ebenen unseres Erlebens sind noch heute durchdrungen von der Vorstellung des Niederen und des Höheren, des Profanen und des Sakralen, von Körper und Denken, Lust und Liebe.

Das Buch verdeutlicht die Auswirkungen dieses Doppelaspekts, denn wir alle tragen das wilde Antlitz der Stier-Venus in uns. Aber auf der Instinktebene allein zu handeln ist nicht attraktiv. Deswegen haben wir die gleichermaßen wertvolle und verfeinerte Waage-Seite ebenfalls in uns, die unsere Fähigkeiten lenkt, mit anderen Menschen in Beziehung zu stehen, Kompromisse mit unseren Instinkten zu schließen und zur zivilisierten Welt zu gehören. Unsere Verhaltensweisen im Liebesleben werden zum größten Teil dadurch bestimmt, wie gut diese beiden Faktoren übereinstimmen.

Astrologisch läßt sich dies sehr gut an den Winkelverbindungen dieses Planeten ablesen. Die Autorin gibt fundierte Interpretationen der Venus-Aspekte zu den anderen Planeten. Dabei gelangt sie auf dem Hintergrund des doppelten Mythos zu ganz unerwarteten Deutungen und zeigt dem Leser nicht nur, wie er Ideale zur Wirklichkeit werden lassen kann, sondern auch Wege für ein tieferes Erfassen der Venus-Energie.

CHIRON VERLAG

Standardwerke der Astrologie

ERIN SULLIVAN

Jupiter

Die innere Weisheit im Horoskop finden
136 Seiten, Broschur

ISBN 3-925100-50-4

Jupiter verkörpert unseren Instinkt, um eine neue Weltanschauung hervorzubringen, unser Wissen zu erweitern, in unbekannte Gebiete vorzudringen und uns mit fremden Menschen und Dingen vertraut zu machen. Die Autorin vermittelt einen hervorragenden Einblick in die Mythologie Jupiters. Sie gibt praktische Anweisungen für die Betrachtung der Winkelverbindungen und für einen zeitgemäßen Umgang mit den Mythen.

Jupiter, der klassische Wohltäter, kann aber auch die tyrannische Komponente im Horoskop repräsentieren. Seine Weisheit ist ein Ergebnis der Verinnerlichung der weiblichen Archetypen. Wenn wir die ursprüngliche Jupiter-Zeus Allegorie als Ausgangspunkt nehmen, dann ist Jupiter der Held in uns. Oft entsprechen die Jupiter-Regionen in unserem Horoskop (d.h. die eigentliche Jupiter-Platzierung, das 9. Haus und der Bereich des Schützen) jenem Lebensbereich, in dem wir die größte Autorität über Natur und Gesellschaft brauchen. In diesem Bereich ist es unsere Aufgabe, ein Gefühl des Wohlbefindens, der geistigen Sicherheit und vor allem innere Weisheit zu erlangen.

Ein hervorragendes Buch; es vermittelt wunderbare Einsichten in die Fragen des Lebens, der Liebe und der Sinnfindung und ich empfehle es allen, die neugierig sind auf neue Erkenntnisse über den klassischen Wohltäter. The Mountain Astrologer

CHIRON VERLAG

Standardwerke der Astrologie

LIANELLA LIVALDI-LAUN

Lilith

Die Begegnung mit dem Schmerz.
Die Astrologie des Schwarzen Mondes
Broschur, 160 Seiten, 62 Abbildungen

ISBN 3-925100-15-6

Lilith war nach hebräischer Tradition die erste Frau Adams, die dunkle Erscheinungsform der weiblichen Gottheit.

In der Astrologie entspricht Lilith dem Schwarzen Mond. Es handelt sich nicht um einen hypothetischen Planeten, sondern um einen sensitiven Punkt, vergleichbar mit den Mondknoten. Lilith ist per Definition der zweite Brennpunkt der Mondellipse, wobei der erste Brennpunkt von der Erde selber eingenommen wird. Die Umlaufzeit beträgt 3232 Tage, was ca. 9 Jahren entspricht.

Die Autorin untersucht diesen kaum erforschten sensitiven Punkt anhand zahlreicher Horoskopbeispiele. Sie stellt heraus, daß Lilith die nicht integrierte Anima in der männlichen Psyche darstellt, während sie in der weiblichen Psyche den Schatten verkörpert. Lilith der schwarze Mond entspricht dem Prinzip der unerfüllten Wünsche: dem Gefühl, welches nach der Vertreibung aus dem Paradies in uns zurückgeblieben ist.

Neben der Deutung Liliths in den Häusern bespricht Lianella Livaldi-Laun ausführlich die Aspekte zu den persönlichen Planeten.

Der Mond ... galt als höchster Ausdruck der Weiblichkeit, mit positiven und negativen Valenzen; er war für den Menschen immer sichtbar. Lilith hingegen entsprach einem gefährlichen dunklen weiblichen Bild. Roberto Sicuteri

CHIRON VERLAG

Standardwerke der Astrologie

LIANELLA LIVALDI LAUN
Lilith im Transit
Der Schwarze Mond im Alltag
152 Seiten, Broschur

ISBN 3-925100-51-2

Lilith trägt trotz ihrer Düsterheit zugleich auch ein höchst kreatives Potential in sich. Dies tritt besonders durch die Transite zum Vorschein, vor allem wenn langsame Plane- ten beteiligt sind. Der Schwarze Mond aktiviert dabei wichtige Le- bensprozesse, die uns mit der Befreiung von unechten Verhaltens- weisen konfrontieren. Die Autorin erforscht seit vielen Jahren das astrologische Prinzip Lilith und ist die Wegbereiterin für deren Be- trachtung im deutschsprachigen Raum. Mit diesem Buch liegt nun erstmalig eine umfassende Darstellung der Transite des Schwarzen Mondes vor. Es werden alle Transite Liliths zu den Planeten be- schrieben sowie die Übergänge der langsamen Planeten über den Schwarzen Mond. Außerdem wird der Transit Liliths durch die ein- zelnen Häuser und über die Hauptachsen gedeutet. Durch die Ge- fühle, die uns diese Transite vermitteln, werden wir die Fassade, hinter der wir uns verstellen, nicht mehr brauchen und lernen, mit unseren Mängeln umzugehen.

Die Autorin schöpft aus den Erfahrungen ihrer langjährigen deu- tungs-praktischen Beschäftigung mit Lilith. Und so kann uns das Buch vielleicht wahrhaftig dazu verhelfen, hinter die Fassade unserer vermeintlich intakten Erlebniswelt zu sehen. merCur

CHIRON VERLAG

Standardwerke der Astrologie

GREG BOGART

Die Entwicklung der Seele im Horoskop

Therapeutische Astrologie als Lebenshilfe
220 Seiten, Broschur, 7 Abbildungen

ISBN 3-925100-36-9

Bogart zeigt die praktischen Richtlinien für eine therapeutisch ausgerichtete Astrologie, indem er die Zeichen und Häuser des Geburtshoroskops als eine Schablone zur Identifizierung zentraler Beratungsthemen betrachtet.

Jeder Planet verkörpert nicht nur eine bestimmte Form von Bewußtsein oder Aktivität, sondern auch eine bestimmte Zusammenstellung von Entwicklungsfragen. Der größte Nutzen des Geburtshoroskopes liegt darin, daß es uns hilft, die Fragen zu erkennen, die zu dem gegebenen Zeitpunkt am meisten unter den Nägeln brennen.

Schließlich behandelt er die Frage, wie ein transpersonaler Zugang zur Astrologie helfen kann, die Umwälzungen einer spirituellen Metamorphose zu erfahren. Die zahlreichen Fallbeispiele dürften für die Astroberater und Psychotherapeuten von besonderem Interesse sein. Das hier präsentierte Material ist auch für Menschen geeignet, die die Astrologie als eine Form der Selbsttherapie benützen wollen, um zu größerem psychischem und spirituellem Bewußtsein zu gelangen.

»Entwicklung der Seele im Horoskop« eröffnet dem Leser einen glatten Übergang von astrologischer Deutung zu einer spirituell einfühlsamen Beratung, von psychologischer Methodik zum Symbolgehalt der Planeten. Greg Bogart lebt und arbeitet in beiden Welten und legt eine verständnisvolle Abhandlung vor, die alle in einem helfenden Beruf Tätigen lesen sollten.   *Noel Tyl*

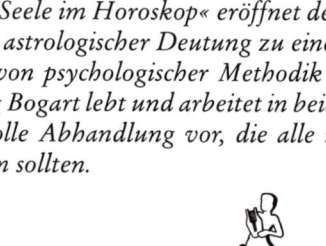

CHIRON VERLAG